www.haufe.de/mehrfachsiegen

Auf der Website zum Buch finden Sie unter anderem von jedem Interviewpartner ein Video.

Hier erzählen die Unternehmer und Weltmeister, welches ihre größte Herausforderung war und wie sie diese gemeistert haben.

Warum Gewinner mehrfach siegen

Theo Bergauer

Warum Gewinner mehrfach siegen

Wie Spitzensportler und Topunternehmer Herausforderungen
weltmeisterlich lösen

Theo Bergauer
1. Auflage

Haufe Gruppe
Freiburg München

Dieses Buch widme ich meinem Vater – dem Besten der Welt

Karlhans Bergauer † 27. August 2014

Bibliografische Information Der Deutschen Nationalbibliothek

Die Deutsche Nationalbibliothek verzeichnet diese Publikation in der Deutschen Nationalbibliografie; detaillierte bibliografische Daten sind im Internet über http://dnb.ddb.de abrufbar

Print:	ISBN 978-3-648-05980-7	Bestell-Nr.: 10110-0001
ePUB:	ISBN 978-3-648-05981-4	Bestell-Nr.: 10110-0100
ePDF:	ISBN 978-3-648-05982-1	Bestell-Nr.: 10110-0150

Theo Bergauer
Warum Gewinner mehrfach siegen
1. Auflage 2014

© 2014 Haufe-Lexware GmbH & Co. KG, Freiburg
www.haufe.de
info@haufe.de
Produktmanagement: Bettina Noé

Lektorat: Gabriele Vogt
Design, Visual Concept: www.brandwork-studios.com
Satz, Grafik: www.wordz.at
Umschlag: RED GmbH, 82152 Krailling.
Druck: fgb · freiburger graphische betriebe, 79108 Freiburg

Bildernachweis und copyright der Sportbilder
0301 Maik Friedrich, Denis Trapp
0302 Dieter Schneider, arena by Benjamin Krohn
0303 Asiphoto
0304 Ronny Hartnick
0305 Christopher Jakob - DERMONK
0306 Georg Polster – GPPhoto

Bildernachweis Stock Fotos
ILYA AKINSHIN · marekuliasz· Sergey Nivens · sheelamohanachandran2010 · bikeriderlondon · Andrew Scherbackov · PHOTOCREO Michal Bednarek
Sea Wave · IVY PHOTOS · design36 · Georgii Shipin · chrstphr · Gajus · everything possible · Rawpixel · hobbit · Bloomua · My Life Graphic/Shutterstock.com

Bilddokumentation der Gespräche durch Bernd Schönfelder

INHALTSVERZEICHNIS

Vorwort Wolfram M. Kons

Als Marathonläufer weiß ich, was es heißt, sich gezielt vorzubereiten, diszipliniert zu trainieren, konzentriert an den Start zu gehen und auch dann noch durchzuhalten, wenn es einmal schwerfällt.

Als Moderator bin ich damit vertraut, mit Menschen ins Gespräch zu kommen, Informationen aufzubereiten, über interessante Geschichten zu berichten, manchmal den Übereifrigen in einer Gesprächsrunde ebenso zu bremsen wie den eher stillen Teilnehmer zu motivieren.

Ins Gespräch gekommen bin ich eines Tages auch mit Theo Bergauer, dem Autor dieses Buches. Bei der Geburtstagsfeier eines gemeinsamen Freundes haben wir uns zum ersten Mal getroffen und schnell viele Parallelen festgestellt. Beide sind wir begeisterte Sportler und bereit, auch einmal über unsere Grenzen hinauszugehen. Beide zeigen wir Leidenschaft für unsere Projekte. Beide sind wir begeisterte Familienväter, wenn auch Theo schon etwas länger als ich, sodass wir immer auf der Suche nach der Balance zwischen unserer Berufung und der wertvollen Zeit mit unseren Liebsten sind.

Vom ersten Augenblick an habe ich gespürt, dass dieses nun vor Ihnen liegende Buch für Theo eine wahre Herzensangelegenheit ist. So wie es für mich eine Herzensangelegenheit ist, mit dem Spendenmarathon bei RTL Kindern in Deutschland und auf der ganzen Welt zu helfen. Uns beiden ist dafür kein Engagement zu hoch und kein Weg zu weit, auch wenn wir hin und wieder besondere Herausforderungen lösen müssen.

In diesem Buch geht es ebenfalls um Herausforderungen. Die Herausforderung eines Sportlers, sich für das tägliche Training zu motivieren, um immer wieder aufs Neue Top-Leistungen zu bringen. Ich kann mir vorstellen, dass es nicht einfach ist – weder einen hart umkämpften Weltmeistertitel zu erringen noch diesen zu verteidigen. Die Herausforderung eines Unternehmers, der täglich Verantwortung trägt und mit seinen Entscheidungen maßgeblich dazu beiträgt, Mitarbeiter in Lohn und Brot zu halten. Meine Herausforderung ist es, Kindern zu helfen. Um unsere Ziele zu erreichen, müssen wir – jeder auf seine Weise – durchhalten.

Nichts gelingt ohne Vision. So wie Theo eines Tages die Idee zu diesem wundervollen Buch hatte und sie bis zur Drucklegung konsequent verfolgte, so müssen auch Sportler an ihre Vision glauben, Weltmeister zu werden, und Unternehmer daran, erfolgreich zu agieren. Auch ich habe eine Vision und nehme den täglichen Kampf gegen die Kinderarmut gerne als meine persönliche Aufgabe an. Kinder sind oft machtlos, deshalb müssen wir unsere Macht einsetzen, um ihnen zu helfen und sie zu unterstützen – finanziell und in ihrer Möglichkeit, sich weiterzuentwickeln.

Schon immer tragen unzählige Sportler unsere Aktionen mit, deshalb unterstütze ich gerne die Idee von Theo, Sportler und Top-Unternehmer zusammenzubringen, um voneinander zu lernen und sich gegenseitig zu helfen. Mir gefällt die Vision, die dahinter steht: Menschen zum Umdenken anzuregen. Wegzukommen davon, dass jeder nur an sich selbst denkt, weg vom Alphatier und Sieger – hin zum MITEINANDER, zu einem gemeinsamen Erfolg, denn nur im Team sind wir tatsächlich Gewinner.

Egal auf welchem Gerät, auf welcher Plattform – das Wichtigste ist und bleibt: Gute Geschichten erreichen ihr Publikum. Die Gespräche zwischen Unternehmern und Sportlern in diesem Buch sowie deren tiefe Einblicke in ihr Leben haben mich erreicht. Mich manchmal zum Staunen und Schmunzeln gebracht und mich ebenso oft zum Nachdenken angeregt. Vielleicht liegt es ja auch daran, dass ich grundsätzlich neugierig auf Menschen bin und auf das, was sie bewegen.

Erhalten auch Sie sich Ihre Neugier, werden Sie gemeinsam zu Gewinnern!

Das wünscht Ihnen

Wolfram M. Kons

Vorwort Theo Bergauer

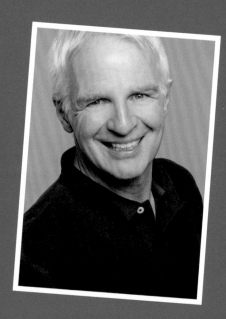

Warum ...
ich dieses Buch überhaupt schreibe?

Die ursprüngliche Idee und Frage „Gibt es ein SiegerGEN?" hat sich irgendwann in meinem Kopf festgesetzt – verbunden mit der Diskussion, worin sich Sieger und Gewinner unterscheiden oder ob beides tatsächlich synonym zu verwenden ist. Schließlich führen uns Sportler – insbesondere Weltmeister – immer wieder vor Augen, was einen Sieger bzw. Gewinner ausmacht. Wir bewundern erfolgreiche Sportler für ihre Leidenschaft und Disziplin, mit der sie zielstrebig Erfolge erringen, aber auch für ihre Fähigkeit, Niederlagen ein- bzw. wegzustecken. Sie begeistern uns nicht nur, weil sie Medaillen sammeln, sondern weil sie niemals müde werden, immer wieder das Team zu erwähnen, das ihnen diese Höchstleistungen erst ermöglicht hat. Durch unermüdlichen Einsatz in der Vorbereitung ebenso wie durch die Unterstützung im Wettkampf zeichnen sich Trainer, Betreuer, Techniker, Familie und Fans aus ... sie alle machen den Sieger erst zum Gewinner.

Durch meine Tätigkeit als Berater, Coach und Trainer beider „Zielgruppen" – erfolgreiche Unternehmer ebenso wie erfolgreiche Sportler – habe ich eine Schnittmenge entdeckt und möchte gerne Interessierte daran teilhaben lassen. Sie können nun in diesem Buch lesen, wie es gelingen kann, voneinander zu lernen – und sei es auch manchmal in Geschäftsfeldern und Sportdisziplinen, die anfänglich und augenscheinlich so gar nichts gemein haben. Eines ist mir in der Vorbereitungsphase zu diesem Buch klar geworden: Wenn jeder aus seinem Blickwinkel berichtet und wir Erfahrungen zusammenbringen, entsteht in jedem Fall und immer ein deutlicher Gewinn für alle Beteiligten.

Ich kenne persönlich beide Seiten und stehe ihnen sehr nahe: Denn wie ein Trainer und Coach leite ich (m)ein Unternehmen und stehe damit vor denselben Herausforderungen wie meine Kunden. Außerdem treibe ich selbst seit vielen Jahren aktiv Sport und betrachte ihn als wesentlichen und wichtigen Bestandteil meines Lebens. Sport verbindet und macht Leistung messbar! Ich schöpfe daraus Kraft, Ruhe und Ausgeglichenheit für meine Aufgaben als Unternehmenstrainer und habe – ob beim Laufen, Radfahren oder Schwimmen – dann vor allem Zeit für mich und meine Gedanken.

Auch Sportler müssen unternehmerisch denken und handeln. Umgekehrt können Unternehmer sehr viel von Leistungssportlern lernen. Beide sind einmal Alpha- und einmal Rudeltier, müssen also in der Lage sein, im entscheidenden Moment umzuschalten. Beide haben eine Vision, setzen Strategien um, realisieren Pläne, führen ein Team ...

Ich wollte zusammen mit Menschen, die Geschichte schreiben – durch ganz persönliche Spitzenleistungen – umsetzbare und motivierende Strategien ableiten für das Berufsleben der Leser. Ich hoffe, das ist mir gelungen!

Tauchen Sie mit uns ein in eine Welt von Gewinnern, die mehrfach siegen!

Theo Bergauer

Hürden nehmen Herausforderungen meistern

Hürden nehmen – Herausforderungen meistern

Woran erkennt man Gewinner? Daran, dass sie Hürden sehr gut überwinden. Dies zeigt sich auch bei unseren Gesprächspartnern im Buch, die in den unterschiedlichsten Disziplinen täglich ihre persönlichen Herausforderungen souverän meistern. Auf der Suche nach den Besten.

Jeder hat im Leben Herausforderungen zu meistern. Wir nehmen täglich Hürden – viele kleinere, die uns gar nicht bewusst sind. Die eine oder andere, bei der wir erst im Nachhinein merken, dass es eine Hürde war. Manchmal ist es eine gefühlt haushohe Hürde, die uns zunächst vielleicht Kopfzerbrechen bereitet, an der wir jedoch wachsen, wenn wir sie letztendlich überwinden konnten.

Wichtige Fragen in allen Lebensbereichen

Viele Menschen stehen vor der persönlichen Herausforderung, alles unter einen Hut zu bringen. Dem Beruf, der Familie und den Freunden sowie den eigenen Bedürfnissen gerecht zu werden. Auch in den einzelnen Bereichen stellen sich uns immer wieder wichtige Fragen:

- Welche Entscheidung soll ich treffen?
- Welche Unternehmensstrategie verfolgen?
- Welchen Mitarbeiter einstellen?
- Welchen Auftrag annehmen oder von welchem lieber die Finger lassen?

Entscheidungen zu treffen oder diese ewig vor uns herschieben – und umso schwieriger wird es dann oft. Deshalb bietet dieses Buch konkrete Ansätze, um Herausforderungen zu lösen. Manche Entscheidung auf dem Weg zur Lösung treffen wir – bewusst – ganz alleine; für andere tauschen wir uns aus, holen uns Rat von kompetenter Seite. Als Coach und Berater unterstütze ich seit langem Unternehmer und Profisportler und habe dabei gemerkt, wie eng die Parallelen oft sind. Deren Vorgehen, Herausforderungen – ob im Business oder Sport – weltmeisterlich zu lösen, bietet tatkräftige Unterstützung für andere. Von den Erfahrungen beider können auch Sie profitieren, um so nicht länger den folgenden Mythen über Hürden zu erliegen:

▶ **Hürden kosten Zeit und Kraft!**

▶ **Hürden hindern meine Leistung!**

▶ **Hürden bringen mich aus dem Tritt!**

▶ **Hürden lassen mich straucheln!**

▶ **Ohne Hürden geht's leichter!**

▶ **Hürden schränken meinen Blickwinkel ein!**

▶ **Immer stellen mir andere Hürden in den Weg!**

Warum Hürde nicht gleich Hürde ist

Stellen wir uns einen Hürdenläufer vor, überwindet dieser in regelmäßigem Rhythmus Hürde für Hürde. Alle stehen auf gleicher Höhe in gleichem Abstand auf der Bahn, die wunderbar präpariert ist. Der geschulte Läufer weiß ganz genau, wie viele Schritte er machen muss, bevor er zum nächsten Sprung ansetzt und das Hindernis elegant überwindet. Das Reglement hat Gültigkeit für alle, sodass auch jeder weiß, unter welchen Bedingungen er seine Trainingsläufe absolvieren muss, um letztendlich für den Wettbewerb bestens vorbereitet zu sein.

Sie stimmen mir sicherlich zu: Die Hindernisse oder auch Steine, die wir aus dem Weg räumen müssen, haben kein Norm-Maß, sind nicht immer gleichmäßig rund, um sie leichter rollen zu können oder haben in der Struktur natürliche Griffe, um kleinere Versionen weit von uns werfen zu können. Unser Leben lässt sich wohl eher mit einem Hindernisrennen auf dem Pferd vergleichen. Ob mit künstlichen Hürden oder als Jagdrennen im Freien über natürliche Mauern, Wälle und Gräben – Kraft und Flexibilität des Reiters sind in beiden Fällen gefragt, ebenso eine gute Kommunikation mit dem Pferd, verbal und nonverbal. Unsere Hürden sind unterschiedlich hoch, der Untergrund nicht immer optimal und manchmal verbirgt sich hinter der nächsten Hürde auch noch ein tiefer Wassergraben, den wir nicht sehen können und der es uns schwieriger macht, die Hürde mit Bravour zu meistern.

Wie oft nehmen wir im Vertrauen auf das eigene Können und unsere lebenslange Erfahrung eine Hürde mit Schwung und landen – PLATSCH – im kalten Wasser. Bleibt nur eines: Aufstehen, sich abschütteln, aufsteigen und weiter geht's. Manchmal ist das Wasser nur knöcheltief, bisweilen reicht es uns bis zum Hals, ein anderes Mal können wir keinen Boden mehr unter unseren Füßen spüren. Dann heißt es trotzdem, das Beste aus der Situation zu machen.

Auch Sportler schrammen trotz exzellenter Vorbereitung manchmal an einer Medaille vorbei. Und Unternehmer meistern ein Hindernis nicht, obwohl sie sich und ihr Team bestens darauf eingestimmt haben. Wie bei allem anderen hilft uns auch hier die Routine, Hürden zu meistern oder – selbst wenn wir einmal scheitern – diese Niederlage nicht persönlich zu nehmen, sondern sie als Erfahrung zu verbuchen, um es das nächste Mal besser zu machen. „Warum ausgerechnet jetzt?" „Warum stehe gerade ich vor dieser Hürde?": Diese Fragen helfen uns bei Hindernissen nicht wirklich weiter. Ganz im Gegenteil: Anstatt die Tatsache zu akzeptieren „Es ist nun einmal so, jetzt muss ich mich der Herausforderung stellen!" und ins Handeln zu kommen, bremst uns das Grübeln nur unnötig aus.

Routine gibt Sicherheit

Leichter fällt uns der souveräne Umgang mit Hürden, wenn wir diese von uns aus regelmäßig angehen. Uns ganz bewusst und in bestimmten Etappen kleinere Hürden vornehmen. So können wir – ohne Gefahr – Erfahrungen sammeln und Vertrauen in die eigene Sprungkraft entwickeln. Die Routine gibt uns Sicherheit, dass wir, wenn es darauf ankommt, immer noch ein kleines Stückchen höher und weiter springen können.

Zunehmender Anspruch

Oftmals steigt der Anspruch im Projekt. Mit zunehmendem Anspruch werden dann auch die Herausforderungen immer höher. Unternehmer wollen Arbeitsplätze sichern, fühlen sich ihren Mitarbeitern verpflichtet und ihren Kunden verbunden. Das andere Extrem sind Menschen, die einfach so in den Tag hinein leben. Wer sich nicht engagiert, braucht sich nicht zu wundern, wenn die Hürden wie von selbst immer kleiner werden. Dann verursacht schon die kleinste Herausforderung persönliche Probleme.

Wer selbst hohe Ansprüche hat, macht es sich nicht leicht. Dabei gibt es im Leben immer (mindestens) zwei Möglichkeiten:

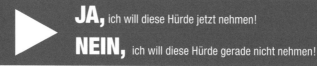

JA, ich will diese Hürde jetzt nehmen!

NEIN, ich will diese Hürde gerade nicht nehmen!

Deshalb sollten wir uns immer wieder folgende Fragen stellen: Will ich diese Hürde überhaupt nehmen? Passt das gerade zu meinen Plänen? Oder tue ich es vielleicht nur aus Gewohnheit? Für jemand anderen, der mir wichtig ist?

Sich selbst und andere fordern

Wachstum – persönlich wie unternehmerisch – ist nur dann möglich, wenn wir uns neuen Dingen stellen, selbst aus unserer Komfortzone kommen und ebenfalls anderen dabei helfen, diese zu verlassen. Auch wenn dies manchmal schwerfällt, zu viele und zu hohe Hürden uns den Blick versperren, wir keinen Weg mehr sehen, uns schlichtweg die Kraft fehlt, auch nur einen kleinen Schritt vor den anderen zu machen. Vielleicht haben Sie es dann selbst schon einmal erlebt: Der erste Schritt fällt unendlich schwer. Doch sobald wir ins Handeln kommen, löst sich die innere Lähmung. Das Gefühl, die erste Hürde gemeistert zu haben, gibt uns unendlich viel Kraft. Manchmal lösen sich dadurch sogar ein oder zwei weitere Hürden im wahrsten Sinne des Wortes in Luft auf, sodass wir ein Stück weit barrierefrei weiterlaufen können. Dieses Buch mit seinen Beispielen von erfolgreichen „Hürdenläufern" soll Ihnen Mut machen, Herausforderungen anzunehmen und Hürden anzugehen. Es soll Ihnen persönlich Kraft geben und Lösungsansätze aufzeigen. Wie diese sieben konkreten Short-Tipps:

01) HILFESTELLUNG ANNEHMEN

Mit Hilfestellung geht vieles im Leben leichter. Also Augen auf im eigenen Team: Wer kann Unterstützung bieten? Haben Sie ruhig den Mut, danach zu fragen. Manchmal hilft es schon, wenn jemand an der Hürde steht und SPRUNG ruft, um den richtigen Moment des Absprungs zu treffen, wenn Sie es selbst nicht genau einschätzen können.

02) TRAINING MUSS SEIN

Kein Sportler erzielt Medaillen ohne Training. Hartes Training. Langes Training. Kontinuierliches Training. Vielleicht klappt es nicht beim ersten Mal und gegen die eine oder andere Hürde werden wir wohl prallen, uns dabei vielleicht sogar kleinere Verletzungen zuziehen. Nur Training hilft uns dabei, die Abläufe zu verbessern, eine gewisse Routine zu erlangen und so sicher über die nächsten Hürden zu kommen.

03) BLICK IMMER NACH VORNE RICHTEN

Wenn wir immer nur auf die Hürde schauen, den unendlich hohen Berg (an Arbeit, Problemen u. a.) vor uns sehen, ist die Gefahr groß, zu reißen. Das heißt nicht, dass wir die Hürde verdrängen sollen. Gut möglich ist allerdings, diese – falls nötig – einfach kurzfristig auszublenden.

04) DEN FOKUS STEUERN

Beim Autofahren nutzen wir beides: Abblend- und Fernlicht, je nachdem, was oder besser wie weit wir sehen wollen. Den Fokus zu steuern, jederzeit umschalten zu können, ist auch bei Herausforderungen wichtig: Manchmal behalten wir besser direkt das Hindernis, die kurzfristige Hürde, im Blick, manchmal ist es sinnvoller, den Blick auf das langfristige Ziel zu richten.

05) DIE BEDINGUNGEN AKZEPTIEREN

Stehen Sportler im Wettkampf, haben sie auf eines keinen Einfluss: das Wetter. Regen oder Seitenwind stellen sie vor neue Herausforderungen. Fair ist dabei nur eines: Jedem anderen Sportler geht es in diesem Moment genauso. Es nützt also nichts, mit den schlechten Bedingungen zu hadern. Es gilt vielmehr, einfach das Beste daraus zu machen.

06) DAS PUBLIKUM NUTZEN

Olympia, Weltmeisterschaft, Wettkampf-Atmosphäre. Die meisten Sportler lieben diese Stimmung. Sie genießen die Anfeuerungsrufe vom Publikum. Lassen sich motivieren. Manchmal trägt einen diese Atmosphäre über die eine oder andere Hürde hinweg. FLOW! Auch im Unternehmen, im Team finden sich Kollegen, die uns Mut machen, Mitarbeiter, die Rückhalt geben. Gefragt ist der besondere Spirit im Unternehmen. Eine Kultur, die Gewinner macht.

07) AUS EINER MÜCKE (K)EINEN ELEFANTEN MACHEN

Unter verschiedenen Blickwinkeln sind Hürden oft unterschiedlich hoch. Manche Hürde ist vielleicht relativ klein, doch mit jedem neuen Gedanken daran, mit jedem neuen Blick darauf, wächst sie in unserer Vorstellung schier ins Unermessliche. Wir haben Angst! Alleine das Bewusstsein dieser oft unbewusst ablaufenden Prozesse hilft uns dabei, aus einer Mücke keinen Elefanten zu machen.

Strategien für sich selbst und andere

Um Hürden zu überwinden, gibt es – wie wir gerade erfahren haben – ganz unterschiedliche Strategien. Neben den körperlichen Voraussetzungen sowie persönlichen Fähigkeiten und Fertigkeiten ist es auch eine Frage der inneren Haltung, der Flexibilität und der Kreativität. Neben Körpergröße oder Schrittlänge kommt es ebenso auf die innere Größe an. Mit welchem Selbstbewusstsein gehe ich diese Hürde an? Manche nehmen Hürden grundsätzlich im Laufschritt, andere klettern lieber langsam drüber. Oder vielleicht geht es ja sogar daran vorbei? Hier gibt es kein Falsch oder Richtig. Nur ein anders und der jeweiligen Situation sowie Person angepasst. Sie haben immer die Wahl, können Ihre persönliche Entscheidung treffen.

Souverän mit Angst umgehen

Manchmal würden wir eine Hürde gerne nehmen – und doch trauen wir uns nicht. Aus Respekt, weil uns der Anlauf fehlt, weil wir an unserem Mut zweifeln. Wer kennt sie nicht? Die Angst, die uns die Kehle zuschnürt und uns nachts nicht schlafen lässt. Ob es sich um finanzielle Probleme handelt oder die Furcht vor Krankheiten. Ob wir uns um unsere Kinder sorgen oder um den eigenen Arbeitsplatz bangen müssen – wie gelähmt stehen wir da, unfähig zu handeln, geschweige denn einen klaren Gedanken zu fassen.

Manchen Problemen – ob groß und existenziell oder eher klein – müssen wir uns im Leben einfach stellen. Niemand fragt uns, ob wir das wollen oder nicht. Da hilft es auch nichts, mit dem Schicksal zu hadern und uns zu fragen, ob es, wenn wir anders gehandelt hätten, vielleicht anders gekommen wäre. Weichen beeinflussen nur dann sinnvoll Richtung und Weg, wenn sie rechtzeitig gestellt werden – im Idealfall also, bevor der Zug die Stelle passiert hat. Auch die Frage nach dem Warum schwächt uns, weil wir unseren Blick nur in die Vergangenheit richten. Souverän mit der Angst umzugehen bedeutet immer, nach vorne zu schauen, aber heute zu handeln und so Herausforderungen anzunehmen – jetzt in diesem Moment und jeden Tag aufs Neue.

Gefangene unserer Gedanken

Wir sind eingesperrt, weil wir im Kopf zu schnell Grenzen aufbauen. Das kann ich nicht! Das will ich nicht! So geht das nicht! Dabei täte uns eine gewisse Weitsicht gut, ein gedankliches Loslassen dessen, was uns gerade blockiert, um neue Perspektiven zu ermöglichen. Souverän mit Angst umzugehen bedeutet übrigens nicht, diese zu verdrängen, oder mit einem Blick durch die rosarote Brille alles zu beschönigen.

Souverän mit Herausforderungen umzugehen bedeutet, diese anzunehmen, sich – ähnlich eines Trauerprozesses – den Gefühlen zu stellen. Dann wachsen wir persönlich daran, und sei es manchmal auch nur in kleinen Dingen:

Die Angst vor einer wichtigen Entscheidung können wir nur auf zweierlei Wegen überwinden: erstens durch eine exzellente Vorbereitung und viel Selbstbewusstsein und zweitens durch das Tun. Viele Menschen geben frustriert viel zu schnell auf, weil sie nicht berücksichtigen, wie viel Training jede neue Fertigkeit verlangt, damit Anwendung und Umsetzung gelingen. Dabei gehört zu allem im Leben eine gehörige Portion Disziplin und Leidenschaft – auch und gerade darin, mit seinen eigenen Ängsten umzugehen, sich souverän den persönlichen Herausforderungen des Lebens zu stellen.

Die Hürde im Kopf

„Das schaffe ich sowieso nicht!" - „Da komme ich doch nie drüber!"

„Das ist ein ganz schöner Brocken, aber ich probier es einfach!" - „Vielleicht fällt mir auf dem Weg ja noch etwas ein!"

▶ **SO oder so**

Ob wir positiv oder negativ denken, Herausforderungen problem- oder lösungsorientiert angehen, ist sicherlich eine Frage unserer Mentalität. Diese Sichtweise auf die Dinge lässt sich im Laufe unseres Lebens aber auch beeinflussen und steuern. Hilfreich sind dafür Erfahrungen, die wir über die Jahre hinweg sammeln. Dadurch erkennen wir Scheinhürden als

das, was sie sind: Hürden, die nur in unserem Kopf existieren. Wir sind in der Lage, geistige Blockaden zu lösen. Uns vielleicht einfach unter der Hürde hindurchzuducken. Den Mut zu haben, eine Hürde auch einmal umzutreten oder sie wegzudrehen. Die Hürde nicht als Barriere, sondern als Sprungbrett zu betrachten, das uns hilft, vorwärtszukommen.

Warum Hilfe nicht immer hilfreich ist

Manche meinen es gut und räumen uns Hürden aus dem Weg. Doch macht das wirklich Sinn? Natürlich gehen wir ohne Hürden leichter durchs Leben. Umgekehrt haben wir so aber auch keine persönlichen Erfolgserlebnisse „Ja, das habe ich geschafft!" sowie wichtige Entwicklungsmöglichkeiten. Müssen wir dann tatsächlich einmal selbst ran, fehlt die Erfahrung und wir prallen ungeschützt gegen die Hürde, weil wir damit gerechnet haben, dass sie jemand für uns aus dem Weg geräumt hat. Umgekehrt macht es manchmal sogar Sinn, eine Hürde als Absperrung bewusst hinzustellen. Um den Mitarbeitern, den Kollegen, dem Freund zu signalisieren: ACHTUNG! Der Weg geht hier nicht weiter.

Auch aus einem ganz anderen Grund lassen sich Hürden regelrecht zelebrieren: Haben wir im Team eine Hürde gemeistert, sollte diese Leistung auch gefeiert werden. So manches Unternehmen hat dafür sogar eine Glocke aufgehängt, die geschlagen wird, um allen Mitarbeitern zu zeigen, dass gerade etwas Positives passiert ist, ein Einzelner oder ein Team einen großen Erfolg verbuchen kann.

Aus sprunghaft wird Sprungkraft

Wir Menschen sind auf der Welt, um Herausforderungen zu lösen, um Hürden zu nehmen. Manchmal dienen uns diese als persönliche Probe, manchmal können wir sie als Tragfläche nutzen. In dem Wissen, dass es im Leben unendlich viele Hürden gibt, lohnt es nicht, sich bange machen zu lassen oder kurz vor dem Ende aufzugeben. Ganz einfach deshalb, weil es kein Ende gibt. Weil hinter der nächsten Kurve ganz sicher wieder eine Hürde wartet, die wir, die SIE souverän meistern werden. Denn genau dafür hält dieses Buch zahlreiche Antworten parat. Genau aus diesem Grund habe ich Weltmeister aus dem Sport und weltmeisterlich erfolgreiche Unternehmer an einen Tisch gebracht. Genau deshalb habe ich diesen entscheidende Fragen gestellt zu Themen, die sie täglich auf ihrem Weg über unendlich viele Hürden bewegen. Auf den folgenden Seiten finden Sie spannende Gespräche mit lebhaften Diskussionen. Diese zeigen verblüffende Übereinstimmungen und beinhalten ungewöhnliche Anregungen.

„*Vision: zielgerichtetes Vorausblicken statt mühsames Hinterherlaufen.*"

Visionen & Strategien

Wer Ziele setzt, weiß, wohin er geht!

Wenn wir nicht wissen, wohin die Reise gehen soll, wie wollen wir da ankommen? Und wo überhaupt?

Klarheit ist Wahrheit

Visionen haben eine enorme Kraft. Sie geben uns die Energie, um uns täglich aktiv auf den Weg zu machen. Sie strahlen aber auch ab auf andere Menschen, die uns begeistert auf der gemeinsamen Reise begleiten.

Strategien beinhalten verschiedene Wege und Hilfsmittel. Sie berücksichtigen den Wettbewerb, die Regeln und Störungen, um den besten Wirkungsgrad zu erzielen.

Ziele kennzeichnen das Ende einzelner Etappen und geben uns immer wieder Bestätigung, den passenden Kurs eingeschlagen zu haben. Detailziele sind Meilensteine, die wir nutzen können, um zu prüfen, ob wir noch auf dem richtigen Weg sind.

Prozesse sind im Fluss. Sie lassen sich anpassen und verändern. Sie liefern die notwendigen Korrekturmöglichkeiten, um möglichst schnell und gut am gewünschten Reiseziel anzukommen.

Etwas Großes im Kopf zulassen

Die meisten Menschen haben keine Vision. Das ist schade, denn ein Leben ohne Visionen macht kleinmütig und lustlos. Eine Vision zu haben bedeutet, nicht mit dem Blick zurück zu leben, nicht nach dem Motto „Angst vor" zu handeln, sondern mit „Freude auf". Gedanken sind dafür Wegbereiter: Wer negativ an eine Sache herangeht, wird weniger Erfolg haben. Dabei kostet positiv zu denken nicht mehr geistigen Aufwand und bringt dennoch so viel mehr Erfolg. Der klappt zwar nicht immer, aber die Chancen sind um ein Vielfaches größer.

Kann jeder Mensch ein Visionär sein?

Aber ja – nur Mut! Visionen zu haben heißt, etwas Großes im Kopf zuzulassen. Das ist nicht so leicht. Vor allem dann nicht, wenn man diese Vision auch anderen mitteilen soll. Aber genau das ist wichtig. Eine Vision im stillen Kämmerlein zu entwickeln ist zwar ganz nett, aber sie bleibt wenig konkret. Wir sollten nach dem Motto vorgehen: Kommunizieren Sie Ihre Ziele und Visionen, damit Sie wichtige Mitstreiter bekommen. Hier wird es verbindlich, und wir müssen es nicht nur uns selbst gegenüber rechtfertigen, inwieweit wir unsere Vision im Auge behalten und die gesteckten Ziele konsequent verfolgen. Wenn ich meine Vision in der Diskussion mit anderen verteidigen kann, spüre ich selbst: Da steckt Herzblut drin! Wir brauchen den Dialog, damit wir uns bestärkt fühlen, aber auch, um unsere Vorstellungen nachjustieren zu können.

Klare Ziele bringen den Erfolg

Große Menschen, so heißt es immer wieder, haben Visionen. Aber diese Visionen sind nicht irgendwelche Hirngespinste, sondern ganz konkrete Ziele, die sie erreichen wollen. Solche Ziele gibt es sowohl im privaten wie auch im geschäftlichen Bereich. Nur wer es schafft, sich Ziele zu setzen, weiß, in welche Richtung er gehen muss, um Erfolg zu haben. Aber auch nur der, der seine Ziele klar definiert hat, weiß irgendwann, dass er sie erreicht hat – und darf diesen Erfolg dann durchaus auch einmal feiern. Insgesamt geht es bei der Zielsetzung für den Erfolg vor allem darum, sich selbst über den eigenen zukünftigen Weg klar zu werden und diesen ohne Umwege zu gehen. So bleibt dann nämlich mehr Zeit für das Wesentliche, bleiben genügend Energie und Motivation für die eigentlichen, die wichtigen Aufgaben. Und genau das ist der gerade Weg zum Erfolg.

Sie fragen sich vielleicht, warum ich Prof. Dr. Rödl und Francesco Friedrich zusammengebracht habe und weshalb ausgerechnet zu diesem Thema?

Ganz einfach: Beide haben ihre Position verändert, sind vom Bremser bzw. Nachfolger zum Piloten und Lenker der „Geschicke" geworden. Sie bewegen sich auf genau definierten Bahnen und geben diese auch an ihr Team weiter. Dabei kommt aber trotzdem die individuelle Kreativität als Führungspersönlichkeit nicht zu kurz. Sie haben eine klare Vision und setzen diese strategisch um. Sie haben bereits tolle Ziele erreicht, befinden sich aber weiterhin auf einer spannenden Reise. Prof. Dr. Christian Rödl ist Unternehmer und Ausdauersportler, Francesco Friedrich ist als Sportler zugleich auch Unternehmer. Im Gespräch hat sich schnell herausgestellt, wie viele Parallelen es zwischen den beiden tatsächlich gibt – obwohl man das von dem Piloten eines kleinen Bobteams und dem Chef einer der größten Beratungs- und Prüfungsgesellschaften für Recht, Steuern, Unternehmensberatung und Wirtschaftsprüfung nicht vermutet hätte. Aber irgendwie sitzen wir wohl doch alle in einem Bob …

„Entspannt (locker) beim Denken –
angespannt (konzentriert) beim Umsetzen!"

WELTMEISTERLICHE MILESTONES:

1977 Gründung des Unternehmens in Nürnberg durch Dr. Bernd Rödl **1989** Auftakt zur Erschließung Mitte und Osteuropas **1994** Aufbau der starken Präsenz in China **2000** Aufbau von Rödl & Partner USA **200** Erste Auszeichnung als Unternehmen der „Europe's 500" – der 500 wachstumsstärksten Unternehmen Europa **2005** Eröffnung der ersten Niederlassung in Südamerika (Brasilien) **2008** Eröffnung erster Niede lassungen in Afrika, Rödl & Partner knackt die 200 Mio. Euro-Marke beim Umsatz **2011** Eröffnung der erst Niederlassungen in Mexiko **2014** Rödl & Partner betreut seine Mandanten an 94 Standorten in 43 Lände weltweit.

Prof. Dr. Christian Rödl

MIT EMPATHIE ZUM ERFOLG

Die integrierte Beratungs- und Prüfungsgesellschaft für Recht, Steuern, Unternehmensberatung und Wirtschaftsprüfung Rödl & Partner verdankt ihren dynamischen Erfolg 3.700 unternehmerisch denkenden Partnern und Mitarbeitern. Im engen Schulterschluss mit ihren Mandanten erarbeiten sie Informationen für fundierte – häufig grenzüberschreitende – Entscheidungen aus den Bereichen Wirtschaft, Steuern, Recht und IT und setzen sie gemeinsam mit ihnen um. Das Selbstverständnis von Rödl & Partner ist geprägt vom Unternehmergeist – diesen teilen sie mit vielen, vor allem aber mit deutschen Familienunternehmen. Sie legen Wert auf persönlichen Service und auf Beratung in Augenhöhe.

Prof. Dr. Christian Rödl berät Familienunternehmen und deren Inhaber vorwiegend zur grenzüberschreitenden Struktur von Unternehmensgruppen und Privatvermögen sowie zur Unternehmens- und Vermögensnachfolge. Er ist Honorarprofessor an der Rechts- und Wirtschaftswissenschaftlichen Fakultät der Universität Erlangen-Nürnberg und lehrt Unternehmensnachfolge und Internationale Steuerplanung. Auf diesen Gebieten ist er Autor und Herausgeber zahlreicher Bücher und Fachaufsätze.

Prof. Dr. Rödl absolvierte Jurastudium und Referendariat in Würzburg, Caen (Normandie), Nürnberg, Paris und New York (LL.M. Columbia University). Er war zunächst als Notarassessor im bayerischen Notardienst und anschließend bei einer großen amerikanischen Rechtsanwaltsgesellschaft tätig. 1999 trat er bei Rödl & Partner ein. Prof. Dr. Rödl ist Mitglied in mehreren Beiräten, Aufsichts- und Stiftungsräten.

Der Finanzausschuss des Deutschen Bundestags lud Herrn Prof. Dr. Christian Rödl wiederholt als Sachverständigen zu Gesetzgebungsverfahren im Steuerrecht.

Eine unabhängige, von der WirtschaftsWoche berufene Experten-Jury wählte Prof. Dr. Christian Rödl unter die 25 deutschen Top-Berater im Unternehmenssteuerrecht.[1]

„Das Beginnen wird nicht belohnt,
einzig und allein das Durchhalten."
(Katharina von Siena)

---

[1] vgl. WirtschaftsWoche, Ausgabe 47/2010.

»VIDEO

WELTMEISTERLICHE MILESTONES:

Weltmeisterliche Milestones: **2011** Gold Team-Weltmeister Zweier in Königssee, Platz 1 Gesamtwertung E
ropacup Zweier (7 von 8 Rennen gewonnen), **Europacup** Vierer und Europacup Kombination, **Junioren-W**
Gold im Zweier und Silber im Vierer in Park City **2012** Gold Junioren-WM Zweier und Vierer in Igls **201**
Gold WM Zweier in St. Moritz **2014** Bronze EM Vierer in Königssee, **Olympische Spiele Sotschi** 8. Pla
im Zweier, 10. Platz im Vierer

Francesco Friedrich

2013 ist Francesco Friedrich im Bob-Olymp angekommen: Mit nur 22 Jahren rast Francesco Friedrich in St. Moritz im Zweier-Bob zu WM-Gold und wird damit der jüngste Bob-Weltmeister der 84-jährigen WM-Geschichte. Dabei wäre über sechs Jahre zuvor beinahe Schluss mit seiner Karriere gewesen, bevor sie überhaupt begann. Rückblick: Zusammen mit seinem Bruder David kam Francesco Friedrich über die Leichtathletik zum Bobsport. In den Jahren 2005 und 2006 stürzte David bei Trainingsfahrten auf der Bobbahn in Altenberg schwer. Nach seinem ersten schweren Sturz kämpfte David um sein Leben, lag drei Wochen im künstlichen Koma. Ein Jahr später brach er sich dann in der Eisrinne einen Rückenwirbel. Beim zweiten Unfall saß Francesco mit im Schlitten, dachte danach ans Aufhören, wurde aber von der Familie und David zum Weitermachen motiviert – mit großem und nachhaltigem Erfolg! Bereits bei den deutschen Juniorenmeisterschaften in der Saison 2007/08 belegte Francesco Friedrich im Zweierbob den 8. Platz. Erste größere Erfolge konnte er mit dem 5. (Zweierbob) und 6. Platz (Viererbob) in der Europacup-Saison 2009/10 auf seiner Heimbahn in Altenberg erzielen. Der Durchbruch in die Weltspitze gelang ihm mit dem Juniorenweltmeistertitel im Zweier und dem 2. Platz im Vierer (mit Bruder David) bei der Juniorenweltmeisterschaft 2011 in Park City. Im selben Jahr konnte er bei den Weltmeisterschaften in Königssee mit dem Gewinn des Team-Weltmeistertitels seinen bisher größten Erfolg verbuchen. Auch die Zweierbob-Gesamtwertung im Europacup 2011 konnte er für sich entscheiden. In der Saison 2011/12 sicherte sich Francesco Friedrich im Europacup alle drei Gesamtsiege (Zweier-, Viererbob und Kombination) und konnte auf Grund des Ausfalls von Thomas Florschütz in St. Moritz sein Weltcup-Debüt feiern. Bei den Weltmeisterschaften 2012 in Lake Placid erreichte er im Zweierbob einen sehr guten 4. Platz und im Viererbob den 9. Platz. Bei der Junioren-Weltmeisterschaft 2012/13, die aufgrund der Bahn-Schließung im italienischen Cesana zum zweiten Mal innerhalb eines Kalenderjahres in Innsbruck/Igls ausgetragen wurde, gewann Francesco Friedrich in beiden Wettbewerben Gold. 2013 wurde er Weltmeister in St. Moritz. Francesco Friedrich holte bei der Bob-Europameisterschaft 2014 mit Alexander Mann, Gregor Bermbach und Thorsten Margis die Bronze-Medaille im Viererbob, bei den Olympischen Spielen in Sotschi reichte es leider nur zu einem 8. Platz im Zweier und einem 10. Platz im Vierer.

„Man muss immer nach vorn schauen und sich immer neue Ziele stecken, um diese zu erreichen!"

Wir sitzen alle in einem Bob

Francesco Friedrich & Prof. Dr. Christian Rödl zeigen, wie wichtig Visionen und Strategien sind, um Herausforderungen zu meistern und im Team zu gewinnen.

AUF DER SUCHE NACH DEN BESTEN

Im Sport ist es wichtig, das richtige Team zu haben. Francesco Friedrich stieg von der Anschiebe- und Bremserfunktion zum Piloten auf. Als Sportler führt er dadurch sein Team nicht nur zu den Meistertiteln, sondern zwischen den Wettkämpfen auch ein kleines Unternehmen.

Francesco Friedrich: „Einfach nur das zu machen, was man gesagt bekommt, hat mir nicht ausgereicht. Ich wollte selbst etwas zu sagen haben. Im Laufe der Zeit war das irgendwie ein ganz natürlicher Prozess. Von der Leichtathletik zu Beginn über das Reinschnuppern beim Bobfahren bis hin zum eigenen Team."

EIN POSITIVES UMFELD SCHAFFEN

Um seine Mannschaft muss sich Francesco Friedrich intensiv kümmern: Trainingslager organisieren, eine gute Trainingsatmosphäre gestalten, das Trainingsgerät auf dem neuesten Stand halten, Kontakte knüpfen, finanzielle Möglichkeiten ausschöpfen, fordern und fördern. Und natürlich ein positives Umfeld schaffen, in dem jeder in der Lage ist, auf seiner Position Bestleistungen zu erbringen.

Francesco Friedrich: „Ein positives Verhältnis zu den Jungs ist wichtig. Da müssen von Anfang an viele kleine Bausteine zusammengesetzt werden, damit es im Endeffekt passt, damit wir, wenn es darauf ankommt, auch wirklich erfolgreich sein können."

VORBILD SEIN

Beim Bobfahren müssen zahlreiche Kleinigkeiten stimmen. Francesco Friedrich bezeichnet es gerne als „Gesamtkunstwerk". Alle Bausteine müssen passen, um als Gewinner auf dem Treppchen oben zu stehen und Erfolge auch konsequent fortführen zu können.

Francesco Friedrich: „Geht auch nur einer von uns mit einem schlechten Gefühl an den Start, überträgt sich das von der einzelnen Position auf das ganze Team. Vielleicht ist es das Lenken, das nicht 100%ig klappt, oder wir sind am Start nicht so aggressiv, wie wir es eigentlich sein müssten."

ALS PILOT AKZEPTIERT

Dreh- und Angelpunkt und damit ein wesentlicher Erfolgsbaustein ist der Pilot. Wird er akzeptiert, nicht nur menschlich, sondern auch fachlich, hat das Team wesentlich größere Chancen auf den Sieg.

Francesco Friedrich: „Letztendlich bleibt den Jungs ja nichts anderes übrig, wenn sie sich einmal entschieden haben, hier Gas zu geben. Ich habe dabei eine relativ gute Ausgangsposition, weil ich einer von den Piloten bin, die ordentlich Druck machen − nicht nur bei den anderen, sondern auch bei sich selbst. Ich bin da sehr perfektionistisch, verlange mir alles ab, versuche in jeder Saison wieder ein wenig besser zu werden und mir auch für mein Team immer wieder etwas Neues einfallen zu lassen, um hier oder dort noch ein Hundertstel herauszuholen."

DER BESTE SEIN

Francesco Friedrich hat den Ehrgeiz, als Pilot in seinem Team auf möglichst allen Positionen der Beste zu sein. Ist das im Bobsport bei einem 4er oder 2er Bob gut möglich, sieht die Sache in einem großen Unternehmen wohl ganz anders aus. Wie hoch hängt für Prof. Dr. Christian Rödl die Messlatte? An 94 Standorten in 43 Ländern mit 3700 Mitarbeitern vertreten, fällt es dem Chef wohl eher schwer, in jeder Disziplin der Beste zu sein.

Ehrgeizig sein, sich nach den Besten strecken

Prof. Dr. Christian Rödl: „Bei uns ist das im Vergleich zu Francesco ein bisschen anders. Ich habe schon den Anspruch, zu den Besten zu gehören. Allerdings gilt das nur für einen ganz bestimmten Bereich, also mein Kernthema. Mein Ziel ist es genauso, dass ich um mich herum Leute habe, die in ihren Bereichen besser sind als ich. Sonst könnte ich ja gleich alles selber machen. Man versteht sich ja oft auf Anhieb sehr gut mit Menschen, die einem ähnlich sind. Aber auch hier versuche ich, möglichst nach Kollegen zu suchen, die in ihrem Bereich, für den sie dann auch verantwortlich sind, mindestens genauso gut oder besser sind als ich. Ich glaube, dass ein Unternehmen auch nur so wirklich vorankommt."

DAS RICHTIGE TEAM ZUSAMMENSTELLEN

Um das richtige Team zusammenzustellen, braucht man die richtige Strategie. Gibt es im Bobsport ein klares Regelwerk, bestimmen im Business je nach Branche und Unternehmensgröße unterschiedliche Punkte die Besetzung der einzelnen Positionen.

Francesco Friedrich: „Natürlich sind in einem kleinen Team wie unserem persönliche Harmonien wichtig. Unabhängig davon zählen aber vor allem zwei Regeln: Die offizielle Gewichtsbeschränkung und die Anschubzeit. Wenn hier alles passt, hat man eine gute Voraussetzung, um im Endeffekt erfolgreich zu sein."

DIE KONKURRENZ IST GROSS

Das Ziel ist in beiden Bereichen klar definiert: das beste Team zu finden. Bei der Crew im Bob muss das so schnell wie möglich geschehen, damit in der Saison möglichst schnell die ersten Siege eingefahren werden können. Im Business bleibt meistens etwas mehr Zeit. Allerdings steigen hier die Kosten enorm, wenn im Personalbereich Fehlentscheidungen getroffen werden. Und letztendlich ist es in beiden Bereichen nicht einfach, unter den immer weniger werdenden Fachkräften die besten zu finden. Die Konkurrenz ist im Sport wie im Business groß – vor allem, wenn es um den begehrten Platz im Bob-Team oder die begehrte Stelle im Unternehmen geht. Um den richtigen Mann für den richtigen Platz zu finden, trainiert das Team um Francesco Friedrich bereits den ganzen Sommer zusammen. Ein Anschubgerät auf Rollen oder auch eine Halle mit richtigem Eis helfen dabei, dass das richtige Team zusammenfindet. Doch wie sieht das bei Rödl & Partner aus?

Prof. Dr. Christian Rödl: „Wie im Bob ist es auch bei uns sehr wichtig, dass das Team zusammenpasst, dass die verschiedenen Positionen richtig besetzt sind. Und auch wir brauchen für die verschiedenen Fähigkeiten ganz unterschiedliche Menschen. Wir brauchen Mitarbeiter, die besonders kommunikationsstark sind, sowohl im Umgang mit Mandanten als auch um neue Kunden zu gewinnen. Andere sitzen lieber zehn Stunden am Tag am Schreibtisch und durchleuchten rechtliche und steuerliche Fragen bis ins letzte Detail, um die richtige Lösung zu finden. Und dann gibt es wieder andere, denen diese Detailarbeit weniger liegt, die sich nicht in Gesetze vergraben wollen, die aber querdenken können und deshalb oft die entscheidende kreative Idee haben. Alle zusammen sind für den gemeinsamen Erfolg wichtig: die letztlich immer akribischen Arbeiter genauso wie diejenigen, die das Schiff lenken, die neue Aufträge an Land ziehen und die vollbrachte Arbeit dann auch wieder nach außen transportieren."

So bilden Sie starke Teams
- *DreamTeam zusammenstellen*
- *Dabei sein macht alle stolz*
- *Gemeinsam Erfolge feiern*

DIE IDEALLINIE FINDEN

Hat man letztlich alle an Bord und das Team steht, ist es wichtig, die richtige Spur zu finden. Jetzt gilt es, die Kräfte zu bündeln. Alles konzentriert sich darauf, nicht aus der Bahn zu fliegen, weil das natürlich das Gefährlichste ist, was passieren kann. Neben Verletzungen kostet es im Sport wertvolle Weltcup-Punkte oder vielleicht sogar eine Medaille, im Unternehmen Aufträge oder schlimmstenfalls den Mandanten. Bei der Ideallinie gibt es Parallelen zwischen dem Bob-Weltmeister und dem Geschäftsführenden Partner sowie Vorsitzenden der Geschäftsführung bei Rödl & Partner.

Francesco Friedrich: „Je nach Bahn gibt es da schon ein paar Spielräume und teilweise mehrere Lösungen, „die Grube zu fahren". Allerdings sind diese Möglichkeiten im 2er Bob eher gegeben als im 4er Bob, der deutlich träger ist. Es gibt Bahnen, da kann man Kurven noch einmal anlenken, um etwas höher zu kommen, bei anderen muss man dem Schlitten so oft es geht freien Lauf lassen. Jede Bahn ist anders. Da muss das Team jedes Mal aufs Neue sein eigenes Optimum finden, um letztendlich möglichst schnell zu sein."

Prof. Dr. Christian Rödl: „Absolut vergleichbar. Erstmal – und das macht auch einen großen Reiz unseres Berufs aus – ist jeder Mandant anders. Die Charaktere lassen sich zum Teil vielleicht in bestimmte Gruppen einordnen. Vergleichbar mit der Bobbahn müssen auch wir bei manchen selbst mehr lenken und bei anderen ist die Linie klar vorgegeben. Manche Mandanten bringen sich stärker in das Projekt ein und geben Dinge vor, andere nennen ein Thema und erwarten von uns eine Lösung. Die wollen oft gar nicht wissen, wie es geht oder gar eine Begründung. Wir müssen uns immer wieder neu darauf einstellen. Und das Argument oder die Entschuldigung, ein Mandant sei schwierig, lasse ich nicht gelten. Ich sage immer, der Mandant darf schwierig sein. Es ist sogar gut, wenn ein Mandant anspruchsvoll ist, denn das treibt uns zu Höchstleistungen an."

POSITIONSWECHSEL

Höchstleistungen musste auch Francesco Friedrich vollbringen, als er von einem Tag auf den anderen von der Position des Bremsers auf die des An-schiebers und schließlich bereits in sehr jungen Jahren auf die des Piloten wechselte. In der Wirtschaft gehört die erfolgreiche Gestaltung der Nach-folge zu den schwierigsten Positionswechseln. Zehn Jahre nach seinem Eintritt bei Rödl & Partner folgt Prof. Dr. Christian Rödl im Jahr 2011 seinem Vater als Vorsitzender der Geschäftsleitung nach und wird mit 41 Jahren, in einem Alter, in dem Sportler schon fast ans Aufhören denken, zum Piloten.

Ihre Ideallinie

- Seien Sie mutig und gehen Sie Ihre eigenen Wege
- Nehmen Sie den Schwung aus dem Kickoff mit für notwendige Richtungs-änderungen
- Nicht immer ist der kürzeste Weg auch der Beste

Klare Position beziehen

- Seien Sie sich Ihrer Verantwortung bewusst und schultern Sie diese
- Halten Sie Ihre Kompetenzgrenzen exakt ein
- Pflegen Sie Ihre Mentoren

Prof. Dr. Christian Rödl: „Also bei uns ist es vielleicht schon etwas anders als im Bobsport. Zumindest gefühlt war es kein Wechsel von einem Tag auf den anderen. Wir hatten einen Zeitplan, der bereits Ende 2006 begann. Auch wenn wir nicht akribisch Schritt für Schritt geplant haben, vor allem nicht, wie es ab dem Tag X in der Tagesarbeit weitergehen wird, wussten wir sehr genau, welche Themen zu lösen sind. Als ich zu Rödl & Partner kam, hatte ich die Möglichkeit, bereits einen eigenen Bereich – meinen kleinen Bob sozusagen – zu übernehmen und dort meine bisher in anderen Unternehmen gemachten Erfahrungen einzubringen. Den Bereich deutlich auszubauen hat mir sehr viel Spaß gemacht. Ein wichtiger Teil der Unternehmensnachfolge war es dann auch, diesen Bereich, den ich vorher verantwortet habe, neu zu strukturieren, um ihn an die Köpfe des Teams zu übergeben."

ANSCHIEBER ODER BREMSER

Piloten müssen sich auf das Gesamtwerk konzentrieren, ob im Bobsport oder in der Wirtschaft. Hilfreich sind Anschieber und Bremser, die dabei unterstützen, die richtigen Entscheidungen zu treffen, mit denen es gelingt, Projekte mit dem richtigen Schwung anzugehen, aber – bei aller Leidenschaft und persönlichem Engagement – auch nicht über das Ziel hinauszuschießen.

Prof. Dr. Christian Rödl: „Auch wenn mein Vater aus der Geschäftsleitung ausgeschieden ist, ist er ja nach wie vor an Bord. Er ist immer noch als Berater tätig für Unternehmer und Unternehmen, die er seit Jahrzehnten berät. Er sagt, er macht nur noch das, was ihm Spaß macht. Und das hat er sich auch verdient. Aber wenn ich ihn frage oder mich mit ihm austausche, teilt er mir bereitwillig seine Meinung zu bestimmten Themen mit und gibt so wertvollen Input. So gesehen sitzen wir nach wie vor im selben Bob. Vielleicht hat er manchmal auch die Funktion des Trainers, der sich das Ganze mal von außen anschaut, sich die Zeit nimmt."

AUFGABEN EINES PILOTEN

Für die vielen verschiedenen Bereiche und Länder sieht sich Prof. Dr. Christian Rödl nicht nur als Pilot, sondern manchmal zugleich selbst auch in der Rolle eines Anschiebers und Bremsers.

Prof. Dr. Christian Rödl: „In unserer recht dezentralen Organisation müssen die Leute letztlich selbst lenken. Die wissen zwar, in welche Richtung es geht, der Kurs ist vorgegeben. Unser Eiskanal ist vielleicht ein bisschen breiter als der echte. Wir lassen da Raum in relativ breiten Leitplanken, wie wir sagen. Jagt da einer ungestüm runter und es besteht die Gefahr,

dass sie aus einer Kurve herausschießen, muss ich vielleicht vorher einmal bremsen. Einen anderen muss ich manchmal eher anschieben oder den Anschieber auch einmal auswechseln. Spaß macht mir letztendlich beides: Auf der einen Seite der Pilot zu sein, auf der anderen Seite ist mir aber auch wichtig, dass ich nicht nur administriere und führe, sondern selbst neue Mandanten gewinne und in deren Projekten arbeite. Ich stehe dann mit Rat und Tat zur Seite, die Detailarbeit und das Anschieben übernehmen in dem jeweiligen Projektteam aber andere."

SICH ALS FÜHRUNGSKRAFT DER VERANTWORTUNG STELLEN

Viele erwarten von einem Chef, dass er präsent ist und führt. Man hat auf der einen Seite zwar oft autarke Teams, aber trotzdem ist es wichtig, dass da eine Führungskraft ist, die sich letztendlich auch der Verantwortung stellt. Wie schätzt sich Francesco Friedrich selbst als Pilot und Führungskraft im Bobteam ein?

Francesco Friedrich: „Im Prinzip sind es ja nicht nur die aktiven Team-Mitglieder, die letztendlich im Bob sitzen, sondern auch noch die Ersatzleute. Bei mir sind es zurzeit sechs Leute, die ich den ganzen Sommer begleite oder die mich den ganzen Sommer bis zum Anschubtraining begleiten. Manchmal ist das ein bisschen schwierig, weil ich als ‚Chef' der Jüngste im Team bin. Bei sieben oder acht Jahren Altersunterschied muss man einfach gucken, wie weit man gehen kann. Wenn es sein muss, kann ich relativ autoritär sein, aber normalerweise ist es eher ein gutes Zusammenspiel. Dann gebe ich zwar die grobe Linie vor, aber die Jungs haben selbst auch einen relativ großen Bereich, den sie nutzen können, um im Endeffekt so zu sein oder das zu machen, was sie machen können und sollen."

VISION ALS FÜHRUNGSINSTRUMENT

Die Linie vorgeben bedeutet letztendlich nichts anderes, als eine Vision zu haben. Im Sport ist das relativ einfach: dieser Weltcup-Sieg, diese Medaille oder vielleicht den Olympia-Sieg, die beste Mannschaft der Welt zu sein. Die Vision, verknüpft mit einem Symbol, ist mit Sicherheit ein großes und starkes Führungsinstrument. Doch wie gelingt es letztendlich, die Mannschaft zu integrieren, um diese Vision des Sieges auch miteinander zu tragen?

Francesco Friedrich: „Irgendwie macht ja jeder im Team und in der ganzen Nationalmannschaft seinen Sport, um im Endeffekt irgendwann einmal genau das zu erreichen. Das ist die Voraussetzung! Wer im Kopf nicht bereit ist, nicht genügend Ehrgeiz entwickelt oder wirklich nicht genau weiß, warum und wieso er das tut, der wird sein Ziel wahrscheinlich nie erreichen.

Sport hat hier ganz viel mit Kopfsache zu tun. Hier zählt nicht nur das reine Trainieren. Es gewinnt nicht automatisch der, der stupide am meisten und am schwersten trainiert. Nur mehr zu machen, bringt nicht viel. Man muss sich auch mit sich und mit seinem Körper, mit seinem Team und allem, was dazugehört, beschäftigen, um letztendlich erfolgreich zu sein, um seine Vision durchsetzen zu können."

Prof. Dr. Christian Rödl: „Ich finde es ja wirklich toll im Sport, dass man da ein solch konkretes Ziel anstrebt und dann auch das unmittelbare Erfolgserlebnis haben kann. Wenn ich mir vorstelle, die Goldmedaille dann wirklich umhängen zu haben, auf dem Podest zu stehen und die Hymne zu hören – diese emotionalen Momente würde ich mir auch in der Wirtschaft wünschen. Die Medaille ist ja noch dazu etwas Dauerhaftes, man schreibt sozusagen Geschichte. Haben wir für einen Mandanten ein großes oder schwieriges Projekt erfolgreich abgeschlossen, wird das natürlich auch mal gefeiert, aber davon spricht danach kein Mensch mehr."

VISIONEN KONKRETISIEREN

„Der führende Berater der deutschen Wirtschaft werden", mit dieser Vision wollte Prof. Dr. Christian Rödl dem Unternehmen eine tragende Kraft geben, musste jedoch schnell feststellen, dass die Vision zu weit gefasst und zu wenig konkret war.

Prof. Dr. Christian Rödl: „Am Anfang fanden es alle gut. Tolles Ziel! Aber letztendlich hat keiner so richtig gewusst, was sich dahinter verbirgt. Keiner konnte sich vorstellen, wie die Goldmedaille wirklich aussieht. Auch nicht, als wir die Vision auf unser Klientel Familienunternehmen zugespitzt hatten. Im Jahr 2013 haben wir es dann durch ein klares und messbares Ziel weiter konkretisiert: Wir wollen von den 500 größten Familienunternehmen 100 als Mandanten mit einem vorgegebenen Mindestumsatz pro Mandant haben. Für die börsennotierten Unternehmen haben wir ebenfalls ein konkretes Ziel. Jetzt wissen die Leute, auf welches Ziel sie hinarbeiten müssen."

DIE SPITZE DER LEISTUNGSFÄHIGKEIT ERREICHEN

Im Business ist es nicht wie im Sport, wo in regelmäßigen Abständen Weltmeisterschaften oder Olympische Spiele stattfinden, auf die man sich gezielt vorbereitet. Umgekehrt kann und muss man es auch relativ schnell abhaken, wenn ein Wettkampf mal nicht so läuft, und sich auf das nächste Ziel konzentrieren.

Prof. Dr. Christian Rödl: „In unserem Bereich müssen wir eher schauen, dass wir kontinuierlich Leistungen erbringen, unsere Mandanten natürlich zufriedenstellen oder begeistern, dass sie uns wieder beauftragen beziehungsweise weiterempfehlen. Parallel müssen wir natürlich auch immer wieder neue Kunden gewinnen. Das sind für uns oder für mich persönlich dann die großen Erfolgserlebnisse. Wenn wir bei Unternehmen, die wir unbedingt als Kunden haben wollen, weil sie uns auf unserem strategischen Ziel weiterbringen, antreten, uns vorstellen, ins Gespräch kommen, vielleicht auch mal getestet werden und dann die Mitteilung bekommen: Okay, wir beauftragen euch jetzt als unseren Steuerberater oder Wirtschaftsprüfer oder Rechtsanwalt. Das sind zum Teil Ziele, die wir zwei, drei Jahre verfolgen. Auch das Verlieren gehört ab und zu dazu. Wir bewegen uns in einem Verdrängungswettbewerb. Wenn das passiert, sage ich immer, ein verlorener Mandant ist ein künftiger Mandant. Hier ist wohl eine Parallele zum Sport, in dem das Ziel dann eben die nächste Goldmedaille ist."

MIT HERAUSFORDERUNGEN UMGEHEN

Kein Mensch kann immer gewinnen. Das wäre – bezogen auf den Sport – nicht nur für die Zuschauer eher langweilig. Ein starker Wettbewerb spornt an und ein Kopf-an-Kopf-Rennen, das man für sich entscheidet, ist letztendlich auch ein viel größeres Erfolgserlebnis für den Gewinner. Genauso sieht das auch Prof. Dr. Christian Rödl im Wirtschaftsleben.

Prof. Dr. Christian Rödl: „Bezogen auf unsere Goldmedaille sind wir in den Top 10. Der Weg zum Podium ist noch weit und ich weiß nicht, ob wir die Spitze des Podiums noch in meiner Generation erreichen. Aber das ist natürlich das Ziel. Wenn ich das mit dem Sport vergleiche, verwende ich oft Bilder aus dem Fußball: Ruft ein Mandant an und sagt, ihr habt jetzt den Auftrag, ist das so, wie wenn man ein Tor schießt. Und es ist wirklich ein tolles Gefühl, wenn der Ball plötzlich im Netz zappelt und alle jubeln. Genauso ist es auch, wenn wir einen großen Auftrag, dem wir vielleicht jahrelang hinterhergelaufen sind, endlich bekommen. Aber es ist halt nur ein Tor in einer ganzen Saison. Anders als beim Bobsport, in dem man ein ganzes Jahr hart auf drei oder vier Läufe hinarbeitet und dann Höchstleistung bringen muss, haben wir viel mehr Möglichkeiten, einen Misserfolg durch etwas anderes Gleichwertiges auszugleichen. Umgekehrt haben wir auch nicht den einen Preis, der für alle klar ist. Die Goldmedaille umgehängt zu bekommen, ist schon etwas ganz Besonderes. Da tun wir uns als Unternehmen eher schwer. Aber wir versuchen schon, Leistungen so gut es geht, messbar zu machen, um den Leuten die Ziele und den Lohn der Arbeit zu vermitteln."

Mitarbeiter wirkungsvoll entwickeln

- Seien Sie ein einfühlsamer Coach und Begleiter und nehmen sich dafür Zeit
- Stellen Sie die Kernfragen: „Was erwarten Sie von mir?" und „Was kann ich von Ihnen erwarten?"
- Interessieren Sie sich für die Wünsche und Ziele sowie Sorgen und Nöte Ihrer Mitarbeiter/innen

PERSONALENTWICKLUNG

Im Sport wie im Business ist es wichtig, dass nicht nur Einer den Erfolg einheimst. Schaut man als Laie beim Bobfahren zu, könnte man meinen, die einen schieben nur kurz an und dann ducken sie sich, während der Pilot das Team zum Sieg fährt. Schafft es der Pilot aber nicht, den Vorsprung in der Anschubphase zu nutzen, ist ein Teil der Teamarbeit wieder zunichtegemacht. Auch im Unternehmen ist es wichtig, alle einzubeziehen. Auch wenn einer vielleicht den Auftrag an Land zieht und steuert, gibt es viele, die anschieben und sich dadurch das Vertrauen der Kunden verdienen. Und gewinnen können letztendlich nur alle gemeinsam.

Prof. Dr. Christian Rödl: „Manchmal muss sich der Pilot auch zwingen, sich zurückzunehmen, um andere in den Vordergrund zu schieben. Wir müssen also die Aufgaben so verteilen, dass die Kollegen alle gemäß ihren Fähigkeiten eingesetzt sind. Ich kann beispielsweise nicht die schwierigen Teile eines Projekts an die jungen unerfahrenen Leute geben – die müssen langsamer herangeführt werden und auch von den anderen lernen, in dem sie erst einmal kleine Ausschnitte bearbeiten. Irgendwann einmal steht dann natürlich für jeden der Sprung ins Wasser bevor. Dann steht man in der ersten Reihe und muss selber schwimmen, ein Team übernehmen, Projekte durchführen, sich um das Team kümmern und für dessen Auslastung sorgen."

Respekt und Wertschätzung untereinander zählt

VON VORBILDERN LERNEN

Als jüngster Bobweltmeister und junger Pilot seines eigenen Bobteams braucht auch Francesco Friedrich entsprechende Strategien, um die fehlende Erfahrung auszugleichen. Know-how von außen aufnehmen und aufgrund von Erfolgen mit wachsendem Selbstbewusstsein die eigenen Entscheidungen treffen, so gelingt es, von Vorbildern zu lernen und dabei doch seinen eigenen Weg zu gehen.

Francesco Friedrich: „Also ich versuche einfach, mir möglichst viele Meinungen anzuhören. Die wichtigsten und interessantesten Aspekte herauszupicken, mir mal hier und dort eine Anregung zu holen. Das, was davon für mich am besten passt, setze ich um, kombiniere es, um im Endeffekt im Gesamten wieder ein bisschen besser zu sein wie die anderen.

Beispielsweise bekommen wir im Athletiktraining einen Wochenplan. Setzt man diesen zu Beginn als Sportler rigoros um, ist es inzwischen so, dass ich mir den am Sonntag durchlese und dann im Verlauf der Woche entscheide, was zur aktuellen Tagessituation passt. Als Leistungssportler lernt man sich und seinen Körper im Laufe der Zeit ja auch ganz gut kennen. Das ist einfach ein Prozess, der sich über die letzten zehn Jahre entwickelt hat und inzwischen gut funktioniert. Es geht darum, das Sinnvollste zu machen und nicht einfach nur mehr zu trainieren. Für mich persönlich und mit dem Team genau so zu trainieren, dass wir gemeinsam den größtmöglichen Erfolg haben."

ERWEITERTES TEAM

Als Laie hat man oft die Vorstellung, dass sich im Spitzensport um alles gekümmert wird, dass der Sportler eben nur pünktlich zum Training und Rennen erscheinen muss. Aber Bobfahren besteht nicht nur aus Anschieben, Reinspringen, Herunterfahren und das in einer möglichst guten Zeit.

Francesco Friedrich: „Also bei uns ist es nicht so, dass uns irgendwer unseren Bob wo hinfährt, ein Mechaniker die Kufen draufbaut, die Kufen schleift und alles einstellt. Im Weltcup sind beispielsweise zwei Mechaniker für alle Teams da und deshalb nur fürs Grobe zuständig. Ansonsten sind wir unsere eigene Boxen-Crew. Wir sind für unsere zwei Geräte zuständig, mit allen Kufen und allem Equipment, für den Transport, die Pflege und das richtige Setup für die Läufe. Nach einem Rennen am Sonntag ziehen wir sofort weiter an die nächste Wettkampfstelle. Dann wird die Woche über wieder trainiert, Einstellungen getestet, am Freitag der Schlitten fürs Rennen fertiggemacht und das jeden Tag von früh bis abends. Der Ablauf ist vergleichbar mit der Formel 1, nur im kleineren Stil und dass wir uns als Mannschaft – und natürlich ich als Pilot – eben um alles selbst kümmern müssen."

Prof. Dr. Christian Rödl: „Das ist ja tatsächlich ein richtiges Unternehmen. Respekt vor so viel Einsatz und Engagement!"

DEN LETZTEN SCHLIFF GEBEN

Viel Disziplin gehört zu einem solchen Sportlerleben – vom ersten Schritt bei der Zusammenstellung des Teams bis zu den letzten Vorbereitungen vor dem Start. Um technisch und mental fit zu sein, gehören auch gewisse Rituale zum Erfolgsgeheimnis, wie Francesco Friedrich verrät.

Francesco Friedrich: „Den letzten Schliff vor dem Rennen gebe ich unseren Kufen immer selbst. Diese werden, was viele ebenfalls nicht wissen,

---

Wie Sie gekonnt Ihre Rituale ausleben

- Berichten Sie über Mythen und erzählen „Geschichten" – das macht Sie und Ihr Unternehmen sexy
- Halten Sie an WERTvollen Traditionen fest
- Zelebrieren Sie Ihren Kult, denn er spiegelt Ihre Kultur

mit der Hand geschliffen. Mit Schleifpapier, man fängt grob an bis ganz fein, dann kommt die Poliermaschine mit verschiedenen Pasten und Ölen. Die Kufen kriegen aufgrund der Kräfte während der Fahrt deutliche Kratzer ab. Je nachdem, wie schwerwiegend diese sind, braucht man ungefähr ein bis zwei Stunden für eine Kufe, und wir haben vier davon. Und dann muss der Bob ja auch noch fertig gemacht werden."

Prof. Dr. Christian Rödl: „Das ist ganz schön zeitintensiv. Man hat dann aber auch ein richtig gutes Verhältnis zu seinem Sportgerät, oder?"

Francesco Friedrich: „Stimmt, und ich nutze die Zeit auch, um mich mental auf das Rennen einzustellen."

Prof. Dr. Christian Rödl: „Ich übertrage gerade das Bild vom letzten Schliff geben auf unser Business. Bei Projekten, in denen ich selbst involviert bin, erwarten die Mandanten zu Recht, dass ich hinter dem Gesamtergebnis stehe und auch hinter den Details. Da ist es mir schon wichtig, sozusagen den letzten Schliff zu geben. Bei den meisten Arbeitsergebnissen, die unser Haus verlassen, geht es natürlich nicht. Da bin ich darauf angewiesen und verlasse mich darauf, dass die anderen Leistungsträger bei uns Hand anlegen und den letzten Schliff richtig machen."

ENTSCHEIDUNGEN ABSICHERN

Bei der Kufe hat Francesco Friedrich als Pilot die Qual der Wahl: Zwei Formen, die je nach Wahl und Schliff das Rennen entscheidend beeinflussen können. Auch als Unternehmer muss man täglich Entscheidungen treffen. Ist es hilfreich, zumindest manche abzusichern, oder verunsichert man dadurch sein Team nur?

FRANCESCO FRIEDRICH: „Wenn es im Vorfeld eindeutig ist, entscheide ich in 98 % der Fälle alleine. Haben wir allerdings zwei oder drei Varianten, die eng beieinander liegen, sprechen wir das auch schon mal im Team durch. Im Prinzip werden die Anschieber durch den Druck mit Kopf und Oberkörper in den Bob gedrückt. Sie sehen praktisch so gut wie nichts von der Bahn, sondern nehmen nur das Gefühl wahr. Ist der Druck mal mehr oder länger da, war da mal etwas komisch oder anders. Dieses Körpergefühl kann manchmal einen kleinen Hinweis liefern."

DIE STRATEGIE MIT DEM TEAM ABSTIMMEN

Mitarbeiter fordern oft klare Entscheidungen „von oben". Sie wollen zwar im Team geführt sein, brauchen aber auch einen Geist vorweg, eine Führungskraft,

Ansporn nutzen
- Seien Sie sich bewusst, wo und wann Sie Höchstleistung abrufen können
- Spielen Sie Ihre Stärken als Trumpf aus
- Ihr gesundes Selbstvertrauen kräftigt Ihr Selbstbewusstsein

die den Mut hat, eindeutige Entscheidungen zu treffen. Wie stimmt Prof. Dr. Christian Rödl Strategien mit seinem Team ab, die diese dann umsetzen sollen?

Prof. Dr. Christian Rödl: „Ich denke, das ist bei uns schon ein bisschen anders als bei Francesco Friedrich. Ich erarbeite mit meinem Geschäftsführungsteam die strategischen Ziele und habe dort das erste und das letzte Wort. Mir ist wichtig, dass die stärksten Leistungsträger davon überzeugt sind, dass es die richtige Strategie ist, die wir vorgeben und die wir fahren. Deswegen versuche ich bei wichtigen Entscheidungen auf jeden Fall die Meinungen der wichtigsten Personen, die ich brauche, um die Strategie umzusetzen, zu erfahren und auch vorzuprägen – sie also bereits in den Entscheidungsprozess mit einzubeziehen. Das heißt natürlich nicht, dass Entscheidungen basisdemokratisch getroffen werden, aber ich kann keine Entscheidung mit voller Wucht umsetzen, wenn ich weiß, die Leute ziehen da nur halbherzig mit. In unserem Berufsfeld haben wir viele Individualisten. Bei Rechtsanwälten, Steuerberatern und Wirtschaftsprüfern ist es nicht so, dass sie Entscheidungen blind folgen, weil sie sagen, okay, der Chef hat es so entschieden. Da wird vieles hinterfragt und die Kollegen denken darüber nach, welche Auswirkungen hat es auf mich, was bedeutet es für meinen Bereich, für mein Team. Geht es um geschäftsstrategische Entscheidungen, bereite ich im Vorfeld, wenn ich die Entscheidungen für mich getroffen habe, schon den Boden, damit diese Entscheidungen positiv aufgenommen werden und möglichst viele dann wirklich dahinterstehen. Ebenso Personalentscheidungen muss ich, auch wenn ich mich mit dem engsten Führungskreis bespreche, letztlich selbst treffen. Gerade diese sind für uns natürlich extrem wichtig, weil diese Personen unser Unternehmen sind. Schließlich haben wir keine Maschinen, Produkte oder Patente. Dadurch bestimme ich die Umsetzbarkeit künftiger Strategien ganz wesentlich."

POSITIVER LEISTUNGSDRUCK

Als Bob-Pilot hat Francesco Friedrich nicht nur die Verantwortung für sein Team, sondern auch den Erfolgsdruck, den Bob ins Ziel zu steuern, noch dazu in einer Bestzeit. Auch Unternehmer stehen oft unter Druck. Wie schaffen es beide, der geforderten Leistung gerecht zu werden? Für sich persönlich und als Führungskraft – ohne selbst zu verkrampfen oder Gegendruck zu erzeugen?

Francesco Friedrich: „Also ich denke jetzt nicht dauernd an den Druck. Der ist natürlich da und auch Teil meiner Tätigkeit. Mich spornt der Druck eher an. Ich versuche halt, dass ich mich nicht runter- oder unterdrücken lasse, sondern den Druck eher in Energie umwandle. Aber wie gesagt, es ist einfach Teil der Normalität. Bei mir persönlich ist es so, dass ich als

Sportler, wie auch im wahren Leben, von Jahr zu Jahr und von Wettkampf zu Wettkampf immer mehr Erfahrung sammle und auch immer besser mit dem Druck umgehen kann. Für mich selber ist eigentlich das Wichtigste, um damit klarzukommen, wenn ich gut vorbereitet bin, wenn ich weiß, meine athletischen Werte stimmen alle und ich bin super drauf, ich habe mein Material perfekt vorbereitet. Also wenn ich weiß, ich habe alles dafür getan, dass ich mich quasi nicht besser hätte vorbereiten können. Dann kann ich ganz entspannt an ein Rennen rangehen und weiß: Entweder es klappt oder nicht."

Rollenwechsel - Selbst in die Seile greifen und den Anweisungen folgen

Prof. Dr. Christian Rödl: „Ich sehe das genauso. Erfahrungen sind wichtig, besonders im Umgang mit Drucksituationen. Das war bei mir genau so, dass Situationen, die ich vielleicht vor 10, 15 Jahren noch als Drucksituation empfunden habe, heute zumindest in viel geringerem Maße Druck bei mir erzeugen oder ich Druck spüre, weil ich sie halt schon häufig erlebt habe und weiß, was auf mich zukommt."

AUS FEHLERN ANDERER LERNEN?

„Manche Erfahrung muss man selbst machen!" Wie auch in anderen Sportarten birgt das Bobfahren ein hohes Verletzungsrisiko. Bei dem Tempo und Gewicht des Bobs ist Stürzen für das Team nicht unbedingt angenehm, gehört aber ab und an zum Lernprozess dazu. Kann man aus den Fehlern anderer lernen? Prof. Dr. Christian Rödl hat darauf eine interessante Antwort.

Prof. Dr. Christian Rödl: „Ich hatte früher einen Chef, der hat gesagt: ‚Herr Rödl, lernen Sie aus den Fehlern anderer.' Das hört sich ja immer toll an – aus den Fehlern anderer lernen. Aber ich glaube, es stimmt nur zum Teil. Manche Erfahrungen muss man einfach selber gemacht haben. Ein Bobfahrer muss sich in der Kurve irgendwann einmal verbremst oder verlenkt haben, um zu spüren, wie sich das anfühlt. Und auch, um es das nächste Mal vielleicht besser zu machen oder um auch nochmal besonders motiviert zu sein, so etwas zu vermeiden. Auch in unserer Branche muss man den einen oder anderen Fehler, hoffentlich nicht allzu gravierend, selbst gemacht haben. Nicht immer gelingt der Versuch, den Fehler auszumerzen. Es ist wichtig, dann selbst Rede und Antwort zu stehen. Diese Erfahrung lässt einen persönlich in jedem Fall wachsen."

DYNAMIK UND GESCHWINDIGKEIT

„Wenn das Eis heiß wird ..." Kaum zu glauben, aber Eis kann tatsächlich heiß werden und schlimme Verbrennungen verursachen. Schmerzhafte Erfahrungen, die beim Sturz mit einem Bob aber manchmal dazugehören, wie Francesco Friedrich bestätigt.

Francesco Friedrich: „Im Normalfall geht es – Gott sei Dank – meistens glimpflich aus, mit Prellungen oder hier und da einer kleinen Verbrennung an der Schulter. Es gibt natürlich auch Extremfälle, wo dann wirklich die oberste Hautschicht komplett ausgebrannt ist. Bei 100 Stundenkilometern oder sogar 140, wie 2010 in Kanada, ist das auch kein Wunder. Das ist ein schmaler Grad, wo es passen muss, und manchmal ist es relativ schwierig, diesen schmalen Grad noch zu erwischen. Man darf aber auch keine Angst davor haben. Respekt gehört natürlich immer dazu. Man muss sich irgendwo seiner Arbeit sicher sein, aber es ist und bleibt eben ein Rennsport und es kann jederzeit etwas passieren."

> ## Zielgerichtet steuern und lenken
>
> - *Ihre Kennzahlen liefern die Fakten, Ihr „Bauchgefühl" also die Intuition ist der Auslöser zum Tun*
> - *Bauen Sie ein gemeinsames Kontroll- und Belohnungssystem auf*
> - *Agieren können statt reagieren müssen*

DER SPRUNG INS KALTE WASSER

Als Francesco Friedrich von der Leichtathletik zum Bobsport kam, war das ein Sprung ins kalte Wasser. Learning by doing ist nicht immer die schlechteste Wahl, wenn es darum geht, möglichst schnell eigene Erfahrungen zu sammeln, um fachlich und menschlich daran zu reifen und letztendlich in einem Bereich richtig gut zu werden.

Francesco Friedrich: „Genau so war das! Ich habe mich reingesetzt, einen Schubs gekriegt und dann ging's los. Anders geht's auch nicht! Es gibt einfach keinen Simulator, der das irgendwie annähernd darstellen kann, weil man wirklich nur kleine Punkte lenkt. Man fährt in die Kurve rein und dann will der Bob Druck abbauen. Dann muss man den Druck richtig nutzen, um mit minimalen Lenkbewegungen die notwendigen Auf- und Abwärtsbewegungen zu steuern, damit man nicht aus der Bahn fliegt oder umkippt. Das ist die große Kunst: Den Druck und die Physik auszunutzen, damit der Bob mit möglichst wenig Lenkbewegung super in der Bahn bleibt und auf einer sauberen Spur aus der einen Kurve raus- und in die nächste Kurve reinfährt."

WENN SICH DIE RAHMENBEDINGUNGEN ÄNDERN ...

Beim Bobfahren muss der Pilot an den richtigen Stellen den Bob durch minimale Lenkbewegungen in der Spur halten. Wie wichtig ist ein Navigationssystem in der Wirtschaft? Wohin lenkt der Unternehmer, wenn eine

Autobahn plötzlich gesperrt ist? Wie findet er die beste Umgehung? Und wie kommt er letztendlich wieder zurück auf den Highway, um erneut Reisegeschwindigkeit aufzunehmen?

Prof. Dr. Christian Rödl: „Da ist neben einer hohen Flexibilität eine gewisse geistige Offenheit gefragt und sehr wertvoll. Wenn man merkt, dass das Ziel auf dem Weg, den wir ursprünglich geplant hatten, schwer oder überhaupt nicht zu erreichen ist, dann muss man den Mut haben, auch einmal von dem eingeschlagenen Weg abzuweichen und einen anderen Weg zu nehmen. Zum Teil bewegen wir uns ja alle auch in Märkten, die wir gar nicht beeinflussen können. Wir haben beispielsweise Büros in Russland und der Ukraine. Da mussten wir die Ziele immer wieder nachjustieren. Vor allem in der Ukraine könnten wir den Kollegen keinen Vorwurf machen, wenn die Wachstumsziele für dieses Jahr nicht erreicht werden. Glücklicherweise sieht es momentan geschäftlich für uns noch gut aus. Natürlich hoffen wir, dass die Wirtschaft dort wieder anspringt. Mit den Rahmenbedingungen müssen sich oft auch die Ziele ändern. In der Wirtschaftskrise 2008/2009 haben sich beispielsweise auch für viele unserer Mandanten schlagartig die Rahmenbedingungen verändert. Da waren plötzlich viele Mandanten nicht mehr mit Wachstumsplänen befasst, sondern mit dem Überleben."

… IST FLEXIBILTÄT UND GEISTIGE OFFENHEIT GEFRAGT

Auch im Sport ändern sich immer mal wieder die Rahmenbedingungen: ob 2014 mit einem vollkommen neuen Bob, einem neuen Team oder Technik oder auch nur dem Wetter, das Mannschaft und Piloten im entscheidenden Moment vor eine Herausforderung stellt.

Francesco Friedrich: „Das letzte Jahr war nicht so ganz einfach. Wir haben vieles probiert und immer wieder versucht, das Beste herauszuholen, konnten aber letztendlich nicht die gewünschten Erfolge einfahren. Der neue Schlitten ist definitiv besser und im oberen Bahnbereich waren wir meistens auch gut unterwegs. Aber im Wettkampf kam dann irgendwo ab einer bestimmten Geschwindigkeit einfach der Cut und wir haben unheimlich viel Zeit verloren."

DURCH FEHLERSUCHE WICHTIGE DETAILS AUFZEIGEN

Als Perfektionist fällt es Francesco Friedrich schwer, wenn ihm die Hände gebunden sind. Immer wieder analysiert er, prüft Fahrfehler, bringt neue Ideen und Gedanken ein, um auch in einer solch schwierigen Phase seinem Team, dem Verband und der Öffentlichkeit – die Erfolge von ihm gewohnt sind – aufzuzeigen, dass er alles gibt und es sich lohnt, weiterzukämpfen.

Francesco Friedrich: „Eines steht für mich schon jetzt fest: Wenn das System irgendwann stimmig ist, ist es vielleicht der schnellste Schlitten im Feld. In der Zwischenzeit müssen wir einfach herausfinden, welche Schraube oder welches Bauteil uns noch einen kleinen Strich durch die Rechnung macht. Wir müssen die Zeit in diesem Sommer nutzen, um genau das herauszufinden. Jetzt können alle Geräte im Prinzip noch einmal verändert werden. Vieles kann übernommen werden, bei einigen Bauteilen müssen die Ingenieure nochmal rechnen. Auch wir können unsere Ideen und Gedanken mit einbringen. So ein Bob ist halt eine Entwicklung von der Firma, die ihn erstellt, aber auch von uns und von den Trainern. Jeder bringt sich ein und im Endeffekt muss das System stimmig sein und passen."

EINFACH MAL ABHAKEN!

„Kleiner Schritt zurück, großer Sprung nach vorne!" Manchmal läuft es nicht wie geplant, ob im Sport oder Business. Wie geht Francesco Friedrich damit um, wenn etwas nicht funktioniert?

Francesco Friedrich: „Mir ist wichtig, dass ich von mir sagen kann: Ich habe trotzdem alles gegeben, was ging. Ich habe einfach versucht, trotz der Schwierigkeiten, meinen ,Perfektionismus' durchzusetzen und die best-mögliche Startzeit hinzubringen, die bestmögliche Linie herunterzufahren. Im 2er Bob bin ich mit einer komplett anderen Kufe, die ich noch nie zuvor gefahren bin, auf der aber die Russen besonders schnell waren, volles Risiko gegangen. Auch wenn es letztendlich nichts gebracht hat. Dann muss man das als Sportler aber auch mal abhaken können. Ich schaffe das relativ schnell und investierte dann – statt Frust zu haben – meine Zeit und Kraft lieber wieder in das nächste Jahr. Haben wir einen Schritt zurück gemacht, müssen wir auch wieder einen Sprung nach vorne machen, um im Endeffekt das wieder aufzuholen, was die anderen nach vorne gegangen sind. Unser Ziel ist es, mindestens gleichzuziehen, wenn nicht sogar besser als die anderen zu sein."

KEINEN SÜNDENBOCK SUCHEN

Nicht immer ist es einfach, die Frustschwelle möglichst klein zu halten oder sogar in Innovation umzusetzen. Prof. Dr. Christian Rödl hat hier eine Strategie.

Prof. Dr. Christian Rödl: „Also zunächst müssen wir einmal herausfinden, woran es lag. Mit der richtigen Portion Selbstkritik, wie man immer so schön sagt, schonungslos. Verlieren wir Mandanten, frage ich natürlich nach. Es ist manchmal wesentlich leichter, Misserfolge auf externe Faktoren,

die wir nicht beeinflussen können, zu schieben: Wettbewerber gehen un-
seriös vor, versprechen Dinge, die sie nicht halten können, oder versuchen
über Preisdumping an bestimmte Aufträge heranzukommen. Vielleicht gab
es einen Wechsel in der Geschäftsführung und der neue Geschäftsführer
hat seine Netzwerke reingebracht. Dann frage ich den Kollegen schon mal:
Gelingt uns das auch? Wer zieht uns denn nach? Wichtig ist, dass man dann
ohne Aggressivität wirklich konstruktiv die Gründe aufarbeitet und daraus
auch lernt, um für die Zukunft besser zu werden. Schuldzuweisungen vorzunehmen und einen Sündenbock zu suchen, bringt nichts. Und dann ist es
genauso wie im Sport. Wir müssen für das nächste Ziel wieder voll motiviert
sein, um die beste Leistung abliefern zu können. Und wir treffen ja auch
immer auf die gleichen Wettbewerber, wissen im Endeffekt, wer uns unsere
Mandanten abjagen will."

Francesco Friedrich: „Das ist auch bei uns im Sport überschaubar. Wir
wissen ganz genau, wer uns die Medaille entreißen will. In Frustration oder
Trauer zu versinken, ist da wenig hilfreich. Wir müssen uns vielmehr voll
und ganz auf den nächsten Wettbewerb und auch das Alltagsgeschäft
konzentrieren. Auch in schwierigen Phasen heißt es, Bestleistungen zu
bringen und uns ständig weiterzuentwickeln. Dabei ist es meine Aufgabe als
Pilot, auch mein Team ständig dazu anzuhalten."

Prof. Dr. Christian Rödl: „Ich sehe das genauso. Als Einzelner und im Team
immer besser werden, nur so können wir als Unternehmen vorankommen.
Und nur so sind wir auch attraktiv für andere, ob für Mandanten oder Mitarbeiter. Gerade junge Leute wollen neben einer angemessenen Bezahlung
vor allem in einer Atmosphäre arbeiten, die inspirierend ist, in der sie viel
lernen können und in der sie auch mitgezogen werden, um Erfolge zu feiern. Wir haben hier ein angenehmes, aber auch wettbewerbsintensives
Umfeld. Wir werden als Unternehmen am Markt gefordert und die Kollegen
müssen sich auch im Haus mit anderen messen. Jeder will im Endeffekt in
die interessanten und schwierigen Projekte eingebunden sein, in den Teams,
die dann auch große Sichtbarkeit im Haus haben. Es geht dabei aber nicht
darum, möglichst viel Zeit am Arbeitsplatz zu verbringen, sondern letztendlich seine Aufgaben zu erfüllen, um die Ziele des Mandanten und des
Teams zu erreichen."

Prof. Dr. Christian Rödl

Meine größte Herausforderung bisher war, die Unternehmensnachfolge nach meinem Vater zu bestreiten. Er ist der Gründer von Rödl & Partner, die Galionsfigur und auch die Identifikationsperson für alle hier im Haus. Wie haben wir sie gemeistert? Wir haben uns relativ langfristig vorbereitet, genau geplant und diesen Plan bei der Umsetzung verfolgt. Es war wichtig, eine gewisse Flexibilität zu haben. Wir haben versucht, nicht zu verkrampfen, sondern, wenn es nötig war, zu improvisieren. Dann sind wir bei der Umsetzung der Unternehmensnachfolge auch aufeinander zugegangen. Wenn es mal Diskussionen gab, haben wir die zwischen Vater und Sohn besprochen und gelöst und uns nicht sklavisch an vorher am grünen Tisch getroffene Regelungen und Vereinbarungen gehalten. So sind wir, denke ich, sehr gut gefahren. Dies bestätigt auch die Wahrnehmung vom Umfeld, die durchwegs positiv war.

Francesco Friedrich

Für mich ist jedes Jahr aufs Neue wieder eine neue Herausforderung. Es ist immer schwierig, die Ausbildung, Sport und Familie und alles unter einen Hut zu bekommen. Die größte Herausforderung steht mir aber noch bevor. Aus dem Olympiatief herauszukommen, um im Winter neu erstrahlt und erstarkt am Start zu stehen. Wir wollen den anderen einfach zeigen, wo der Hase lang läuft und uns auch selbst wieder ins richtige Licht rücken. Einfach das alles in Ordnung bringen, was nicht so gut gelaufen ist, und uns bestens vorbereiten, damit sich unsere Fans wieder mit uns mitfreuen können oder sich überhaupt darauf freuen, spannende und erfolgreiche Bobrennen anzuschauen.

Eine Bobfahrt, die ist lustig ...

... eine Bobfahrt, die ist schön! Ganz sicher, wenn sie von Erfolg – vielleicht sogar einer Medaille – gekrönt ist oder zumindest, wenn alle heil ankommen. Mit Schwung geht es manchmal auch in einem Unternehmen in den Eiskanal, nehmen wir Geschwindigkeit auf und steuern Kurve für Kurve dem Ziel entgegen. Folgende zehn Phasen unterstützen auch Sie dabei, Visionen und Strategien kraftvoll umzusetzen und die Bobbahn gemeinsam als Gewinnerteam zu verlassen.

1. Mentale Vorbereitung

Gemeinsame Gesten helfen uns dabei, als wahres Team an den Start zu gehen und sich bereits gemeinsam mental auf den Sieg einzustellen. Wie lautet Ihr „Schlachtruf"? Haben Sie ein Signal der Gemeinsamkeit? Ein Lied, das Abklatschen, ein Handschlag, die Umarmung – so identifizieren sich alle mit der Vision, mit dem Ziel.

2. Kommando zählen 1, 2, 3 ... go!!!!

Zwei-, dreimal ziehen die Bobfahrer ihren Schlitten auf dem Eis leicht nach vorne und hinten, bevor das Signal zum Start ertönt. Wie schwingen Sie sich ein? Einen Takt vorzugeben hilft dabei, Gleichklang herstellen. Dann sprechen nach innen und außen alle die gleiche Sprache – eine optimale Voraussetzung für den Sieg.

3. Anschubphase

Der Start muss stimmen. Mit dem Bob geht es in wenigen Sekunden von Null auf Hundert. Nehmen Sie gleich Fahrt auf? Oder zögern Sie und brauchen oft unnötig lange, um bei einem neuen Projekt auf Touren zu kommen? Auch wenn zu Beginn die größte Kraftanstrengung notwendig ist, in der Anschubphase gilt es, andere mitzureißen, sie zu begeistern. Die kleine Ursache „zu langsam" hat hier oft eine große Wirkung.

4. Einsteigen, Reihenfolge

Im Bob gibt es einen Piloten, der lenkt, starke Anschieber und einen Bremser. Alle wissen nicht nur, wer in welcher Reihenfolge in den Bob springt – andernfalls kommt es bereits beim Start zu schweren Stürzen –, sondern üben diesen Ablauf bis ins kleinste Detail monatelang. Kennt auch in Ihrem Team jeder seine Position und Funktion?

5. Beschleunigung

Nimmt der Bob Fahrt auf, müssen sich alle möglichst klein machen können. Bis auf den Piloten, der lenkt, ducken sich alle Köpfe nach unten. Es herrscht blindes Vertrauen, dass der Pilot weiß, was er tut. Jeder macht seinen Job, so gut er kann und weiß: Ich bin mir im Team zwar meiner Wichtigkeit bewusst, aber jetzt darf und muss ich erst mal „untertauchen".

6. Teilabschnitte

Auf der Bobbahn zeigen Zwischenzeiten den Rennverlauf an. Das Team bzw. der Pilot erkennt, ob sie gut unterwegs sind. Nutzen Sie Zwischenziele als Erfolgskontrolle? Nur wenn ein Team weiß, ob es bei festgelegten Schritten in der Zeit ist und entsprechend seinem Plan vorwärtskommt, kann es – sollten Zwischenergebnis einmal nicht stimmen – notfalls auch die Strategie verändern.

7. Kurven

Spektakulär rauscht der Bob in die eine oder andere Kurve, wird hoch hinausgetragen. Der Zuschau-er erkennt, ob das Team auf der Ideallinie ist. Scheinbar mühelos, ja fast elegant bewegt sich der schwere Bob durch den Eiskanal. Manchmal geht es eher ruckelig vorwärts, der Bob schlägt mal hier, mal da an, kommt vielleicht sogar ins Trudeln. Auch in Unternehmen ist der kürzeste Weg nicht immer der schnellste. Dann heißt es, Kurven optimal auszufahren, um die richtige Linie zu finden, und auch einmal Druck aushalten zu können, wenn kritische Phasen entstehen, sowie Richtungsänderungen gekonnt anzugehen.

8. Zielgerade

Oft entscheidet die Zielgerade über Erfolg oder Niederlage. Nur wer es schafft, bis zum Schluss die Konzentration hochzuhalten und auch auf der letzten Etappe noch alles gibt, wird belohnt. Wie schaffen Sie den Spagat? Lernen Sie im Team die Vorfreude noch für einige Meter „einzufrieren", um kurz vor dem Ziel wirklich noch einmal alles zu geben.

9. Zieldurchfahrt

In dem Moment, wenn das Ziel erreicht ist, fallen augenblicklich Druck und Anspannung ab. Ausatmen, das Gefühl, angekommen zu sein, das Rennen gemeinsam gemeistert zu haben. Kennen Sie Ihre Messpunkte? Wann reißen Sie Ihre Arme hoch und genießen den tobenden Applaus des Publikums? Gemeinsam Erfolge zu genießen, unterscheidet Gewinner von Siegern.

10. Bremsen

Die große Kunst besteht darin, genau im richtigen Moment zu bremsen. Was beim Bobfahren selbst-verständlich ist, verursacht im Unternehmen oft große Probleme. Ohne anzuhalten, geht es von einem Projekt ins nächste über. Dann heißt es, immer wieder und ganz bewusst, Geschwindigkeit zurück-zunehmen, um nicht über das Ziel hinauszuschießen.

Kommunikation & Dialog

Die Sprache des Gegenübers sprechen

Hören wir dem Gesprächspartner wirklich aufmerksam zu? Oder reden wir zu oft aneinander vorbei?

Jedes Gespräch transportiert entweder Unsicherheit oder Sicherheit. Mit einer aktiven Sprache übernehmen wir Verantwortung für das eigene Denken und Handeln und beweisen bei jeder Form der Kommunikation die im Geschäftsleben geforderte Professionalität und Souveränität. Diese aktive Sprache ist geprägt von einer verbindlichen Wortwahl, klaren Aussagen und einer direkten Ansprache bzw. Benennung in Form von „Du/Sie" oder „Ich/Wir".

Interessen erkennen und Visionen teilen

Die Lehre von Rhetorik, Körpersprache und Outfit macht eines deutlich: Wir wirken immer, es kommt nur darauf an, wie. Deshalb lernen wir zu reden, mit der Wahl unserer Worte und der Art, wie wir diese vortragen, andere Menschen zu begeistern. Wir feilen an Präsentationen bis ins kleinste Detail und setzen damit unsere Prioritäten falsch: Auf der einen Seite perfektionistisch, vergessen wir auf der anderen die Basis, legen viel zu wenig Augenmerk auf das Fundament, die Interaktion. Anstelle eines Dialogs findet nur ein Monolog statt. Doch Kommunikation ist mehr! Ob Vortrag, Moderation oder einfaches Gespräch – ein Dialog ist es erst dann, wenn Interessen und Werte erkannt und Visionen geteilt werden.

Ein guter Dialog entsteht ohne Druck und Zwang

Wer im Dialog mit Anderen ehrliches Interesse zeigt, erlebt, dass sich Andere auch für ihn interessieren. Wir alle kennen aber auch Mitmenschen, die nur vordergründig mit anderen sprechen, dabei jedoch immer nur sich selbst und ihre Interessen in den Mittelpunkt stellen. Ein guter Dialog entwickelt sich am besten ohne Druck und Zwang, nie aber ohne Konzept und Plan. Kein Redner, und sei er noch so geübt, würde gänzlich ohne Vorbereitung und Manuskript auf die Bühne gehen. Keine Führungskraft geht ohne Plan in die Mitarbeiterrunde und kein Verkäufer ohne Ziel zum Kunden. Eine gelungene Mischung aus Technik und Haltung macht den Meister im Dialog aus. Monotonie ist out! Menschen lassen sich nicht gerne berieseln. Im Gespräch gilt es, Ideen möglichst spannend zu verpacken und wie ein Geschenk zu präsentieren. Wer es im Dialog schafft, Erlebnisse zu bieten und Zuhörer zu Beteiligten oder sogar zu Betroffenen zu machen, beherrscht die Materie.

Gefragt sind Originalität und Authentizität

Bei aller kommunikativen Raffinesse und intensiven Vorbereitung – wer nur Andere kopiert, wird keinen guten Dialog zustande bringen. Seien Sie ganz Sie selbst! Dann müssen Sie sich auch nicht auf irgendeine Rolle konzentrieren, sondern können wahrnehmen, was um Sie herum passiert, und flexibel auf die Reaktionen Ihres Gesprächspartners eingehen. Der innere Dialog wirkt sich dabei ganz entscheidend auf den äußeren aus. Mit der Einstellung „Freude auf statt Angst vor" passt der grundsätzliche Tenor. Bringen Sie sich vor jedem Gespräch in Stimmung. Und bedenken Sie bitte eines: Egal, was Sie sagen – wichtig ist, was der andere versteht. Sprechen Sie also die Sprache Ihres Gegenübers. Oft sind wir so in unseren Gedankengängen verfangen, dass wir es nicht schaffen, eine Brücke zu schlagen. Wir sind selbst in unseren Gedankengängen nicht klar, sodass wir diese auch nicht strukturiert weitergeben können.

Der besondere Dialog: Mitarbeitergespräche

Viele Vorgesetzte sehen Mitarbeitergespräche eher als lästige Pflicht, anstatt sie als gewinnbringende Kommunikationsplattform zu erkennen. Die Chance, dadurch gemeinsam zu wachsen und voneinander zu profitieren, wird selten wahrgenommen. Voraussetzung dafür ist allerdings, dass Gespräche grundsätzlich keine Einbahnstraße bleiben, sondern sich zum aktiven Dialog entwickeln.

Potentiale erkennen – Karrieren fördern

Wenn es denn sein muss … und gar nicht mehr anders geht … dann führen Vorgesetzte irgendwann gegen Ende des Geschäftsjahres eben Mitarbeitergespräche. Deren Bedeutung ist den meisten Unternehmern, Personalverantwortlichen und Führungskräften zwar hinreichend bekannt, doch nutzen diese Möglichkeit immer noch viel zu wenige. Betrachten wir die demografische Entwicklung und den geradezu dramatischen Schwund an Fachkräften, ist ein solches Verhalten eigentlich unverständlich. Schließlich sollten Unternehmen inzwischen verstanden haben, dass der einzig erfolgreiche Weg über die richtige Auswahl und gezielte Entwicklung der eigenen Mitarbeiter führt. Um Potentiale zu erkennen und Karrieren zu fördern, sind regelmäßige Mitarbeitergespräche das A und O.

Sicherheit geben – Perspektiven aufzeigen

Natürlich stehen bei einem Mitarbeitergespräch die fachlichen Leistungen auf dem Prüfstand. Aber auch ein Rückblick auf die persönlichen Entwicklungen bietet sich an, um in beiden Bereichen den Grad der Zielerreichung zu ermitteln bzw. weitere Fördermaßnahmen abzuleiten. Darüber hinaus dient dieser Dialog natürlich auch dazu, Sicherheit zu vermitteln, klar zu kommunizieren, wohin das Unternehmen will und wie der Mitarbeiter in dieses Szenario eingebunden werden kann.

Lassen Sie gemeinsam die letzten Monate Revue passieren:

- Wer hat was von wem erwartet?
- Wurden diese Erwartungen erfüllt, Zusagen eingehalten?
- Und wenn nicht, warum?

Nutzen Sie dann aber vor allem den Blick nach vorne:

- Was soll in den nächsten Wochen und Monaten anders werden?
- Welche Ziele werden mit welchen konkreten Schritten verfolgt?
- Welche Perspektiven gibt es für den Mitarbeiter?
- Welche Erwartungen haben Sie als Führungskraft?
- Wie sieht dies der Mitarbeiter aus seiner Sicht?

Führungskräfte sollten hier vor allem darauf achten, dass der Mitarbeiter ausreichend zu Wort kommt. Manchmal erfahren und bewegen wir durch Hineinhören erheblich mehr als durch ständig neue und nachdrücklich gestellte Forderungen.

Vorbereitung ernst nehmen – Gespräche kristallklar führen

Je klarer unsere Gedanken sind, umso besser können wir diese unserem Gesprächspartner vermitteln. Ein präziser Gedanke führt zu einer klaren Sprache und einem strukturierten Handeln. Geht es also, wie in einem Mitarbeitergespräch, um den Dialog, um Veränderungen in der Organisation oder andere gemeinsame Vorhaben, sollte eine entsprechende Vorbereitung selbstverständlich sein. Ein wertvoller Rahmen signalisiert auch eine Wertschätzung dem Gesprächspartner gegenüber.

Aber auch für uns selbst hat eine gute Vorbereitung Vorteile: Es macht uns sicherer, wir sind in der Lage, durch eine umfassende Recherche im Vorfeld und Kenntnis aller Fakten auch unangenehme Themen anzusprechen und haben das gute Gefühl, das Ruder selbst in der Hand zu haben. Bei einem Mitarbeitergespräch ist es grundsätzlich wichtig, dieses möglichst ungestört (ohne Telefonanrufe, Unruhe durch ständige Störungen oder Lärm, weil das Gespräch z. B. in Produktionsnähe stattfindet) führen zu können. Was spricht dagegen, ein Mitarbeitergespräch an einen ungewöhnlichen, inspirierenden Ort zu verlegen? Vielleicht ein solches Gespräch sogar einmal mit einem Spaziergang in der freien Natur zu verbinden?

Die richtigen Fragen stellen – Feedback zulassen

Mitarbeitergespräche werden oft nur deshalb geführt, weil etwas schief gelaufen ist, durch organisatorische Umstrukturierungen auch Veränderungen für den Mitarbeiter anstehen oder es ansonsten irgendwelche nicht so erfreulichen Themen zu besprechen gibt. Dann spricht meistens der Vorgesetzte und der Mitarbeiter hört zu. Der Sinn eines Mitarbeitergesprächs ist grundsätzlich ein anderer: Bei einem Austausch soll z. B. auch das Eigenbild mit dem Fremdbild verglichen werden und jeder Gesprächspartner wertvolle Impulse erhalten. Grundlage dafür ist es, weniger zu reden und

mehr zu fragen. Die richtigen Fragen zum passenden Zeitpunkt erhöhen das Ergebnis jedes Mitarbeitergesprächs. Dies schließt natürlich ein, dass die Führungskraft genauso offen für ein Feedback ist, wie sie dies vom Mitarbeiter erwartet. Oft sind wir in unseren Gedanken und Wahrnehmungen sowie der eigenen Erwartungshaltung so gefangen, dass nur ein offenes und direktes Feedback ermöglicht, neue Wege (und seien diese erst einmal nur im eigenen Kopf vorhanden) zu beschreiten.

Eine aktive Sprache führt zu Verbindlichkeit!

Wenn wir einmal genau überlegen, was wir tagtäglich sprachlich ausdrücken, und ebenso genau hinhören, was andere Menschen sagen, werden wir feststellen, dass unsere Sprache oft sehr unkonkret ist.

- Eigentlich wollte ich pünktlich zu unserem Termin kommen … (wollte er nun oder wollte er nicht?).

- Unter Umständen (welche) würde ich versuchen (wird er es tun oder nicht?), wahrscheinlich (ja oder nein?) gelegentlich (?) ein bisschen mehr (?) zu arbeiten …

Unsere Sprache transportiert entweder Unsicherheit oder Sicherheit! Mit einer aktiven Sprache übernehmen Führungskräfte Verantwortung für das eigene Handeln und beweisen im Mitarbeitergespräch Souveränität. Oft wundern sich Führungskräfte z. B., wenn nach einem Gespräch, in dem sie einem Mitarbeiter gegenüber Wünsche geäußert haben, nichts passiert. Werden diese Wünsche nicht erfüllt, handelt es sich meistens nicht um böse Absicht (was wir unserem Gesprächspartner nur allzu oft und schnell unterstellen), sondern unsere Anweisungen oder Wünsche waren einfach nicht präzise formuliert.

Wie oft passiert es, dass wir aneinander vorbeireden? Wir gehen aus einem Mitarbeitergespräch und fühlen uns missverstanden. Jeder hat etwas anderes verstanden und handelt, wenn überhaupt, dann allerdings in bester Absicht, aufgrund dieser „Missverständnisse". Unzufriedenheit und Frust wachsen. Zum einen liegt dies daran, dass unsere eigenen Gedanken nicht klar strukturiert sind, zum anderen daran, dass wir alle verlernt haben, wirklich zuzuhören. Wir nehmen die Worte zwar auf, oft aber nicht den Sinn dahinter wahr. Verständnis und Klarheit in der Sprache sind deshalb bei einem Mitarbeitergespräch enorm wichtig. Um ein solches jedoch professionell zu führen nutzen Sie folgende Tipps:

Bereiten Sie sich auf jedes geplante Mitarbeitergespräch – das gilt für den Vorgesetzten ebenso wie für den Mitarbeiter – gewissenhaft vor.

- Sorgen Sie als Führungskraft für ein angenehmes Gesprächsklima.

- Entwickeln Sie sich vom Zuhörer über den Hinhörer zum Hineinhörer.

- Führen Sie durch Fragen das Gespräch, nutzen Sie öffnende Fragen (Wie? Was? Welche?), damit Informationen fließen.

- Definieren und vereinbaren Sie ein gemeinsames Gesprächs-Ziel.

- Nutzen Sie die pro-aktive-Sprache und zeigen Sie damit Souveränität.

- Verbleiben Sie am Ende des Mitarbeitergesprächs konkret.

- Überzeugen Sie, falls nötig, mit Begründungen.

- Seien Sie authentisch in Mimik, Gestik und Sprache.

- Egal, was Sie sagen, wichtig ist, was Ihr Gesprächspartner versteht.

Sie fragen sich vielleicht, warum ich Daniela Singer und Thomas Lurz zusammengebracht habe und weshalb ausgerechnet zu diesem Thema?

Ganz einfach: Bei beiden verschwimmen die Grenzen zwischen Privatleben und Business bzw. Sport. Thomas Lurz wird bereits seit vielen Jahren von seinem Bruder trainiert und Daniela Singer arbeitet in der Geschäftsführung bei Schmetterling Reisen eng mit ihrem Mann zusammen. Obwohl dabei jeder seinen eigenen Verantwortungsbereich hat, ist eine gute Kommunikation notwendig, um im richtigen Augenblick die richtigen Entscheidungen zu treffen.

Ein Blick genügt zwischen Thomas Lurz und seinem Bruder, damit der eine weiß, was der andere denkt und will. Und auch Daniela Singer ist immer wieder froh, ihren Mann auch geschäftlich an ihrer Seite zu wissen. Beide überwinden lange Distanzen.

Ob Thomas Lurz im Freiwasser und Daniela Singer, wenn sie Reisen plant, mit langem Atem die aufwendige Logistik stemmt oder selbst als Vertretung manchmal noch hinter dem Steuer einer ihrer Busse sitzt. Ob Thomas Lurz in der Personalentwicklung bei s.Oliver als Trainer oder als Sportbotschafter für das namhafte Unternehmen in der Kommunikation nach außen tätig ist. Ob Daniela Singer die Botschaften nach innen verkündet oder als begeisterte Netzwerkmanagerin unterwegs ist. Beide stehen ständig in einem Dialog und der steht beiden gut. Lassen Sie uns also darüber reden …

„Aufeinander zugehen – durch gemeinsame
Gespräche schwungvoll weiterkommen.“

WELTMEISTERLICHE MILESTONES:

2011 Ausgliederung aus der Schmetterling Reisen GmbH & Co KG (Eltern) 2 Betriebshöfe in Obertruba[...] und Fürth 238 Mitarbeiter 184 Berufskraftfahrer/innen 124 Fahrzeuge **2013** Die Schmetterling-Bus[...] fahren 5.870.000 Kilometer und umrunden so umgerechnet 147-mal die Welt **2014** Eigene Fahrsch[...] am Standort Fürth. Geplanter Einzug ins neue Firmengebäude in Obertrubach.

Daniela Singer

Die Schmetterling Reise- und Verkehrs-Logistik GmbH ist ein traditionsreiches Familienunternehmen mit Sitz im fränkischen Obertrubach. Die Geschäftsführer Daniela und Elmar Singer haben die Schmetterling Reisen zu einem führenden Verkehrsunternehmen und renommierten Reiseveranstalter entwickelt. Beide blicken auf eine über 20-jährige Erfahrung innerhalb der Schmetterling-Firmenfamilie zurück, deren Wurzeln bis ins Gründungsjahr 1976 reichen.

Das Portfolio des deutschlandweit agierenden Unternehmens beinhaltet Reiseverkehr und Verkehrs-Logistik, Linienverkehr, Taxi, Mietwagen sowie einen eigenen Reiseveranstalter. Als starker und verlässlicher Arbeitgeber in der Region legt Schmetterling sehr viel Wert auf eine gute Ausbildung und hat eine eigene Verkehrsakademie mit Fahrschule.

Etwa 80 moderne Linienbusse sind sowohl auf eigenkonzessionierten Linien als auch im Auftragsverkehr auf zahlreichen Linien in Nürnberg, Fürth, Erlangen sowie in den Landkreisen Bayreuth, Forchheim, Erlangen-Höchstadt und Fürth im täglichen Einsatz. Dazu kommen 15 Kleinbusse für Zubringerfahrten und Kranken-transporte sowie 12 First Class Reisebusse für 28 bis 80 Personen, welche europaweit unterwegs sind.

Der Linienverkehr wurde seit 2011 ständig ausgebaut und inzwischen ist Schmetterling für tausende Menschen auf dem täglichen Weg zur Arbeit, zum Einkaufen oder zu ihren Freizeitaktivitäten der größte alternative Anbieter in der Metropolregion zu den städtischen Verkehrsbetrieben.

Zahlreiche Kommunen zählen zu den Auftraggebern von Schmetterling im Bereich des Linienbusverkehrs, so z. B. die Städte Nürnberg (VAG), Erlangen (ESTW), Fürth (INFRA), der Landkreis Fürth und der Landkreis Forchheim.

Das Schmetterling Verkehrs-Unternehmen will mehr als nur Personen befördern. Ziel von Daniela Singer ist es, einen perfekten Service zu bieten, damit sich ihre Fahrgäste rundum wohlfühlen. Schmetterling Reisen steht seit 40 Jahren für höchste Sicherheit, exzellenten Komfort, Liebe zum Detail und vor allem für echte Leidenschaft.

„Unsere Lebenszeit ist zu kurz um auch nur eine Sekunde davon zu verschwenden um mich im Herzen zu ärgern."

»VIDEO

WELTMEISTERLICHE MILESTONES:

2011 Europameister über 10 km Freischwimmen in Eilat, **Weltmeister** über 5 km in Shanghai **20**
Deutscher Meister über 5 und 10 km Grand Prix **1. Platz** 15 km Olympische Spiele London **Silber** üł
25 km **2013 Weltmeister** über 25 km sowie im Teamwettbewerb in Barcelona, **Silbermedaille** üł
10 km und **Bronzemedaille** über 5 km **Fina Gesamtweltcupsieger** über 10 km **2014 1. Platz** üł
10 km beim Worldcup in Cancun

Thomas Lurz

AUF DER ERFOLGSWELLE SCHWIMMEN

Mit insgesamt 12 gewonnenen Titeln bei Weltmeisterschaften im Freiwasser ist Thomas Lurz nicht nur der erfolgreichste deutsche Schwimmer, sondern seit 2013 auch der erste Schwimmer weltweit, der im Open Water alle Disziplinen gewinnen konnte. Thomas Lurz' Spezialdisziplinen sind die langen Freistilstrecken, insbesondere das Freiwasserschwimmen auf seinen Paradedistanzen 5 und 10 km.

National gewann Lurz erstmals 1998 den Titel über 1500 Meter auf der Kurzbahn. 2001 gewann er den ersten nationalen Titel auf der 5-Kilometer-Strecke und nahm erstmals an einer Weltmeisterschaft und einer Universiade teil. Seine erste WM-Medaille gewann er 2002 als Drittplatzierter in Ägypten über 5 Kilometer. Der endgültige internationale Durchbruch gelang Lurz 2004 mit dem Gewinn des WM-Titels auf der 10-Kilometer-Strecke in Dubai. Bereits 2008 errang er bei den Olympischen Spielen in Peking den dritten Platz bei dem erstmals ausgetragenen 10 km-Marathonschwimmen.

Mit seiner Frau Annette und Sohn Felix, der im April 2014 auf die Welt kam, wohnt Thomas Lurz in Gerbrunn und startet für den SV Würzburg 05. Trainiert wird Lurz von seinem Bruder Stefan. Thomas Lurz hat an der Fachhochschule Würzburg-Schweinfurt ein Studium als Diplom-Sozialpädagoge (FH) abgeschlossen.

Im Sommer 2012 veröffentlichte Thomas Lurz sein erstes Buch „Auf der Erfolgswelle schwimmen". Im gleichen Jahr gründete er die „Thomas Lurz und Dieter Schneider Sportstiftung" zugunsten von Sportlern mit Handicap. Im September 2013 fand erstmals die Veranstaltung „No Limits" in Würzburg statt, welche die Stiftung ins Leben rief. Thomas Lurz ist Lehrbeauftragter der Universität Würzburg und Mitglied im Rotary Club. Seit Januar 2013 ist Thomas Lurz für s.Oliver in der Personalentwicklung tätig.

„Niemals aufgeben und immer kämpfen"

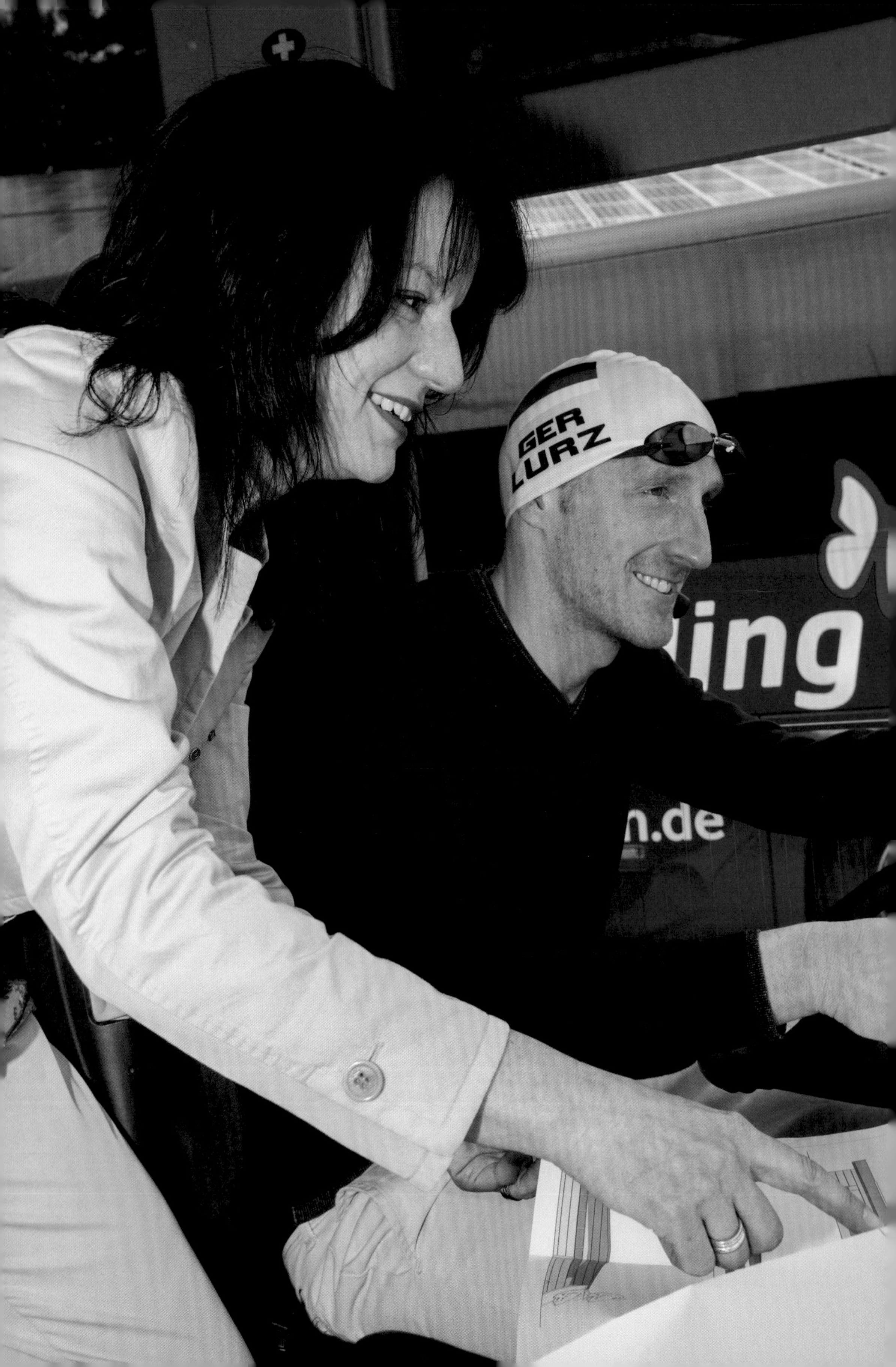
GER
LURZ
ing
n.de

Im Dialog (und) mit sich selbst kommunizieren

Thomas Lurz & Daniela Singer sind überzeugt, dass die Kommunikation mit anderen von „Selbstgesprächen" profitiert und dass ein echter Dialog nur dann funktioniert, wenn jeder authentisch ist, die richtigen Fragen stellt, vor allem aber wirklich zuhören kann.

REFLEXION DER EIGENEN POSITION

Erfolg im Ausdauersport setzt zunächst die Auseinandersetzung mit sich selbst voraus. Auch wer – wie Thomas Lurz – erfolgreicher als alle anderen in seiner Disziplin ist, muss diesen Dialog mit sich selbst immer wieder aufs Neue führen. Dieses „Selbstgespräch" hilft, die aktuelle Position zu orten und gleichzeitig das Ziel abzustecken – und dann auch zu erreichen.

Thomas Lurz: „Leistung ist eng mit mentaler Fitness verknüpft. Eine kurze Reflektion der Vorbereitungszeit gehört dazu. Doch direkt vor dem Wettkampf hilft es kaum, darüber zu grübeln, ob das Training ausreichend war. Wichtiger ist es, keine Angst zu haben, die Herausforderung anzunehmen, kurz: bereit zu sein und zu kämpfen."

PRÄSENZ

Spitzensportler nutzen spezialisierte Zentren, um sich für Höchstleistungen vorzubereiten. Doch auch in einem Unternehmen, das in einem sehr ländlichen Umfeld fernab der großstädtischen Zentren angesiedelt ist, lassen sich überdurchschnittliche Erfolge erzielen. Welche Rolle spielt bei Schmetterling die örtliche Präsenz?

Daniela Singer: „Natürlich ist Präsenz wichtig, aber die ist nicht automatisch an einen bestimmten Ort gebunden. Ob ich im Büro anwesend bin oder mich gerade in München oder Hongkong aufhalte, ist unerheblich. Wenn ich mit dem Team in Verbindung bin, greifbar also, erfolgt ein Austausch, eine Befruchtung. Die Umsetzung orientiert sich daran, erfolgt aber selbstständig, vor allem aber ohne Angst. Das Team muss in der Lage sein, selber klarzukommen. Dafür ist es natürlich wichtig, dass man gute Leute mit einem gesunden Selbstvertrauen hat. Eine wertvolle Kommunikation und das Wissen um den Rückhalt durch die Leitung stärkt dieses Selbstvertrauen. Ich vergleiche das gerne mit unserem Verkehrs-Unternehmen: Die Frage ist, wo sitzt der Kopf und wo die Außenstellen? Die Fahrzeuge auf den Linien sollen mit möglichst wenig (Um)Weg zum Einsatzort kommen."

Ansprechbar und damit präsent sein ...

- Auch über räumliche Distanzen nah bei Ihren Mitarbeitern und Partnern sein.
- Seien Sie sich Ihrer Stärken und Qualitäten sicher.
- Gesundes Selbstbewusstsein gibt Freiraum, um andere und deren Situationen wahrzunehmen.

Thomas Lurz: „Diese Präsenz wird gestärkt durch die eigene Balance. Man darf sich nicht verrückt machen. Wenn du zu viel nachdenkst, kriegst du relativ schnell Angst und fängst an, zu zweifeln. Wichtiger als Optionen im Kopf wie ‚Siegen' oder ‚Was passiert, wenn ich verliere' ist die intensive Vorbereitung. Am Wettkampftag gilt nur noch kämpfen. Alles Vergangene ist sekundär, weil du es nicht mehr ändern kannst."

NEUE ZIELE ALS HERAUSFORDERUNG

Etwas Neues zu machen, erfordert nicht nur Courage, sondern auch Taktik und Strategien, um dieses Ziel zu erreichen. Fast zehn Jahre beherrschte Thomas Lurz souverän das Metier der 10- und 15-km-Distanzen. Bei der WM 2013 in Barcelona startete er als Außenseiter und Neuling auf der 25-km-Strecke – und schrieb Sportgeschichte. Schmetterling-Reisen hingegen hat sich im Zuge seiner Wachstumsstrategie für einen zweiten Standort in Fürth entscheiden. Gelenkt wird das Familienunternehmen vom Stammhaus in Obertrubach aus.

Neues einfach durchziehen

Thomas Lurz: „Die 25-km-Distanz war natürlich eine Herausforderung für mich, doch neue Reize motivieren. Um Höchstleistungen zu bringen, musst du deinem Körper physisch und psychisch immer wieder neue Reize geben – die 25 km sind das definitiv. Die Weltmeisterschaft war für mich die Bühne, die Motivation, eine solche Strecke zu schwimmen. Fünf Stunden im Hafenbecken von Barcelona, das sind Höhen und Tiefen und bei allem körperlichen Einsatz auch fünf Stunden Zeit für Gedanken. Warum mache ich das? Wo ist der Konkurrent? Wie viele Kilometer sind noch zu schwimmen? Entscheidend ist, bis zum Schluss die Konzentration aufrecht zu erhalten, häufig sind die letzten 400 Meter entscheidend. Die Gefahr besteht darin, in den Automatismus abzugleiten – immerhin bin ich in meinem Leben bestimmt schon 40.000 km geschwommen. Im Freiwasser muss du dich ständig neu orientieren, die Taktik überdenken, das Ziel im Fokus behalten. Das macht jedes Rennen, jede Sekunde im Rennen anders."

Daniela Singer: „Jede Firma hat eine Unternehmenskultur. Ein Verkehrs-Unternehmen ist anders als ein Reise-Touristik-Unternehmen – zwei komplett verschiedene Welten. Mit dem neuen Standort erfolgte eine saubere Trennung.

Dass wir unseren Stammsitz als Zentrale behalten haben, ist auch eine ganz persönliche Entscheidung. Hier sind wir als Unternehmerfamilie verwurzelt und können die kurzen Wege Privat/Geschäft positiv nutzen. Hätten wir das Unternehmen komplett verlagert, hätte ich immer fahren müssen. Das hätte mir nicht gut getan und das hätte (s)ich leicht auf die Firma übertragen. Deshalb die Entscheidung: Wir bleiben hier! Dieser persönliche Bonus kommt jetzt dem Geschäft direkt zugute."

IN EINEM BEWEGLICHEN KÖRPER WOHNT EIN BEWEGLICHER GEIST

Mens sana in corpore sano – ein gesunder Geist in einem gesunden Körper. Dieses Zitat des antiken Dichters Juvenal wird gerne abgewandelt: In einem beweglichen Körper wohnt ein beweglicher Geist. Die Verknüpfung von Geist und Körper sind im Leistungssport leicht nachvollziehbar. Eindrucksvoll zeigt Thomas Lurz mit seinen Erfolgen, wie mit dem entsprechenden Willen und der Disziplin körperliche Höchstleistungen möglich sind und erreicht werden können. Bewegung ist auch das Geschäftssujet eines Verkehrs- und Reise-Touristik-Unternehmens. Stellt sich die Frage, inwieweit sportliche Fitness der Geschäftsführung damit einhergehen muss.

Daniela Singer: „Das Laufen als Auftakt bringt Struktur in meinen Tag, ich schmeiße den Stoffwechsel und die Durchblutung an, es kommt Sauerstoff in den Körper und in den Kopf und so Schwung in den Tag. Ich löse meist hier schon die wichtigsten Sachverhalte im Kopf für den Tag oder die Woche. Im Anschluss mache ich noch Kleinigkeiten für mich, dann gehe ich ins Büro."

VOM SELBSTGESPRÄCH ZUM ZWIEGESPRÄCH / VON DER EIGENKOMMUNIKATION ZUM DIALOG

Eine zentrale Feldenkrais-Frage lautet: Tust du das, was du meinst, das du tust? Wieder das Selbstgespräch, die Reflexion. Es geht immer um die Rückkopplung, das Mit-sich-selbst-im-Reinen-sein. Hilfreich ist eine so gewonnene Klarheit auch beim Kommunizieren mit anderen. Besonders dann, wenn Bruder oder Ehemann die Funktion von Coach bzw. Geschäftspartner übernehmen.

Daniela Singer: „Mein Man hat die Visionen, er hat sein Hobby zum Beruf gemacht, er ist das Genie, der voll in seinen Ideen aufgeht. Dass ich die komplette betriebswirtschaftliche Seite übernehme, funktioniert nur durch eine sehr gute Kommunikation. Ich lenke und kanalisiere diese Energie in den Betrieb und schaffe die äußere unternehmerische Struktur: Finanzwesen, Planung, Budgetierung. So können wir auch emotional behaftete Entscheidungen treffen. Ich denke da z. B. an den Verkauf eines Busses, den mein Mann maßgeblich mit entwickelt hatte. Mein Job ist es, die Zahlen zu spiegeln, um eine

Im Dialog mit sich
- *Sorgen Sie für körperlichen Ausgleich.*
- *Verteidigen Sie Ihre zeitlichen Freiräume.*
- *Förderliche Selbstgespräche statt zerstörender Kritik.*

gemeinsame Entscheidung herbeizuführen. Ich bin zwar der Zahlenmensch, kann aber auch gut verhandeln und kommunizieren. Manchmal bedeutet das auch hart und konsequent zu sein – insbesondere auch zu mir selbst. Oftmals bin ich sehr weich im Gespräch mit den Mitarbeitern. Ich erwarte jedoch, dass sie ihr Bestes geben. Ich habe gerne Mitarbeiter um mich herum, die besser sind als ich. Ich sehe meine Rolle nicht darin, alles besser zu können, sondern den Überblick zu haben und die Mitarbeiter zur Höchstform zu coachen."

Thomas Lurz: „Mein Bruder, mein Coach, setzt mir eher Grenzen. In meiner Sportler-Laufbahn habe ich ja immer von meiner eigenen Disziplin profitiert und z. B. nie eine Trainingseinheit sausen lassen. Er dagegen hat eher die Funktion, mich zu leiten und auch einmal zu bremsen. Den Trainer, der hart zu mir ist und der mich antreibt, brauche ich nicht. Ich kenne meine Stärken und setze diese gezielt ein. Gemeinsam analysieren wir die Zahlen – Schwimmen wird von Zahlen bestimmt: Trainingszeiten, Laktat-Ergebnisse, Herzfrequenzen, Wettkampfzeiten."

KANN AUS DEM GEMEINSAMEN BERUFLICHEN WEG EIN GEWINN FÜR DAS PRIVATLEBEN ERWACHSEN? ODER UMGEKEHRT?

Gemeinsame berufliche Aktivitäten dominieren die Beziehungen von Daniela und Elmar Singer ebenso wie von Thomas und Stefan Lurz. Bleibt da überhaupt noch Platz für eine private Beziehung? Ja, lassen sich die beiden Bereiche überhaupt voneinander trennen? Bei Einhaltung selbst bestimmter Kommunikationsregeln kann daraus sogar ein Gewinn erwachsen.

Daniela Singer: „Vieles im Leben läuft nur über Disziplin. Man muss einfach umschalten. Nicht umschalten zu können ist, man kann schon fast sagen, eine Unart, eine Lebensverschwendung. Wenn ich ins Büro gehe und meine Tür schließe, lege ich einen Schalter um. Da braucht mir auch keiner mit etwas anderem kommen – außer es brennt natürlich irgendwo massiv. Selbst meine Kinder wissen: "Wenn zu, dann zu." Man muss lernen, die Sorgen wegzulassen. Auch ich musste das erst mühsam erlernen. Das Problem ist, dass dich Sorgen nicht voranbringen, sie fressen dich auf und das ändert nichts an der Ausgangslage. Wenn ich es schaffe, abzuschalten, die Sorgen wegzuschalten, und abends holt mich das dann wieder ein, dann kann ich rausgehen. Raus an die frische Luft, frische Ideen tanken. Und natürlich muss das auch umgekehrt so sein: Das Berufsleben darf nicht den privaten Alltag dominieren. Wenn mich mein Mann zuhause fragt, wie denn beispielsweise ein bestimmtes Meeting gelaufen sei, bin ich auch mal so frei und sage: „Lass mal, ich will nicht drüber reden, das kostet mich jetzt zu viel Energie." Das kommt dann schon irgendwann zur Sprache, fließt quasi automatisch. Und das muss auch

das Gegenüber in dem Moment akzeptieren können. Für mich macht es einen Unterschied, ob ich im Büro vorm Rechner sitze oder gerade am Laufen bin. Klare Regeln und Strukturen in der Kommunikation sind das A und O, um Geschäftsleben und Privates sinnvoll und so erschöpfungsfrei wie möglich unter einen Hut zu kriegen."

Thomas Lurz: „Ja, sehe ich ähnlich, Regeln sind absolut wichtig. Ich denke, bei Geschwistern sieht die Sache schon generell ein klein wenig anders aus, da wir ja nicht mehr zusammen wohnen. Und allein diese räumliche Trennung hilft bestimmt manchmal schon. Aber nichtsdestotrotz sehen wir uns extrem häufig, wenn man zweimal am Tag trainiert. Sind wir mal außerhalb des Schwimmens miteinander unterwegs, zählen dann auch andere Dinge. Es darf und soll sich ja nicht immer alles nur um Schwimmen, Zeiten und Zahlen drehen. Diese Auszeiten, in denen man sich auch im Kopf wieder regenerieren kann, sind extrem wichtig."

EINE KLARE SICHT AUF VERPFLICHTUNGEN

Mit Erfolg geht meist Verantwortung einher. Im Sport kann das die Vorbildfunktion gegenüber jungen Nachwuchssportlern oder Trainingskollegen sein. Auch im Unternehmen begleiten den Posten des Geschäftsführers vielfältige Verpflichtungen. Eine klare Sicht hilft, den Boden unter den Füßen nicht zu verlieren und Konflikte zu vermeiden.

Thomas Lurz: „Natürlich hat man als erfolgreicher Sportler auch eine gewisse Vorbildfunktion inne. Das ist auch okay so und man sollte mit dieser Verantwortung ehrlich und gewissenhaft umgehen. Einen Tipp, den ich den KIDS mit 14, 15 Jahren immer gebe, ist: Trainieren, trainieren, trainieren! ‚Guck mal, deine Eltern fahren dich zum Training, bezahlen dir das Trainingslager, unterstützen dich bei Wettkämpfen. Dann strenge dich auch an. Du musst wenigstens immer dein Bestes geben.' Wenn man sein Bestes gibt, ist es in Ordnung, dann spielt das Ergebnis nur noch eine untergeordnete Rolle. Wenn sich Schwimmkollegen Tipps bei mir abholen wollen, helfe ich gerne weiter, mein Bruder fühlt sich dabei normal auch nicht als Trainer übergangen, da ich sowieso sein Programm umsetze und wir da eigentlich immer eins zu eins übereinstimmen."

Daniela Singer: „Ganz klar, jeder hat bei uns seine Kompetenzen und da greift normal auch keiner in den Bereich des anderen ein. Oftmals ist Eingreifen in andere Bereiche das Resultat von falscher Eitelkeit. Aus Eitelkeit oder Gier sollte man keine Entscheidungen treffen. Wenn du mit oder aus Beweggründen der Eitelkeit oder Gier Geschäfte machst, sind die nur von kurzer Dauer oder du gehst unter damit. Es ist besser, sich auch in dringenden

Geschäftssituationen etwas Zeit zu lassen und sich seiner Verpflichtung und Verantwortung bewusst zu werden."

Thomas Lurz: „Eitelkeit, ein schöner Begriff. Ich denke, Eitelkeit heißt auch, zu wissen, wie man seinen Erfolg verkraften und verarbeiten kann. Es gilt, immer auf dem Boden zu bleiben, einfach normal zu sein und sich immer wieder bewusst zu machen, warum man denn überhaupt Erfolg hatte."

AUTHENTISCHE AUSSENWIRKUNG

Authentizität beginnt immer bei sich selbst. Authentisch zu sein verlangt nicht, sich einem Kodex stur anzupassen. Authentizität meint, in der richtigen Situation, sein eigenes Handeln be- und verantworten zu können. Auch Kleidung kann eine kommunizierende Wirkung nach außen entfalten, ohne Worte bemühen zu müssen.

Daniela Singer: „Die Frage ist immer: Fühlt es sich gut an? Um authentisch zu wirken, kann und will ich nicht immer das machen, was ein Dritter vielleicht von mir erwartet. Sich diese Freiheit zu nehmen, will erlernt sein oder werden. Natürlich gibt es manchmal auch Konventionen, wo man sagt, okay, nach der oder der Kleiderordnung musst du dich richten. Aber Kleidung kann viel mehr als nur Konventionen erfüllen. Man kann sich selbst mit Kleidung motivieren. Wenn ich die Jogginghose ausziehe, entsprechende Business-Klamotten anlege, dann hat das auch etwas mit mentaler Vorbereitung zu tun. Wichtig ist dabei das Wohlfühlmoment. Hinreichend bekannt ist dieses Phänomen ja bei Uniformen. Auch unsere Fahrer tragen in Form ihrer Berufskleidung eine Art Uniform. Das symbolisiert auch nach außen eindeutig: ‚Ich bin ein Profi in dem, was ich tue.' Mit dem Anlegen spezieller Kleidung schlüpfen wir ganz bewusst in eine andere Rolle. Wenn mein Mann zur Hochsaison ab und an als Fahrer einspringt, dann zieht er seine ‚Fahrerklamotten' an und verlässt für eine Weile die Rolle des Geschäftsführers."

Thomas Lurz: „Ich als Schwimmer schlüpfe sozusagen mit dem Anlegen meines Schwimmanzugs ganz bewusst in die Rolle des Profisportlers. Ich kann bei Wettkämpfen auch nicht in einer gewöhnlichen Badehose oder -shorts auftauchen. Das ist zum einen Wertschätzung gegenüber dem Sport per se, den Sponsoren, Fans und auch der Konkurrenz, zum anderen hat der Schwimmanzug aber natürlich auch funktionale Vorteile. Andererseits kann ich auch als Sportler nicht mit Jogginghosen auf einem wichtigen Empfang oder einer Präsentation erscheinen. Das ist schon wirklich so eine Sache, ob im Geschäftsleben oder im Sport: Den Profi erkennst du (auch) an seiner Kleidung."

ERWARTUNGSHALTUNG AN SICH SELBST –
DAS SELBSTBILD ALS VORBILD UND DIE FREUDE AM VORBILDSEIN

Im Sport wie im Unternehmen gilt es, im ersten Zug seine „Kunden" zufriedenzustellen. Thomas Lurz sieht Publikum und Sponsoren als seine „Kunden" und versucht, seiner Rolle als schwimmender Dienstleister gerecht zu werden. Daniela Singer lernte im Lauf ihres unternehmerischen Schaffens, dass sie nur gute Leistung erbringen kann, wenn sie ihr Selbst gesund und ausgeglichen wiederfindet, um dieses auf ihr Gegenüber reflektieren zu können.

Thomas Lurz: „Ich versuche immer mein Bestes zu geben, um jeden zufriedenzustellen. Ich habe zum Beispiel noch nie einen Autogrammwunsch abgewiesen. Manchmal ist es vielleicht aufgrund des Andrangs schwierig, das alles zu bewältigen, aber wie gesagt, ich gebe mein Bestes. Das ist auch Teil einer Vorbildfunktion, für andere da zu sein, deren Wünsche nach Möglichkeit zu berücksichtigen. Und den Menschen damit eine Freude zu bereiten, ist ja tatsächlich etwas, das auch noch Spaß macht. Ich finde das einfach klasse, wenn ich mit meinem Autogramm gerade Kinder glücklich machen kann. Das ist keine Anstrengung für mich und gehört meiner Meinung nach einfach dazu. Freude zeigen ist eine wunderschöne Art der Kommunikation."

Rollenwechsel - Damit die Richtung stimmt - Lenkhilfe geben

Daniela Singer: „Mir ist es ein Bedürfnis, auf Fragen und Anliegen unserer Geschäftspartner und meiner Mitarbeiter einzugehen. Das sehe ich als meine Verpflichtung in meiner Position. Wenn ich mir bei jeder Frage vorjammern würde, dass ich ja noch so viel zu tun und Stress habe, da hätte man was zu tun. Sich einzureden, dauernd Stress zu haben, ist nicht produktiv, das Gehirn fährt runter und blockiert deinen ganzen Arbeitsablauf. Eine gewisse Anspannung ist mit Sicherheit hilfreich. Trotzdem sehe ich zu, dass ich ruhig bleibe, egal wie viel Arbeit oder Stress sich gerade angestaut hat. Das bin ich nicht nur meinen Kunden, sondern auch meinen Mitarbeitern schuldig. Wenn die nicht zu mir kommen und mich um Rat fragen dürfen, ja sogar sollen, wenn sie nicht mehr weiterwissen, dann habe ich eindeutig keine Daseinsberechtigung mehr. Um das gewährleisten zu können, nehme ich mir auch die Freiheit zu sagen: ‚Du musst nicht morgens als Erster da sein, Hauptsache, du bist da, wenn du gebraucht wirst.' Den Leuten zu helfen, wenn es notwendig ist, das heißt für mich das Vorbild zu leben."

SICH EINE POSITIVE GRUNDEINSTELLUNG BEWAHREN

„Ein Tag ohne Lächeln ist ein verlorener Tag", konstatierte einst Charlie Chaplin. Es geht nicht darum, die Mundwinkel nach oben zu ziehen und so seine Mimik zu verändern. Lächeln kann und muss vielmehr eine Grundeinstellung des Geistes und der Seele bezeichnen. Eine positive Grundeinstellung hilft auch Thomas Lurz in seinen Wettkämpfen, insbesondere der ungewohnten und neuen Herausforderung, über 25 Kilometer zu schwimmen und sich dabei immer noch das innere Lächeln zu bewahren.

Thomas Lurz: „Wenn der Kopf beim Schwimmen aus dem Wasser schaut, musst du zunächst mal atmen, für ein nettes Gesicht bleibt da nicht mehr die Zeit. Man ist fokussiert und konzentriert auf das, was man im Wettkampf gerade tut. Wenn ich mir die Arbeit im Büro vorstelle, da läuft das bestimmt auch nicht anders. Vor dem Bildschirm sitzend, konzentriert arbeitend, wird wohl kaum jemand ein Dauergrinsen aufsetzen. Wichtig ist das, was in dir drin abläuft. Aber wenn dir die positive Grundeinstellung fehlt, dieses innere Lächeln, wird es dir auch nicht gelingen, erfolgreich zu sein, eine Wettkampfdistanz mit guter Leistung zu überstehen. Wenn ich von Anfang sage: ‚Nein, das kann ich nicht', dann wird es auch nicht klappen. Bei Herzfrequenzen zwischen 150 und 200 Schlägen pro Minute fällt es manchmal schwer, sich das bewusst zu machen, aber nur so kann es klappen."

Daniela Singer: „Ich pflege immer zu sagen: ‚Wovor du Angst hast, bringt dich um'. Das versuche ich auch meinen Mitarbeitern zu vermitteln. Sobald einer Angst vor einem Kunden oder einem speziellen Auftrag hat, ziehe ich den Mitarbeiter dort ab und betraue jemand anders damit. Da hilft es auch nichts, sich das Ganze schönreden zu wollen – entweder du schaffst es, den Mitarbeiter zu überzeugen, oder du entziehst ihm die Aufgabe. Wenn die Einstellung dahinter nicht passt, wird er an der Aufgabe scheitern und das nutzt ja keinem etwas, weder mir als Arbeitgeber noch dem Arbeitnehmer. Der Mitarbeiter, der den direkten Kundenkontakt hat, wirkt, wenn er lächelt, die Sache positiv sieht und anpackt, ganz anders auf den Kunden. Er kommuniziert durch seine Grundhaltung schon: ‚Ich bin da, ich mach das, ich kümmere mich.' Und wenn ich diese positive Grundeinstellung lebe, nur dann kann ich auch authentisch sein – als Einzelner, im Kontakt mit dem Kunden und als Unternehmen."

SEIN GEGENÜBER ZU BEGEISTERN WISSEN

Im Unternehmen richtet sich vieles nach den Bedürfnissen der Abnehmer und Kunden, die bekanntlich „König" sein sollten. Sport lebt von der Begeisterung, der Begeisterung des Publikums und – die finanzielle Ebene soll nicht unberücksichtigt bleiben – von der Begeisterung der Sponsoren, die den Sportler oder die Sportart per se unterstützen. Sein Gegenüber begeistern zu können, ist jedoch eine Kunst, der sich auch Daniela Singer bedient, um das Beste für ihr Unternehmen zu erreichen.

Daniela Singer: „Kurz und prägnant: Einfach zuhören und Fragen stellen. Ich nehme mich selbst zurück, höre zu und versuche, daraus die passende Lösung für mein Gegenüber zu erarbeiten. In meinem Büro hängt ein Bild mit dem langen, bezeichnenden Titel: Komm zu mir ins Zelt und erzähle mir bei einer Tasse Kaffee, um was es geht! Das erinnert mich immer wieder, sich selbst nicht zu ernst zu nehmen, dann tut man sich auch leichter mit dem Zuhören. Gerne zuzuhören, die Belange des Gegenübers zu verstehen und mit diesen Erkenntnissen den Kunden weiterzuhelfen – das ist für mich der Weg zum Ziel."

Thomas Lurz: „Begeisterung hervorzurufen ist doch eigentlich immer eine vordergründige Aufgabe, gerade auch im Sport. Das Publikum will beim Wett- kampf mitgerissen werden, will mitfiebern. Leider genügen die sprichwörtliche „Luft und Liebe" nicht zum Leben. Ebenso verhält sich das mit dem Schwim- men. Um überhaupt bei Olympiaden und großen Meisterschaften teilnehmen zu können, benötigt man Sponsoren, die einem finanziell erst die Möglichkeit eröffnen, als Profisportler zu agieren. Und Schwimmen ist nicht so populär, nicht so öffentlichkeitswirksam wie manch andere Sportart, da ist es schwer, jemanden zu finden, der dich supportet. Wenn man sozusagen erstmal auf der Erfolgswelle schwimmt, wird es natürlich einfacher, Unterstützer zu finden, Spon- soren für sich zu begeistern. Doch selbst dann soll ein Sponsorenvertrag immer noch eine Win-Win-Situation darstellen. Ein Unterstützer will ja nicht nur sein Geld loswerden, sondern im Normalfall auch selbst profitieren. Und da heißt es ganz schön ranklotzen, Überzeugungsarbeit leisten, Begeisterung schüren."

BLINDES VERSTEHEN

Gerade während eines Wettkampfes müssen sich Thomas Lurz und sein Coach und Bruder Stefan Lurz ohne Worte und große Gesten verstehen. Hin- einfühlen in den anderen als Kommunikationsweg …

Thomas Lurz: „Im Schwimmsport geht es nicht nur um das Sprichwörtliche ‚sich blind zu verstehen'. Selbstredend muss zwischen mir und meinem Team eine sehr gute Vertrauensbasis herrschen. Dazu kommt aber noch das fast wortwörtliche blinde Verstehen. Mein Trainer sieht genau, in welcher Frequenz ich schwimme, liest meinen Gesichtsausdruck und weiß daraus genau zu schließen, wie ich gelaunt bin, ob ich mich fit fühle, guter oder schlechter Dinge bin. Da hat er bestimmt den zusätzlichen Vorteil, dass er mich als Bruder von klein auf kennt, wir immer zusammengelebt haben, immer irgendetwas mit- einander zu tun hatten. Wenn ich im Wasser bin, während des Schwimmens,

Begeistern durch …

- *Ich interessiere mich für Dich! Erzähl mal – verstehen Sie den Standpunkt des anderen.*
- *Leisten Sie mehr als Ihr Gegenüber erwartet.*
- *Signale, Gesten und Situationen schnell erkennen und flexibel darauf reagieren.*

kann ich nur sehr bedingt irgendwelche Zeichen geben und er muss trotzdem wissen, was los ist. Da profitieren wir dann beide davon, dass wir uns so gut kennen, uns quasi blind verstehen."

Daniela Singer: „Sich in jemanden hineinzufühlen ist erlernbar. Wenn man sich für den anderen interessiert, geht das ganz schnell. Wenn du dich selbst nicht zu ernst nimmst, lernst du, den anderen zu verstehen. Je aufrechter du durchs Leben gehst und nicht dich selbst im Mittelpunkt siehst, umso weiter wird das Verstehen zum blinden Verstehen."

ZIELE BEWUSST SETZEN UND KOMMUNIZIEREN

Thomas Lurz übergeordnete Zielsetzungen sind in seiner Sportlerkarriere relativ klar und durchsichtig: Olympiade und Weltmeisterschaft. Nichtsdestotrotz ist er in der Pflicht, sich, seinem Team und seiner Familie den Weg dorthin klar abzustecken. Auch im Unternehmen müssen kurz-, mittel- und langfristige Ziele abgesteckt werden, um erfolgreich zu sein. Daniela Singer sieht sich dabei als Koordinatorin und „Netzwerknudel".

Unser gemeinsames Ziel
- *Klar, präzise und messbar.*
- *Sorgen Sie dafür, dass sich alle damit identifizieren.*
- *Sprechen Sie darüber, dann bekommen Sie auch Unterstützung aus Ihrem Netzwerk.*

Daniela Singer: „Das sieht eigentlich ganz simpel aus. Ich stelle im Betrieb ein Projekt vor und frage, wer sich eben dieses Projektes annehmen möchte. Ich sage also ganz klar: ‚Leute, das und das ist zu machen – könnt ihr das leisten?' Wenn sich dann alle einig sind, es nicht leisten zu können, gebe ich den Auftrag lieber an einen befreundeten Unternehmer weiter, als nicht gemäß meinen eigenen Qualitätsansprüchen liefern zu können. Ich gebe deshalb auch keine Pauschalversprechen, das ich diesen oder jenen Job ganz sicher übernehmen kann, weil ich einfach nicht die ausführende Kraft bin. Ich delegiere, coache, netzwerke, ich setze bewusst Zielpunkte im Unternehmen, die es zu erreichen gilt, aber auf Biegen und Brechen, jedes Projekt, jedes kleine Ziel durchzupeitschen, das klappt nicht, keine Chance."

Thomas Lurz: „Ganz klar ist, dass wir immer gemeinsam auf ein Ziel hinarbeiten müssen. Das heißt: die Ausgangssituation erkennen, den Weg definieren und diesen dann auch gemeinsam gehen. Das Team ist auf den Sport, das Schwimmen, fixiert. Aber bei Vorbereitungen auf große Meisterschaften oder die Olympiade wird auch das Familienleben in Mitleidenschaft gezogen. Da hast du 365 Tage im Jahr, 24 Stunden am Tag und keine Sekunde, die nicht irgendwie dem sportlichen Ziel untergeordnet ist. Und wenn nicht alle an einem Strang ziehen, wird es auch nicht zum Erfolg gereichen. Das muss man aber vorher, gerade auch in der Beziehung abklären: ‚Wie gehen wir diesen Weg gemeinsam, was läuft die nächsten zwei, drei, vier Jahre?' Das muss klar geregelt sein, sonst treten immer wieder Konflikte auf, die eigentlich keine Partei, weder ich als Sportler, noch mein Team, noch meine Familie oder Lebenspartnerin gebrauchen kann."

Daniela Singer

Die schwierigste Herausforderung war, mich von Geschäftsfeldern zu trennen, die zwar unheimlich viel Spaß gemacht, aber auch enorm viel Zeit beansprucht haben. Wenn unterm Strich nur noch Minuserträge stehen, muss man einfach die Kraft aufbringen, sich ganz oder teilweise von Sachen zu trennen, auch wenn viele Emotionen mitschwingen. Enorme Kraft hat mir dabei gegeben, dass mein Mann und ich das gemeinsam entschieden haben. Jetzt im Nachhinein bin ich unheimlich stolz und zufrieden, diese Herausforderung gelöst zu haben.

Thomas Lurz

Also ich denke, die größte Herausforderung für mich waren immer die Olympischen Spiele. Da diese nur alle vier Jahre stattfinden, hat man schon einen erheblichen Druck, weil man nur den einen Tag und die zwei Stunden Zeit hat, seine Leistung zu bringen. Damit muss man erst einmal zurecht-kommen. Dabei hilft nicht nur eine gute Partnerschaft zwischen dem Sportler und seinem Trainer, sehr wichtig ist auch ein gutes Team, das einem den Rücken stärkt. Ich glaube, das ist letztendlich der Schlüssel zum Erfolg, damit ich als Sportler in der Lage bin, derartige Herausforderungen zu meistern: zu wissen, dass Leute da sind, die hinter einem stehen.

Zug um Zug …

… zieht der Schwimmer seine Bahnen, atmet ruhig und konzentriert, findet seinen persönlichen Rhythmus im Auf und Ab des Wassers sowie der Wellen. Diese Ruhe braucht es auch in einem Unternehmen, soll die Kommunikation gelingen. Hektik und erfolgreiche Dialoge passen nicht zusammen. Sich Zeit nehmen, um sich auf den anderen einzustimmen und einzustellen, nur so gelingen wertvolle Gespräche. Folgende sieben Phasen helfen auch Ihnen, von einem Monolog zum Dialog zu kommen, sich zu verstehen, um sich zu vertrauen – intern im Team und auch extern in der Kommunikation mit Kunden.

1. Einschwimmen

Wer Sport macht, weiß, wie wichtig das Aufwärmen ist. Sich zu dehnen, dabei vielleicht Musik zu hören. Das Rennen im Kopf durchgehen. Sich konzentrieren, ganz bei sich sein. Das Einschwimmen ist entscheidend – als Vorbereitung, als Ritual. Wie schwimmen Sie sich im Geschäftsleben ein? Haben Sie ein morgendliches Ritual auf dem Weg ins Büro oder sogar bei den Meetings im Team? Wie bereiten Sie sich auf Ihre wichtigen Gespräche vor? Eine Generalprobe vor Präsentationen und Meetings gibt nicht nur Sicherheit und Vertrauen in das eigene Können, sondern ermöglicht auch noch kleinere Kurskorrekturen.

2. Letzte Vorbereitungen treffen

Schwimmbrille und Badekappe aufsetzen. Beide in einer perfekten Passform. Einen Energieriegel nehmen, noch einmal einen Schluck trinken. Jetzt passt wirklich alles fürs Rennen. Diese letzten Vorbereitungen sind wichtig, um sich dann voll und ganz auf den Start konzentrieren zu können. Wie tanken Sie Selbstsicherheit und Energie vor einem wichtigen Projekt? Schaffen Sie ideale Begleitumstände, sozusagen die perfekte Passform, damit Sie nicht abgelenkt werden, weder beim Start noch von ihrem Ziel.

3. Startposition beziehen

Am Beckenrand oder Startblock stehen, die Zehen zeigen nach unten, der Körper ist angespannt, gleich geht es kopfüber in das Wasser. Möglichst weit stößt sich der Schwimmer ab, um gleich im wahrsten Sinne des Wortes mit einem Vorsprung ins Rennen zu starten. Wie beziehen Sie Ihre Startposition, sind Sie auch dazu bereit, abzuspringen oder hält Sie im letzten Moment irgendetwas zurück? Legen Sie vorher fest und kommunizieren Sie – sich selbst und anderen gegenüber – deutlich: Was ist unser gemeinsames Ziel? Was passiert mit den erhaltenen Informationen, wer wird noch darüber in Kenntnis gesetzt?

4. Start – Hauen und Stechen

Bei einem Massenstart hat das Auge des Betrachters zunächst oft keine Chance, einen einzelnen Schwimmer auszumachen. Jeder erobert sich eine Position und je schneller und weiter man vorne ist, umso leichter ist es, sich freizuschwimmen, in den eigenen Rhythmus zu finden. Auch in einem Gespräch wechseln Worte oft schnell hin und her, es kommt regelrecht zu einem „Schlagabtausch". Die Emotionen schlagen Wellen, die nicht nur für den anderen gefährlich werden können, sondern die manchmal schnell zum eigenen Untergang führen. Hilfreich ist es, ungerechte Vorwürfe erst einmal einstecken zu können, die Dinge mit einem gewissen Abstand zu betrachten.

5. Blickführung

Nach der oft hektischen Startphase muss jeder Sportler versuchen, sich zu beruhigen, den eigenen Rhythmus zu finden, sich gleichzeitig aber auch zu orientieren sowie das Feld auszumachen. Zeit auch im Unternehmen für eine geistige Zwischenbilanz: Passt der Plan? Haben Sie den Dialog in Ihrer Hand? Sind Sie fähig und bereit, auch einmal „zwischen den Zeilen zu lesen"? Dieses in sich Hineinfühlen ermöglicht es, herauszufinden, ob die Richtung noch stimmt sowie wer von den Beteiligten noch auf gleicher Höhe schwimmt.

6. Verpflegung

Ohne regelmäßige Verpflegung wäre ein Freiwasserschwimmen über eine solch lange Distanz wie 25 km nicht möglich. Schließlich braucht der Körper Energie, um dem Umfeld – also auch einmal rauen Wellen – gewachsen zu sein. Auch in der Kommunikation muss die Verpflegung stimmen. Dazu gehören Pausen ebenso wie ein für die Gedanken nahrhaftes Klima. Was können Sie dazu beitragen? Lüften, Kaffee oder Tee, frische Getränke oder den Partner zum Spaziergang/Essen einladen. Vielleicht hat Ihr Gegenüber ein Lieblingsgericht? Fühlt er sich wohl, gelingt ein Gespräch erfahrungsgemäß immer leichter – nicht nur, wenn es um kritische Themen geht.

7. Am Zielbrett anschlagen

Am Brett anschlagen, am Ziel ankommen – was für ein Gefühl, es geschafft zu haben. Ist man im Rennen der erste, umso besser. Für andere zählt tatsächlich der olympische Gedanke: Dabei sein ist alles!, oder – gerade bei extremen Distanzen – leicht variiert: Gesund ankommen ist alles! Nichts ist anstrengender als Gespräche oder Meetings, die kein Ende finden. Hier ist beispielsweise der Moderator gefragt, indem er vorab eine feste Zeit vereinbart und dann auch die Kommunikation geschickt zu einem Ende führt. Zusammenfassen, Fazit, welche nächsten Schritte wurden vereinbart, wer macht was bis wann. Und Schluss!

„*Vernetzen: Ineinandergreifen sorgt für dauerhafte und langfristige Verbindungen.*"

Vernetzen & Synergien

Damit aus Überzeugungen und Überblick kein Übereifer wird

Sind wir schon einmal vor lauter Begeisterung übers Ziel hinausgeschossen? Oder haben wir es sogar aus dem Blick verloren?

Eine Portion Einfallsreichtum und Überzeugungskraft helfen jedem, wenn es darum geht, sich zu vernetzen sowie Synergien zu schaffen, was vor allem bei der Projektarbeit unabdingbar ist. Wenn dann auch noch die Kommunikation kristallklar und präzise geführt wird und die Modelle zur Lösung von Problemen bei allen akzeptiert werden, sind die richtigen Grundsteine gelegt. Werfen Sie Ihre Partner also nicht ins kalte Wasser, sondern pflegen Sie bei jeder Art von Zusammenarbeit die Aufbruchstimmung, Abstimmung und Zustimmung.

So lassen sich Projekte souverän steuern

Projekte spielen in der heutigen Zeit im wirtschaftlichen Umfeld eine große Rolle. Unternehmen, Mitarbeiter und Teams schließen sich zusammen, um innerhalb eines Projektes etwas zu bewirken. Projekte können jedoch nur erfolgreich realisiert werden, wenn jemand den Überblick behält und die beteiligten Partner sinnvoll verbindet. Dabei reicht es nicht, nur das Kommando zu übernehmen, moderne Führungskompetenzen im Projektmanagement gehen weit darüber hinaus.

Der Steuermann sorgt für ein synchrones Rudern

Wenn zehn Ruderer in einem Boot sitzen und nach vorne kommen wollen, sollten sie gleichzeitig und synchron rudern, sonst verschwenden sie viel Muskelkraft, drehen sich nur im Kreis oder rudern mal hierhin und mal dorthin, ohne zum Ziel zu gelangen. Römische Galeeren hatten einen Antreiber, der den Takt mit Schlägen auf einer Trommel vorgab. Das Modell ist für die moderne Zeit unbrauchbar geworden. Dass wir Projekte koordinieren müssen und wir dafür auch einen „Antreiber" oder besser Steuermann brauchen, damit sie reibungslos ablaufen, ist jedoch nach wie vor aktuell.

Wenn Mitarbeiter „nach vorne geworfen" werden ...

Das Wort Projekt stammt vom lateinischen Wort proiectum ab und bedeutet „das nach vorn Geworfene". Nur zu oft werden Mitarbeiter in Unternehmen bei Projekten tatsächlich nach vorn, nämlich ins kalte Wasser, geworfen. Vielfach verfügen diese Mitarbeiter – über ihre Fachkenntnisse hinaus – über keinerlei Ausbildung im Projektmanagement. Die möglichen Folgen sind erheblich: von ineffizienten Abläufen über verpasste Termine und gesprengte Kostenrahmen bis zum völligen Scheitern des Projekts.

... oder plötzlich „nur" Teil eines Teams sind

Unternehmen unterschiedlichster Branchen und Größen haben natürlich auch in unterschiedlichsten Ausprägungen mit Projekten zu tun. Gerade in einer Kooperation, in der jeder Beteiligte nur einen Abschnitt zu verantworten hat, muss ein Projektleiter besonders gut koordinieren. Dabei hat er es oft nicht leicht. Unternehmen/Menschen, die es gewohnt sind, eigenverantwortlich Entscheidungen zu treffen, werden in einem Projekt plötzlich zu Mitarbeitern in einem Team. Schafft es der Projektverantwortliche nicht, diesen Konflikt zu erkennen und zu lösen, kann damit das ganze Projekt aus dem Ruder laufen. Der kleinste gemeinsame Nenner ist dabei immer der einzelne Mitarbeiter, der einzelne Mensch, und wie dieser souverän mit seinen Aufgaben umgeht, sowie ins Team integriert ist.

Was im Vorfeld von Projekten zu beachten ist

Schon im Vorfeld eines Projektes sind sowohl Planung als auch Steuerung als Grundlage unverzichtbar. Dass Projektverantwortliche die Kalkulation im Auge behalten, sollte selbstverständlich sein, ist es aber nicht. Immer wieder klafft zwischen dem Kostenvoranschlag und den tatsächlichen Ausgaben eine große Lücke. Eine Machbarkeitsprüfung sollte klären, ob die Ziele mit den Budgetvorstellungen verwirklicht werden können. Auch die Zeiten sowie der Ablauf sollten vorher in einem Terminplan festgelegt werden: Wann beginnt das Projekt? Wann erledigt welches Unternehmen/welcher Mitarbeiter welche Arbeiten, damit der Termin des Projektabschlusses eingehalten werden kann.

Ein starkes Commitment verpflichtet und verbindet

Zum Prozessmanagement gehört die Prüfung der Wirtschaftlichkeit genauso wie der Check, ob bestimmte Aufgaben outgesourct werden können. Sind diese Fragen geklärt, sollten die Verantwortlichen ein starkes commitment (Verpflichtung) mit sich selbst und ihren Partnern vereinbaren. Ein souveräner Projektleiter schafft es so, die Balance zwischen dem Geforderten und dem Machbaren zu erreichen. Ein „LOG-Buch" für das Projekt schafft Sicherheit und ist eine gute Basis für die laufende Kontrolle, die auch für die nächste Phase, die Realisierung, absolut notwendig ist.

Wesentliche Faktoren während der Realisierungsphase

Der Projektleiter muss bei Projektsitzungen nicht nur fachlich, sondern auch strategisch Rede und Antwort stehen. Umso wichtiger ist, dass er – auch in einem größeren Kreis – präsentieren kann. Je besser er in diesem Zusammenhang visualisiert, umso leichter gelingt es, alle ins Boot zu holen und gemeinsam in eine Richtung zu rudern. Oft geht es um technische Details. Das verführt dazu, dass sich die Sicht- und Denkweise auf Prozesse verengt. Man darf aber nicht nur Prozesse im Projekt sehen, sondern vor allem die beteiligten Menschen. Zur Projektführung sollten Projektleiter deshalb, über ihr fachliches Wissen hinaus, Konfliktmanagementtechniken beherrschen. Wichtig ist dabei, allen Beteiligten, gerade bei Störungen oder Problemen, erst einmal Aufmerksamkeit zu schenken. Führung ist nicht mit Kommando gleichzusetzen, sondern mit Motivation, die vor allem durch Wertschätzung entsteht.

Keine Lösung vorsetzen

Ein gutes Klima bewirkt enorm viel, um Projekte erfolgreich zu steuern. Frühzeitige Integration aller Beteiligten sorgt für Motivation und Überblick. Flexibles Denken und Durchhaltevermögen ist Voraussetzung für die Lösung von Hindernissen. Zum Krisen- und Risikomanagement gehören die Bereitschaft zur Verhandlung und gemeinsamer Entscheidungsfindung mit allen Partnern. Projektleiter sollten keine Lösung vorsetzen, sondern alle früh ins Boot holen, auch wenn das manchmal mehr Zeit

kostet. Langfristig zahlt sich diese Zeit, die in die Information und Einbindung der Beteiligten investiert wird, immer aus.

Sie fragen sich vielleicht, warum ich Marcus König und Beate Görtz zusammengebracht habe und weshalb ausgerechnet zu diesem Thema?

Ganz einfach: Beide nutzen Synergien. Beate Görtz wechselte vor kurzem als erfolgreiche Amateurin im Triathlon zu den Profis. Marcus König hingegen startete als beruflicher Profi in einem kleinen Unternehmen als fachlicher Neuling noch einmal durch. Beide verzichten auf Status (in welcher Hinsicht genau, können Sie im Interview nachlesen) und sind immer nah am Menschen dran. Ob es bei Beate das unterstützende Team, die Mitbewerber um Rang und Titel sowie die Sponsoren oder bei Marcus König Mitarbeiter und Kunden sind – ein Lächeln kommt bei beiden immer von Herzen und trägt deshalb ebenfalls dazu bei, als Mensch unter Menschen etwas zu bewegen. Die Disziplinen sind bei beiden vielfältig: Bei Beate Görtz ist nicht nur der Trainingsaufwand im Triathlon enorm, ein verantwortungsvoller Job sowie Lebensgefährte und Familie/Freunde fordern ebenfalls ihr Zeitbudget. Marcus König ist nicht nur Chef, sondern auch ein guter Familienvater; nebenbei engagiert er sich zudem noch in einem Fußballverein für die Jugend – das alles unter einen Hut zu bringen, ist nicht einfach. Trotzdem schaffen es beide, immer wieder ihre Leistung messbar zu machen und den Wirkungsgrad zu erhöhen. Wie bzw. „watt" denn? Machen wir uns doch gemeinsam einfach „Auf und Davon!" …

„Fordern und fördern -
sich über Hindernisse helfen zu lassen, zeigt wahre Größe."

»VIDEO

WELTMEISTERLICHE MILESTONES:

2013 Februar Gründung der Smart Generation Aktivitäten im Sektor Energy der Siemens AG als Inkubat Funktion mit 20 Mitstreitern **2013 September** Aufträge im Wert von EUR 6 Mio. **2013 Oktober** arbei bereits mehr als 50 Personen an der gemeinsamen Idee **2014 Frühjahr** mehr als 100 Anfragen/Projektide **2014 Juni** erstes Projekt im höheren zweistelligen Millionenbetrag **2014 Sommer** erste Pilotierung der telligenten Steuerungs- und Automatisierungssoftware **2015** dreistelliger Millionenbetrag als Auftragseinga geplant

Marcus König

Marcus König wurde 1967 in Hagen, Nordrhein-Westfalen geboren. Nach dem Ausprobieren verschiedener Schultypen in Bayern (Grund-, Haupt-, Realschule und Gymnasium) begann er 1986 bei der Siemens AG in Nürnberg eine Lehre zum Industriekaufmann. Die ersten Stationen führten ihn im Inland neben Nürnberg nach Hannover und Karlsruhe, sowie im Ausland nach Lissabon, Portugal und Zug in der Schweiz. Seit Februar 2013 ist Marcus König als VP für Smart Generation Solutions innerhalb der Siemens AG verantwortlich. Hier werden nahezu sämtliche Aktivitäten dezentraler Energieversorgung in Zusammenspiel mit erneuerbaren Energiequellen adressiert.

Das neu gegründete Geschäftsfeld liefert Komplettlösungen im Bereich Energieerzeugung für Industrieanlagen, die nicht an öffentliche Stromnetze angeschlossen sind. Hier wird unter anderem ein möglichst hoher Anteil erneuerbarer Energieerzeugung, wie Photovoltaik oder Windenergie, mit Speicherlösungen und einer intelligenten – smarten – Automatisierungs- & Regelungslösung kombiniert, um die Backup-Systeme (z. B. Diesel-Generatoren) möglichst wenig laufen zu lassen.

Weitere Anwendungsfälle erstrecken sich über Performance Monitoring von PV- und Windanlagen, virtuellen Kraftwerken bis hin zu Service-Lösungen.

Zusätzlich ist Marcus König noch als CFO der Siemens Power Control GmbH in Langen nahe Frankfurt/Main zuständig. Die 100 %ige Tochter ist im Bereich Engineering für Elektro- und Leittechnische Anwendungen im Kraftwerksumfeld tätig.

„Erfolg ist eine Kombination aus gesammeltem Wissen, vorhandener Kreativität und der notwendigen Gelassenheit, die Dinge in Einklang zu bringen"

»VIDEO

WELTMEISTERLICHE MILESTONES:

2009 1. Rang Cologne 226 in Köln **2010 Ironman Weltmeisterin** Altersklasse 40 – 44 auf Hawaii **20[**
Ironman Weltmeisterin Frauen Amateure auf Hawai **Powerman Europameisterin** Altersklasse 4C
44 in Horst ann de Maas, Holland **2012 1. Rang** Strongman All Japan Triathlon in Miyakojima **2013 1. Ra[**
Strongman All Japan Triathlon in Miyakojima **2013 Persönliche Bestzeit** Langdistanz 9:07 Stunden be[
Cologne Triathlon Weekend in Köln **2014** Titelverteidigung und damit **1. Platz gesamt CCTW 226 Köl[**

Beate Görtz

In Hückelhoven/Doveren 1969 geboren, ist Beate Görtz bis zu ihrem 30. Lebensjahr vollkommen unsportlich. Dann startet sie durch, 2007 im Alter von 38 Jahren nicht nur bei ihrem ersten Triathlon, sondern auch in eine unvergleichliche sportliche Erfolgskarriere. Zunächst als Amateurin, seit 2013 als Profi. Beruflich ist sie als Key Account Managerin in der Prozessindustrie tätig.

Nach Abitur und Ausbildung zur Technischen Zeichnerin im Forschungszentrum Jülich lebt Beate Görtz sechs Jahre in Jülich. Parallel zum Job besucht sie vier Jahre die Abendschule in Aachen mit dem Abschluss Maschinenbautechnikerin. Während der Zeit in Jülich kam sie auf den Geschmack des Rennradfahrens und konnte immerhin 35 Minuten am Stück laufen, ohne umzufallen. 1999 bringt sie ein Jobwechsel nach Köln. Das Rad wird erst einmal in den Keller gestellt und acht Jahre nicht mehr angefasst. Radfahren in Köln stresst sie viel zu sehr. Also rückt Laufen in den Focus. Nach 14 Marathons in verschiedenen Städten und einer

Bestzeit von 3:12 h sieht sie sich nach etwas Neuem um: Triathlon!

Als Zuschauer bei der Challenge in Roth ist sie zwar noch weit weg von dem Gedanken Ironman, aber ein Traum wurde zu einer Vision. 2007 macht sie just for fun die Smart Distanz bei der Cologne 226 mit. Sie hatte immerhin fünf Schwimmstunden, um etwas zu lernen, das zumindest annähernd nach Kraulen aussah. Noch heute nennt ihr Trainer Frederik Martin sie nur „Muschel". Sie startet mit einem durchlöcherten Neoprenanzug und ihr oranges Stahlrennrad wird für den Wettkampf wieder „entstaubt", sodass „nur das Körbchen vorne dran gefehlt hat". Was für ein Stress! So viele Dinge, an die man denken muss, das ganze Einpacken. Vor dem Start sagt sie sich: Nieeeee mehr! Nach dem Ziel weiß sie: Das Gefühl will ich nochmal haben! Die Triathlonhistorie von Beate Görtz, die für den ASV Köln Triathlon startet, liegt nicht weit zurück, aber tolle Erfolge liegen inzwischen auf dem Weg ihrer Leidenschaft.

„Dein Kopf definiert die Leistungsgrenze, nicht dein Körper!
Geht nicht - gibt's nicht!"

Zwischen Muskelwatt und Megawatt

Beate Görtz und Marcus König wissen, dass es nur möglich ist zu gewinnen, wenn es gelingt, Synergien strategisch zu nutzen, um immer herauszuholen, was möglich ist. Denn: Nur dabei zu sein, macht (beiden) keinen Spaß!

ALLES AUF EINMAL ODER ENERGIEN DURCH VERNETZUNG SINNVOLL NUTZEN

Oberflächlich betrachtet haben Triathlon und Energieversorgung nicht mehr miteinander zu tun, als dass zum Ersten das Zweite gebraucht wird. Eine gehörige Portion Energie ist notwendig, um eine solche extreme Ausdauersportart auszuüben – und natürlich Kontinuität. Diese wiederum ist das Stichwort zur Energie, wie sie für ein öffentliches Stromnetz und die Industrie unentbehrlich ist.

Beate Görtz: „Da ich ja drei Sportarten betreibe und diese unmittelbar hintereinander ausübe, muss ich meine Kraft, meine Energie so einteilen, dass ich auch nach dem Schwimmen und Radfahren genügend Reserven für den anschließenden Marathon zur Verfügung habe. Die Beanspruchung auf die Muskeln ist zwar grundsätzlich unterschiedlich, doch auf die Energie im Körper greifen alle Disziplinen zu. Ich nehme mir vor kontrolliert vorzugehen. Das gelingt mir aber nur selten. Beim Schwimmen gebe ich ALLES - die Arme brauche ich ja danach nicht mehr-, beim Rad ist es ähnlich und kommt vom Gefühl einem sehr harten Training gleich und dann wird beim Laufen noch einmal richtig Gas gegeben, was der Körper noch hergibt. Man macht sich absolut fertig, geht sozusagen für´s Ganze an sein Limit."

PUFFER ODER RESERVE?

Mit Blick aufs Ganze immer alles geben – das ist der Anspruch des Sport-Profis. Doch welche Strategie liegt dem Energievernetzen als Geschäftsfeld zugrunde? Zum einen sollen alle Möglichkeiten ausgereizt werden, andererseits sind Puffer wichtig, müssen also Reserven einkalkuliert werden.

Marcus König: „Technisch gesehen geht es auch da definitiv ans Limit. Nur darüber können wir uns differenzieren. Indem wir technische Limits ausreizen, stellen wir den Unterschied zwischen der Profi-Liga und der Amateur-Liga heraus. Natürlich ist dieses Herausholen vom Optimum eine

Gratwanderung. Bei der Energieerzeugung darf das System auf keinen Fall kollabieren. Damit ein Netz stabil läuft, sind einige Parameter zu beachten."

MIT LEISTUNGSDIAGNOSTIK ANS LIMIT

Die Parallelen sind unverkennbar. Leistungselektronik unterstützt die Optimierung eines dezentralen Stromnetzes. Leistungsdiagnostik im Sport liefert wichtige Zahlen für das weitere Trainingsprogramm.

Beate Görtz: „Diese Trainingssteuerung zeigt mir, wie ich mich den Limits nähern kann, ohne diese zu überschreiten. Denn das würde zum Super-GAU führen. Vorgaben sind ja Ziele, Sekunden beim Schwimmen, Wattwerte beim Radfahren. Wenn ich weiß, mit wie viel Watt ich im Wettkampf fahren soll, bewege ich mich in einem kontrollierten Bereich, auch wenn schon alles weh tut. Andererseits achte ich auf meinen Körper und vertraue auf ihn. Ich bin kein Freak, der immer direkt mit dem Rechner vernetzt ist. Ich konzentriere mich eher auf Kennzahlen wie Höhenmeter, Wattzahl, Kilometerzahl, Wind … und bewerte diese dann nach dem Training bzw. Wettkampf."

Aktive Gesprächssteuerung - Gezielte Fragen liefern interessante Antworten

Marcus König: „Beate mag den Wind nicht. Ich schon. Indem wir ihn geschickt nutzen und in das System integrieren, können wir inzwischen unseren Kunden gegenüber sogar Garantien aussprechen. Nicht nur zu sagen, wir versuchen das Mögliche, sondern das auch auszuführen – darin liegt der Reiz. Ich erkläre das mal an einem Beispiel. Eine Mine ohne Anschluss an ein öffentliches Stromnetz benutzt für ihre Stromversorgung Diesel-Generatoren. Durch Photovoltaik, Wind und Speicher können wir bis zu sechzig Prozent erneuerbare Energien einspeisen. Ein Teil der Diesel-Generatoren kann ausgeschaltet werden und wir garantieren die Einsparung der entsprechenden Liter Diesel – unabhängig davon, wie das Wetter ist. Das ist eine spannende Geschichte."

WATT, DIE VERBINDEN

Eine interessante Gemeinsamkeit: Die auf dem Rad erbrachte Leistung wird in Watt (Kraft x Geschwindigkeit) angegeben, nicht anders als bei der Energieversorgung, auch wenn dort eher von Mega-Watt die Rede ist. Wir beschäftigen uns also mit Muskelwatt und Megawatt. Und beides muss immer wieder neu angepasst werden. Eine Situation lässt sich ja nicht statisch auf die nächste übertragen.

Marcus König: „Ja, genau. In einem hochsensiblen System muss permanent nachgesteuert werden, teilweise im Millisekundenbereich. Zieht zum Beispiel über ein Photovoltaikfeld eine Wolke, geht die Spannung nach unten, um anschließend nach oben auszuschlagen. Solche gravierenden Veränderungen muss das System wegstecken."

Beate Görtz: „Das ist in der Trainingssteuerung nicht anders. Das Feilen an Zeit und Leistung ist im Triathlon Tagesgeschäft – genau wie bei euch."

Marcus König: „Trainings- und Wettkampfzeiten haben wir auch. In der Simultanphase im Labor simulieren wir beispielsweise Schadensfälle. Ist eine Anlage installiert, sind wir so auch auf Ausnahmesituationen vorbereitet."

RESERVEN GEBEN SICHERHEIT

Meist sind es unvorhergesehene Dinge, die zu Ausfällen führen. Doch gegen viele kann man sich wappnen. Auch das Limit braucht Reserven. Der Reserveschlauch darf nicht fehlen, selbst wenn durch die intensive Auseinandersetzung mit allen Eventualitäten schon viele Risiken zumindest teilweise berechenbar werden.

Beate Görtz: „Nichts geht ohne Backup-Package und Prognosen vor dem Wettkampf sind natürlich wichtig. Der Wettkampf auf Lanzarote ist beispielsweise berüchtigt für starken Wind. Die Vorhersage erleichtert es mir, mein Rad entsprechend umzubauen. Im besten Fall kann ich im Training die Strecke abfahren und besonders auf Windauffälligkeiten achten. Im Kopf weiß ich dann, wann welche Etappe kommt. Ich bin vorbereitet und werde nicht so leicht von einer Ausnahmesituation überrumpelt."

Marcus König: „Bei besonders kritischen Themen haben wir Redundanz. Das zweite System läuft im Prinzip immer mit. Um im Bild zu bleiben: Man kann im Rollen auf das andere Fahrrad überspringen. Bei der Energieversorgung ist das unabdingbar."

HÖCHSTLEISTUNG DURCH SPEZIALISTEN HINTER SICH

Hinter jedem Spitzensportler steht ein Team. Techniker und Trainer kümmern sich um Ausrüstung und möglichst ideale Bedingungen für den Start. Industrieprojekte können nur aus dem Zusammenwirken verschiedenster

Reserven aufbauen
- *Investieren Sie in Ihre körperliche und geistige Fitness. Bewegen Sie sich!*
- *Sorgen Sie dafür, dass Sie genügend Zeit für sich selbst haben.*
- *Ruhephasen sind die Vorbereitung für Leistungssteigerungen.*

Ihre Spezialisten und SIE

- *Volltreffer: der richtige Mann/die richtige Frau am richtigen Ort.*
- *Experten decken Ihre Defizite ab.*
- *Sorgen Sie dafür, dass die Besten für Sie da sind.*

Spezialisten gedeihen. Der Erfolg wird entscheidend durch den reibungslosen Übergang an den Schnittstellen beeinflusst. Marcus König hatte den Mut, als Kaufmann und Nicht-Techniker neues Terrain zu betreten.

Beate Görtz: „Das Beste ist, wenn ich auf Spezialisten zurückgreifen kann. Vor Ort muss ich zwar selbst entscheiden, aber wenn mein Techniker das Rad geprüft hat und sagt, damit kannst du fahren, habe ich den Kopf frei. Man muss immer im Team kooperieren und sich aufeinander verlassen. Kommt dann in der Nacht ein Sturm auf und alles ist anders, liegt das nicht am Team. Dann muss ich umschalten und mit den Gegebenheiten klarkommen. Zum Glück kann ich das!"

Marcus König: „Ich kann Beate nur zustimmen. Es ist wirklich 1:1 übertragbar. Ich arbeite mit einem Team von Technik-Spezialisten zusammen. Wenn mir in der Tiefe das technische Wissen fehlt, muss ich mich auf sie verlassen können. Das funktioniert nur auf einer starken Vertrauensbasis. Man muss sicher sein, dass auf die Kollegen Verlass ist. Bisher hat das gut geklappt. Und man muss auch beweglich bleiben, sich immer auf Neues einstellen können. Das kann zum Beispiel eine neue Thematik bei der Verhandlung mit einem Kunden sein. Etwas wurde nicht bedacht oder die Situation hat sich einfach verändert. Da muss ich umschalten können. Ich glaube, das gelingt mir sehr gut. Trotzdem arbeite ich dann nach, oft noch Tage, z. B. beim Autofahren. Das kann durchaus belastend sein. Viel mehr als die auslösende Situation, die ich gut und professionell meistern konnte. Wir bewegen uns ja auch in einem Hochleistungsrahmen. Permanent sind Entscheidungen zu treffen. Ich weiß morgens zwar die Themen und in etwa den Ablauf des Tages, aber noch nicht, was wirklich im Einzelnen auf mich zukommt."

HERAUSFORDERUNG

Nicht in Routine zu verfallen, nur Prozesse abzuwickeln, heißt auch, neue Herausforderungen anzunehmen, anzupacken. Mit ihrer Entscheidung, ins Profi-Lager zu wechseln, hat auch Beate Görtz viel Mut bewiesen.

Beate Görtz: „Entscheidungen zu treffen erfordert immer Mut. Ich bewundere Marcus, wie er das permanent schafft und auch die Verantwortung dafür übernimmt. Doch auch bei mir sind Tage nicht vorausplanbar. Positiv rastlos wie ich bin, muss ich mich permanent entscheiden, im erreichten Level zu bleiben oder einen neuen Weg zu gehen. Ich habe den Gang ins Profi-Lager dann letztes Jahr vollzogen, ihn aber nicht groß kommuniziert. Schon ein bisschen verrückt, mit 43 Jahren, wo andere Triathleten seit fünf Jahren im Ruhestand sind."

Marcus König: „Ich denke, du hast wenig Angst vor dem Versagen. Wichtiger als Mut erscheint es mir zu sein, einfach keine Angst zu haben, dass etwas schiefgehen kann. Wenn doch, dann hat man es wenigstens probiert, seine Idee oder seinen Wunsch gelebt."

Beate Görtz: „Ja, Hauptsache, gemacht. Akzeptieren muss man auch die damit verbundenen Konsequenzen - und die bestehen aus Geben und Nehmen. Ich bin mit allen jungen Athletinnen nun in einem Topf, also keiner Altersklasse mehr zugeordnet. Ganz vorne mitmischen ist da schwierig. Ein weiterer Weltmeistertitel als Profi mit Vollzeit-Anstellung ist somit nicht möglich. Ich messe mich aber nun mit der Weltelite und das macht den Reiz aus. Erwartungshaltung und Druck sind gestiegen. Diese auch noch erfüllen zu können macht riesen Spaß."

„DOWNGRADEN"

Um nicht im beruflichen Trott zu versinken, macht es Sinn, sich neuer Aufgaben oder Themengebiete nicht zu verschließen. Nicht immer ist es der große Auftrag oder das umfangreichste Projekt, das uns im Arbeitsalltag weiterbringt. Marcus König betrat den Weg des „Downgrades" und erschloss sich damit vollkommen neue und spannende berufliche Horizonte.

Marcus König: „Das war wirklich erstaunlich. Ich bin sogar von meiner Leitung beim Wechsel angesprochen worden. Sie fänden meinen Mut ganz toll, einen Schritt zurückzugehen. Ich konnte das gar nicht recht nachvollziehen, da ich in meiner neuen Aufgabe eine Bereicherung dessen, was ich machen und bewirken wollte, sah. In meinem kaufmännischen Beruf war es ein bisschen der immer gleiche Trott, der mich dazu bewog, mich Neuem zu öffnen. Die Verantwortung war zwar echt groß und ich hatte auch Spaß dabei. Aber die Abläufe wurden immer ähnlicher. Der Wechsel in einen hochgradig technischen, komplexen Sektor eröffnete mir die Abwechslung und Herausforderung, die ich so gerne suche. Und diese Herausforderung macht einen irren Spaß. Auch oder gerade deshalb, weil ich im Team von vornherein offen damit umging und wusste, dass mir die anderen technisch allesamt was vormachen können. Aber wir nutzen unsere Stärken im Team, leisten gemeinsam tolle Aufbauarbeit und bis jetzt klappt das ganz erfolgreich."

Beate Görtz: „Den Weg des ‚Downgrades' werde ich auch irgendwann bestreiten müssen – vom Profi wieder zurück in die Amateurklasse. Das bringt die Zeit nun mal mit sich. Davonlaufen bringt hier nichts. Viele kommen damit aber nicht klar, nehmen nach ihrer Karriere als Profisportler lieber Trainerposten an oder machen irgendetwas anderes, als sich die falsch verstandene Schmach zu geben und den Schritt ‚zurück' in die Amateurliga zu gehen."

Weniger ist mehr
- Achten Sie auf Ihr Inneres, was motiviert und begeistert Sie?
- Haben Sie Ihre eigenen WERTE im Fokus.
- Brechen Sie die „gesellschaftlichen Zwänge" bewusst – ohne andere zu gefährden.

MIT FALSCHEN WERTANSÄTZEN AUFRÄUMEN

Unsere moderne Gesellschaft tendiert in verschiedenen Bereichen zur Oberflächlichkeit. Insbesondere im Businessleben wird oft nach der Mächtigkeit und den Einflussmöglichkeiten, die eine Position mit sich bringt, geurteilt. Falsche Wertansätze blockieren die Macht über das eigene Selbst, wirklich selbst zu entscheiden, was man machen will.

Marcus König: „In der Klientel, in der ich mich bewege, im Management, herrschen durchaus einige Tribute vor, die auch landläufig beachtet werden: Wie viele Leute hast du unter dir, welches Auto fährst du usw.? Da gehört manchmal schon ein Stück Abgehobenheit, Anderssein dazu, dieses Spiel nicht unbedingt mitzuspielen. Mut deshalb, weil es genügend Menschen gibt, die dein Anderssein missbilligen, darin Schwäche oder fehlenden Ernst erkennen wollen. Für mich ist das aber eine Frage der Definition des eigenen Lebensziels. Will ich andere immer zur Seite schieben, mit meinen Ellbogen kämpfen oder will ich einfach nur das Beste für das Thema, für das ich verantwortlich bin, herausholen? Ich ziehe da eindeutig Zweiteres vor! Das ist für mich angenehmer, für mein Umfeld sowieso und irgendwann ist es auch gar nicht mehr so wichtig, wie mächtig man vermeintlich ist oder eben auch nicht."

KRAFT AUS DEM MITEINANDER SCHÖPFEN

Gemeinsam sind wir stark! Ein Ausspruch, der wohl eher im Mannschaftssport zuhause sein dürfte, denn Triathlon ist eine klassische Einzelsportart. Im Wettkampf ist Beate Görtz als Athletin auf sich allein gestellt, hinter ihr steht jedoch ein eingespieltes Team. Nur das Zusammenwirken des gesamten Teams befähigt die Sportlerin, Bestleistungen abzurufen.

Beate Görtz: „Ich freu mich immer auf die Trainingseinheiten in der Gruppe. Die Gruppe bringt dich dazu, immer noch ein Stückchen mehr zu geben – positive Konkurrenz nennen wir das. Ohne Teamtraining geht auch im Einzelsport nichts. Außerdem brauche ich natürlich mein Team von Spezialisten, die für mich die Fäden ziehen. Vom Trainer über Techniker, die beispielsweise auf die Aerodynamik spezialisiert sind, bis hin zum Physiotherapeuten. Dem Verbund dieser Teamleistung habe ich es zu verdanken, dass ich meinen Kopf frei habe. Ich kann mich darauf verlassen, weil diese Leute einfach viel mehr Ahnung davon haben als ich. Wenn mir mein Trainer den Trainingsplan gibt, dann klebe ich den auf meinen Fahrradlenker und mache stur das, was da draufsteht, ich muss gar nicht mehr denken – Kopf runter und durch. Und das ist das, was ein Team ausmacht: miteinander und füreinander."

TIPPS GEZIELT UND ÜBERLEGT EINHOLEN

„Lebensverändernde" Entscheidungen werden selten von einer Person alleine getroffen. Marcus König holte bei seiner Entscheidung, sich beruflich neu zu entwickeln, Außenstehende ins Boot, um sich ein differenziertes Bild schaffen zu können. Beate Görtz vermied bei ihrem anstehenden Wechsel vom Amateur- zum Profi-Sport die Einbeziehung von Nicht-Experten.

Marcus König: „Ich habe mir bewusst den Rat bei den Leuten geholt, die eben gerade nicht aus diesem Umfeld stammen. Ich brauchte jemanden, der eine ganz andere Sicht auf die Dinge hat, einen anderen Blickwinkel. Ich habe mit einem befreundeten Psychologen über die neuen Herausforderungen, die mir begegnen werden, gesprochen, mich lange mit Bekannten unterhalten, die nicht in diesem Trott verhaftet sind, sondern eine ganz andere Sichtweise haben und mir diese auch eröffnen. Ich muss einfach reden. Indem ich rede, wird mir dabei auch meine eigene Situation viel bewusster. In meinem direkten Umfeld des Managements wäre dann noch die Konkurrenzsituation hinzugekommen, sodass ich von manchen, die vielleicht selbst gerne den Job gehabt hätten, kein hilfreiches Feedback erwarten konnte. Und mein Wechsel von der kaufmännischen in die technische Sparte wäre äußerst kritisch beäugt worden, mit gutem Zureden wäre weniger zu rechnen gewesen. So in etwa nach dem Motto: ‚Das haben wir noch nie gemacht.'"

Beate Görtz: „Bei mir ist es komplett umgekehrt. Wenn ich in Bezug auf den Wechsel ins Profilager diejenigen gefragt hätte, die sich mit Triathlon nicht auskennen, wäre ich niemals dorthin gewechselt. Sie hätten mit Sicherheit nur die Beate gesehen, die keine Zeit hat, die nur noch trainiert, die ihrem Körper Schmerzen zufügt und unterwegs zu Wettkämpfen ist. Die Sorgen über meine Gesundheit hätten dort überwogen. Aber im Triathlon gibt es zum Glück auch genug ehrliche Konkurrenz, die auf dich zugeht und einen guten Rat für dich übrig hat. Jemand, der selbst in diesem Sport drin ist, kann die Belastungen und Herausforderungen eines solchen Schrittes einfach besser abschätzen und dir hilfreiche Tipps geben."

„NIEDERLAGEN" ALS CHANCEN SEHEN

Verlieren, Niederlagen wegstecken, einen Dämpfer verkraften, gehört nicht zu den Eigenschaften, die der Mensch von Natur aus am besten beherrscht. Statt positiv nach vorne zu blicken, bestimmen Selbstzweifel und Verzagen oft unser Handeln. Aus Rückschlägen kann man lernen, um gestärkt und erkenntniserweitert nach vorne zu blicken sowie neue Aufgaben in Angriff zu nehmen. Ob eine Verletzung, ein verpasster Erfolg im Sport oder eine

Niederlage im Vertrieb, sprich ein verlorenes Projekt, ein verlorener Kunde –
Verlieren lernen beschreibt den Weg zum Ziel.

Beate Görtz: „Ich versuche immer möglichst nüchtern mit Niederlagen
und Verletzungen umzugehen. Diese Nüchternheit ist auch eine Art Selbstschutz, ein Schutzmechanismus. Nach meinen Problemen aufgrund einer
Lungenverletzung inklusive Notoperation und allem Drum und Dran konnte
und wollte ich nicht ewig hinterhertrauern, nach dem Motto ‚Warum denn
ich?‘ oder ‚Was wäre, wenn…?‘. Ich habe dann verschiedene Ärzte befragt,
ob ich meinen Sport wieder ausüben kann und nachdem zwei von drei Ärzten
das eindeutig bejahten, habe ich mich wieder hochgekämpft. Das, was
gewesen ist, galt es abzuschütteln und schlussendlich hat bei mir eben meine
Leidenschaft für diesen Sport gesiegt.“

Marcus König: „Sich immer wieder neu motivieren, das kann man schon
sehen, wenn man einen Vertriebsmitarbeiter und einen Menschen, der in
anderer Funktion tätig ist, miteinander vergleicht. Der Vertriebsmensch
muss mit Niederlagen umgehen können. Er muss das lernen, da er immer
wieder Niederlagen einstecken wird. Es gilt zu analysieren, warum dies
oder das nicht geklappt hat, ob man eigene Fehler gemacht hat, und diese
zukünftig vermeiden. Niederlagen als Chancen betrachten, aber trotzdem
das Bewusstsein haben, dass man nicht immer nur gewinnen kann.“

SYNERGIEN SINNVOLL NUTZEN

Neben den drei Disziplinen des Triathlons muss Beate Görtz noch den
Herausforderungen in ihrer beruflichen Tätigkeit im Vertrieb standhalten.
Sie zieht den Vergleich und beschreibt, wie ihr der Triathlon hilft, auch im
Vertrieb eine „gute Figur zu machen“. Marcus König sucht im Umkehrschluss
die sportliche Betreuung einer Jugendmannschaft als Möglichkeit des
gegenseitigen Förderns.

Beate Görtz: „Das ist ganz extrem bei mir. Wenn im Job die Zahlen nicht
stimmen, dann hab ich auch den Kopf nicht frei für den Sport – das Gleiche
gilt umgekehrt. Manchmal ist es fast schon erschreckend, wie sehr doch
Arbeit und Sport zusammenhängen. Selbst im Kundengespräch profitiere
ich ungemein davon, wenn mein Kunde weiß, dass ich Triathlon mache. Die
informieren sich genauestens über mich, im Internet meistens, und übertragen meine Disziplin vom Sport auf den Job. Dieser Zusammenhang ist schon
irgendwie verrückt, gleichzeitig aber auch ein riesiger Vertrauensvorschuss.“

Marcus König: „Ich bin ehrenamtlich als Trainer einer Jugendmannschaft
im Fußball tätig. Das ist eine ganz tolle Bereicherung für mich, wenngleich

ENERGIE SPAREN DURCH …
- *Prüfen Sie regelmäßig Ihren ROI. Was
  stecken Sie rein? (Zeit, Geld, „Ner-
  ven"…) Was bringt es Ihnen? (Freude,
  Dankbarkeit, Ablenkung …)*
- *Leben Sie in zeitdichten Schotten.*
- *Machen Sie trotzdem nicht zwei
  Dinge gleichzeitig.*

auch eine große Herausforderung. Die Jungs sind alle zwischen 15 und 17, also in einem Alter, in dem man Emotionen nicht so gerne zeigt und nichts an sich heranlässt. Doch dann sind es wieder die Kleinigkeiten, die einen stolz machen und Kraft für Ehrenamt und Beruf schöpfen lassen. Kleinigkeiten wie das Abklatschen oder ein Schulterklopfen nach dem Spiel, obwohl ich ja nur am Spielfeldrand stehe und gar nicht direkt ins Geschehen eingreife. Das sind jene zunächst kleinen Gesten, die in mir jedoch unglaubliche Freude verbreiten und mir Bestätigung geben, in dem, was ich versuche, den Jugendlichen zu geben und zu vermitteln. Da sehe ich auch nicht die Zeit, die ich für den ehrenamtlichen Posten aufwenden muss, sondern die Bereicherung, die mir die Arbeit im Verein schenkt, aus der ich Kraft schöpfen kann. Der Übergang zum Berufsleben im Unternehmen ist fließend: auch hier eine Truppe, die geleitet werden will und nach deren Anerkennung man streben sollte."

DIE SYNERGIE VON KÖRPER, GEIST UND SEELE

Für die Triathletin Beate Görtz geht es in ihrem Sport längst nicht immer um das Siegen. Sie setzt Körper und Geist zueinander in Einklang und zieht dadurch Kraft für ihre Aufgaben.

Beate Görtz: „Wenn ich eine Trainingseinheit erfolgreich absolviert habe, ist das schon ein Teilerfolg für mich. Ich habe mich selbst motiviert, mein Training anständig hinter mich zu bringen, und das motiviert mich wiederum. Nach einem erfolgreichen Training ist alles super. Das gibt mir sozusagen selbst ein positives Feedback im ‚Egoistensport' Triathlon. Sich selbst immer wieder zu beweisen, Erwartungen zu erfüllen und zu übertreffen, dieses Gefühl ist schon so eine Art Highlight des Tages für mich. Diese Teilerfolge, zu sehen, was ich umzusetzen im Stande bin, ist jedes Mal ein kleiner Sieg für mich. Weniger das Siegen als großer Erfolg per se, sondern den eigenen Anspruch erfüllen zu können."

DAS VERNETZEN IM ZEITMIX

Angestellte in Führungspositionen oder Selbstständige kennen das Problem zuhauf: Die Zeit ist oft knapp, Freizeit rar. Neben beruflichem Stress bleibt nicht viel Zeit, anderen Beschäftigungen nachzugehen. Marcus König weiß um die Schwierigkeit, jedoch auch um die Notwendigkeit, Zeit sinnvoll zu vernetzen.

Marcus König: „Ich werde oft gefragt, wie ich es mir möglich mache, neben dem Beruf noch selbst Fußball zu spielen oder eine Jugendmannschaft zu betreuen. ‚Manager arbeiten doch rund um die Uhr, 24 Stunden am Tag, 7 Tage die Woche', so die einhellige Meinung. Ich finde, das ist Quatsch. Natürlich verschieben sich auch bei mir Arbeitszeiten, sodass ich oft spätabends erst am

Flughafen lande oder eine Telefonkonferenz mit ausländischen Geschäftspartnern ansteht. Und dazwischen steh ich dann als Trainer am Fußballplatz. Oder ich komme heim, sitz bei meiner Frau, ich arbeite ein paar Mails ab und trotzdem unterhalten wir uns und freuen uns an der gemeinsamen Zeit. Die Zeit muss man sich natürlich freischaufeln, aber man muss sie sich auch ernsthaft freischaufeln wollen. Man kann viele Dinge organisieren, das ist überhaupt nicht das Thema."

Geschafft - auf zur Familie und den Freunden

FAMILIE/FREIZEIT ALS GEGENPOL

Das Vernetzen von Aktivitäten ist im Zusammenspiel von Familie, Freizeit und Beruf gefragt. Erfolg im Beruf ist wertlos, wenn das Private dabei komplett untergeht. Umgekehrt ist es wichtig, den Beruf oder, im Falle von Beate Görtz, den Sport seinem Privatleben nicht komplett unterzuordnen.

Marcus König: „Am Ende muss einfach das Ergebnis stimmen, egal, wie man das für sich persönlich regelt. Letztendlich muss ich im Job ein ordentliches Ergebnis vorweisen können. Ich möchte für mich ein sichtbares Ergebnis in meinen Freizeitaktivitäten, nämlich Zufriedenheit. Und schließlich auch ein ersichtliches, zufriedenstellendes Ergebnis für die Familie, nämlich Zeit mit Frau, Kindern und Freunden verbringen zu können. Wenn einem das gelingt, dann passt es. Und es macht den Kopf frei."

Beate Görtz: „Das Familiäre ist schon extrem wichtig. Es gibt auf Dauer nichts Schlimmeres, als abends nach Hause zu kommen und nichts mehr vom anderen zu hören und zu sehen. Wenn du zu Hause nicht lernst, im Team zu spielen, dann kommt unweigerlich Unmut auf. Den Kopf dann für Beruf oder Sport frei zu haben – für mich unvorstellbar. Da sollten sich einfach alle Beteiligten arrangieren, denn anders funktioniert es nun mal nicht."

Marcus König: „Dafür muss man natürlich einsehen, dass alles viel mehr ineinander verfließt und übergeht. Am Ende hat alles seinen Platz, aber es muss auch bei allen Themen schlussendlich etwas herumkommen."

AUS POSITIVEN GEDANKEN KRAFT SCHÖPFEN

Unter Anhängern des Triathlons ist Beate Görtz bekannt für ihr Lächeln während des Wettkampfs. Dabei sieht sie ihren lachenden Gesichtsausdruck nicht als Bezeichnung ihres gegenwärtigen körperlichen Zustands oder ihrer Verfassung, sondern transportiert damit eine positive Grundeinstellung.

Beate Görtz: „Positivismus ist ganz wichtig, im Sport, im Beruf, in allen Lebensbereichen. Wenn ich im Sport immer nur ganz rational abstecke, was ich erreichen kann, stecke ich meine Ziele zu niedrig, der Ansporn bleibt aus. Ich meine damit nicht, unrealistisch zu werden, aber wenn wir heute zurückblicken auf das, was war, dann sind so viele Dinge passiert, von denen man vorher nicht gedacht hätte, dass sie leistbar sind. Mein Trainer sagt immer: ‚Wenn du noch lachen kannst, kannst du auch noch schnell laufen.‘ Natürlich tut dir nach den Strapazen der ersten beiden Disziplinen schon alles weh, du spürst jeden Knochen. Aber die Zuschauer, die an der Strecke stehen, die auf dich warten, dich anfeuern, geben dir so viel, da will ich ihnen wenigstens ein Lächeln zurückgeben, solange es irgendwie geht. Und die letzten Kilometer bis zum erlösenden Ziel ähneln dann eh einer Nahtod-Erfahrung – da kommst du nur lebendig durch, wenn du positiv eingestellt bist.“

LEBEN NICHT NUR FÜR DEN BERUF/SPORT

Disziplin und Einsatzbereitschaft sind sowohl im Sport als auch im Unternehmen wichtige Faktoren, um Erfolge erzielen zu können. Trotzdem setzen Beate Görtz und Marcus König auf einen weiteren Fokus, um nicht der Vergänglichkeit allen Seins zu erliegen.

Marcus König: „Bei mir in der Branche gibt es Leute, die scheiden nach 20, 30 oder 40 Jahren aus dem Unternehmen aus und stellen nach relativ kurzer Zeit fest, dass sie eigentlich nichts Bedeutendes hatten und haben außer ihrem Job. Das ist gar nicht so selten, dass Kollegen dann nach einem Jahr plötzlich wieder vor der Tür stehen und fragen, ob sie auf 400-Euro-Basis oder ähnlichem etwas für das Unternehmen tun könnten. Die haben es einfach versäumt, sich neben dem Geschäft, dem Beruf irgendetwas anderes aufzubauen, das ihnen Spaß macht und worin sie einen Sinn sehen. Für mich persönlich ist das sehr bedauernswert und schade.“

Beate Görtz: „Das kenn ich leider zu gut. Viele reduzieren ihre Bestätigung auf ihre eigenen sportlichen Ergebnisse. Ich selbst brauche den gesellschaftlichen Austausch im Freundeskreis und mit meiner Familie. Die Triathlon-Welt ist doch, wie alles vor allem im Leistungssport, total vergänglich. Eine Kleinigkeit und du bist raus aus der Nummer. Und diejenigen, die sich dahin zurückgezogen haben, haben nach dem Karriere-Ende ein richtiges Problem. Ich kenne viele Triathleten, die kein anderes Gesprächsthema kennen als ihren Sport, das ist bemitleidenswert. Ich sehe das als Kompliment, wenn Freunde sagen: ‚Beate, schön, dass du den Sport mal Sport sein lässt, bei uns sitzt, ohne deine Sponsoren-Sportklamotten, einfach du bist.‘ Dieser Input von außen ist mir extrem wichtig. Nicht falsch verstehen: Ich identifiziere mich mit meinem Sport, aber ich muss nicht 100 Prozent der Sport sein.“

Leben in Balance

- Achten Sie auf die „Alarmsignale“ von innen und außen.
- Die richtige Mischung (Beruf, Familie, Freunde, Freizeit, Selbstverwirklichung, Gesundheit ...) macht den Unterschied.
- Ihre positiven Gedanken sind Ihr „Programm“ – das TUN ist der Erfolg.

Meine grö

HERAUSF

Marcus König

Die größte Herausforderung hatte ich vor ziemlich genau einem Jahr, als man mich Anfang 2013 gefragt hat, ob ich Lust dazu hätte, mein gewohntes Umfeld zu verlassen und ein Startup aufzubauen, ein Unternehmen, das sehr viel mit Technik zu tun zu hat. Und das, obwohl ich eher aus einer kaufmännischen Richtung komme. Ich hatte meine Tätigkeit über mehrere Jahre gerne und erfolgreich ausgeübt. Da stellte sich für mich schon auch die Frage, ob ich mein gewohntes Umfeld und damit auch meine Komfortzone wirklich verlassen möchte. Schnell stellte sich heraus, dass das neue Thema tatsächlich sehr tief in der Technik verwurzelt und demzufolge auch sehr viel Wissen notwendig ist. Das war für mich eine riesige Herausforderung, die ich aber letztlich dann doch angenommen habe. Zum Glück habe ich gute und fachlich versierte Mitarbeiter. Ich bin da so das „Lieschen Müller" für meine technischen Experten, zu denen ich wirklich ein ganz großes Vertrauen habe. Die machen nicht nur ihren Job extrem gut, sondern schaffen es auch, mir alles Technische so zu erklären, dass ich es auch verstehe. Ein Glücksfall!

sste

RDERUNG

Beate Görtz

Meine größte Herausforderung war, als ich im August 2012 auf dem Höhepunkt meiner sehr kurzen Triathlon-Karriere plötzlich einen gesundheitlichen Rückschlag erlitten habe. Ich war an der Lunge verletzt und es stand einige Zeit auf Messers Schneide, ob ich je wieder Sport, vor allem in diesem Ausmaß, machen kann. Gott sei Dank haben es die Jungs wieder hingekriegt. Das Phänomen war für mich persönlich, dass ich sehr gestärkt aus diesem Rückschlag wieder zurückgekommen bin. Ich bin leistungstechnisch tatsächlich wieder da, wo ich vor zwei Jahren war. Dabei geholfen, diese schwere Phase durchzustehen, hat mir sicher mein großes Selbstvertrauen. Ich habe wirklich immer daran geglaubt, dass ich es schaffen kann und werde.

Extreme Herausforderungen ...

... fordern extreme Vorbereitungen. Zumindest ist das beim Triathlon so. Dabei heißt es, durch drei komplett unterschiedliche Fortbewegungsarten gewinnbringend ins Ziel zu kommen. Auch im Unternehmen gilt es manchmal zu entscheiden: Bei welcher Disziplin sind wir am leistungsstärksten, wo müssen wir uns am meisten anstrengen? Übertragen auf den Einzelnen: In welchem Bereich habe ich persönlich meine Stärken, wo muss ich mich am meisten quälen? Wie beim Triathlon können auch wir einzelne Disziplinen, selbst wenn sie uns so gar nicht liegen, nicht einfach ausklammern. Deshalb müssen wir unsere Kraft einteilen, um ein strategisches, energiesparendes Wirken über eine sehr lange Belastungszeit zu erreichen. Folgende neun Phasen unterstützen Sie dabei, Synergien wertvoll zu nutzen.

1. 3mal Wechselbeutel packen und platzieren

Verschiedene Kleidungsstücke, Schuhe, Helm, Verpflegung, Trikots, Strümpfe werden gepackt und an verschiedenen Orten platziert, damit der Übergang von einer Disziplin in die nächste in den Wechselzonen möglichst reibungslos und ohne Zeitverlust vonstatten geht. Auch im Unternehmen sowie am Arbeitsplatz muss Ordnung einfach sein, damit wir uns nicht nur auf das Tagesgeschäft konzentrieren können, sondern auch für alle Spezialaufgaben bestens gerüstet sind.

2. Startnummer anschreiben, kleben und befestigen

Die Startnummer kennzeichnet jeden einzelnen Teilnehmer, durch sie ist jeder eindeutig zuzuordnen. Deshalb wird die Startnummer mit Filzstift auf den Oberarm oder an die Wade geschrieben, am Rad befestigt und auf dem Helm fixiert. Auch im Business gilt: Markant und somit andersartig zu sein ist immer noch besser, als in der Masse unterzugehen. Ob Unternehmen oder einzelner Mitarbeiter: Eine Marke wird eher gesehen und kann besser zugeordnet werden, hat also einen deutlich höheren WiedererkennungsWERT. Deshalb: Zeigen Sie sich!

3. Rad checken

Nur beim Radfahren benutzt der Triathlet ein zusätzliches Gerät. Deshalb ist eine technische Prüfung, sozusagen der letzte Sicherheits-Check vom Rad, enorm wichtig. Hinzu kommt eine Kontrolle des Helms, damit dieser im Fall eines Sturzes auch seine Aufgabe erfüllt. Geprüfte Sicherheit erhöht auch im Unternehmen das Vertrauen in die Zuverlässigkeit. Wo es geht, lässt sich so die Gefahr minimieren, zum Schutz und Wohle aller Beteiligten.

4. Übergänge und Wechsel gedanklich durchgehen

Sich mental vorzubereiten hat noch nie geschadet – weder beim Sport noch im Business. Beim Triathlon gilt es, sich die Strecken mit ihren jeweiligen Besonderheiten einzuprägen und seine Wechselbeutel in der Masse wiederzufinden. Auch im Unternehmen lassen uns Vorbereitung und „Generalproben" souveräner handeln. Gehen die Abläufe Hand in Hand, können wir außerdem flexibel auf Störungen und Veränderungen reagieren.

5. Der Renntag beginnt: Schwimmstart

Bevor es beim Massenstart „ab in die Fluten" heißt, legen die Triathleten den Zeitnahmechip an, quälen sich in den Neoprenanzug hinein. Wichtig ist vor allem, dass die Schwimmbrille fest sitzt. Das Gefühl „Endlich ist es soweit!" kennen wir auch im Berufsleben. Das Vielfache an Vorbereitungszeit zahlt sich aus und wir können zeigen, zu welcher Leistung wir bereit sind. Grundsätzlich ist es übrigens immer besser, mit „Freude auf statt Angst vor" an den Start zu gehen.

6. Wechsel-Zone 1 – Übergang Schwimmen/Radfahren

Raus aus dem Wasser, im Laufschritt zur Wechselzone, den Neoprenanzug abschälen, kurz abtrocknen, Radschuhe an, Helm auf, Helmgurt schließen, Brille auf, Startnummernband anlegen … ein Bewegungs- und Rhythmuswechsel, den es auch im Business gibt. Hier gilt es, neue Aufgaben oder Teilprojekte zielstrebig anzugehen sowie sich die Frage zu beantworten: Welchen „Hut" (welche Rolle) haben Sie als wichtiges Teammitglied auf? Zum einen, um sich selbst dessen bewusst zu werden, sowie auch die Eigen- und Fremderwartungen zu übertreffen.

7. Die Rad-Etappe in der Mitte

Bis zur Startlinie heißt es schieben, dann erst darf der Triathlet „aufsitzen", um möglichst schnell sein Tempo zu finden und auf „Betriebstemperatur" zu kommen. Windschattenfahren ist übrigens strikt verboten! Auch vor der Radziellinie heißt es wieder, absteigen und das Rad darüber schieben. Im Laufschritt geht's zur nächsten Wechselzone. Auch wenn manchmal im Unternehmen oder bei Projekten die Stimmung zu Beginn etwas „abgekühlt" ist, vertrauen Sie darauf: Wenn Sie erst einmal losgeradelt sind, wird es wärmer und wir haben eine neue „Sitz"-Position bezogen. Achten Sie auch im Business stets auf klare Regeln, damit nicht nur ein Einzelner einen Vorteil hat.

8. Wechsel-Zone 2 – Übergang Radfahren/Laufen

Laufschuhe an, Kappe zum Sonnenschutz auf, Startnummer nach vorne drehen – diese Abläufe muss ein Triathlet im Schlaf beherrschen, damit die Übergänge flüssig ablaufen und er keine Regeln verletzt. Sonst droht Disqualifizierung! Auch im Business müssen Unternehmen und deren Mitarbeiter oft schnell und flink sein, um bei vermeintlichen „Leerläufen" wenig Zeit zu verlieren. Außerdem heißt es, in sich hineinzuhören, denn gerade auf den ersten Kilometern hat man manchmal das Gefühl, „ich komme nicht voran!", weil man natürlich langsamer ist als mit dem Rennrad.

9. Die Laufstrecke – Endspurt beim Rennen

Schritt für Schritt geht es jetzt endlich dem Ziel entgegen. Wir sind nun schon lange unterwegs, Getränke und Nahrungsaufnahme müssen unbedingt sein, um bis zum Ende durchzuhalten. Auch in Projekten und Kooperationsaufträgen mit Partnern gilt es, immer wieder von außen Energie zuzuführen. Besonders gut gelingt dies durch Wertschätzung, Anerkennung und das Aufzeigen von Zwischenerfolgen.

„Innovation: Lockerheit im Kopf
und Kampfgeist fürs Tun."

Innovation & Veränderung

Verbesserungsprozesse als Chance sehen!

Angst vor Veränderungen lähmt. Nur ein innovativer Kurs und die Durchführung notwendiger Korrekturen verhelfen uns zum Erfolg – persönlich wie auch unternehmerisch.

Der Gewohnheit gegensteuern

Im Berufsleben sind Menschen oft vertraut damit, Prozesse zu gestalten, entsprechende Mitarbeiter als Unterstützung bei der Durchführung hinzuzuziehen, sowie den Verlauf zu beobachten und – falls nötig – Kurskorrekturen einzuleiten. Gemeinsam optimieren wir, richten aus und erfreuen uns irgendwann zu Recht über die erreichten Ergebnisse und Erfolge. Auch in der persönlichen Karriereplanung besteht manchmal die Notwendigkeit, Kurskorrekturen vorzunehmen und Verbesserungen zu initiieren. Gerade wenn sich eine gewisse Routine einschleicht, ist die Gefahr groß, dass etwas zugleich auch schlechter wird. Wie in der Liebe wird dann die Aufmerksamkeit geringer, man wendet sich spannenderen Dingen zu ... Nur Sie selbst können eine Verbesserung initiieren. Voraussetzung dafür ist allerdings, dass Sie sich selbst ganz genau beobachten, souverän mit Kritik umgehen und bei dem geringsten Gefühl, es schleicht sich so etwas wie Gewohnheit ein, aktiv werden. Folgende Fragen dienen Ihnen als Anregung:

- **Wie bin ich meiner Visionen näher gekommen?** (Und welche Erfolgsstrategien davon kann ich in Kürze wieder nutzen?)

- **Welche Ziele habe ich diese Woche erreicht?** (Und welche Belohnung habe ich dafür mir und meinem Team/meiner Familie zukommen lassen?)

- **Was habe ich neu dazugelernt?** (Und wie bzw. wann setze ich das Erlernte konkret um?)

- **Was kann ich besser machen?** (Und wann mache ich die ersten Schritte bzw. wie verfolge ich, ob aus meiner Verbesserungsidee auch etwas geworden ist?)

- **Womit habe ich unnötig Zeit vertan?** (Und welchen Zeitdieben räume ich ab sofort keine Zeit mehr ein?)

- **Was hat mir besonders viel Spaß gemacht?** (Und welchen Nutzen habe ich daraus gezogen?)

- **Was hat mich besonders geärgert?** (Und wie vermeide ich diesen Auslöser grundsätzlich bzw. welche Anti-Ärger-Strategie verfolge ich?)

- **Wo habe ich mich auf „faule Kompromisse" eingelassen?** (Und wie lerne ich, hier – auch mir selbst gegenüber – einmal Nein zu sagen?)

- **Wer hat mich besonders positiv beeinflusst?** (Und wie kann ich diese Menschen aktiv und bewusst in meinen Tagesablauf einplanen?)

- **Wer hat mich an einer besseren Leistung gehindert?** (Und wie vermeide ich den Kontakt, um die Situation zu ändern bzw. für mich zu optimieren?)

- **Welche Aktivitäten sind mir besonders gut gelungen?** (Und wie kann ich davon auch zukünftig profitieren?)

Schreiben Sie eine Erfolgsliste, auf der Sie fortlaufend eintragen, was Ihnen gut gelungen ist, woran Sie Spaß und Nutzen hatten. Starten Sie für sich selbst einen kontinuierlichen Verbesserungsprozess KVP, indem Sie Punkte aufführen, die Sie zukünftig anders/besser machen wollen. Überlegen Sie sich eine Strategie, wie Ihnen das gelingen kann, und tragen Sie ein Datum ein, bis wann Sie diese Strategie umgesetzt haben werden. Und immer, wenn ein Punkt verbessert ist, widmen Sie sich dem nächsten. Bleiben Sie mit

Ihrem Verbesserungsprozess nicht alleine! Holen Sie sich aktiv Feedback auch von anderen Personen ein, die Sie schätzen, von denen Sie aber auch wissen, dass sie Ihnen die Wahrheit sagen. Dann können Sie wachsen als Persönlichkeit und Sportler, als Führungskraft und Unternehmer.

Nichts was der Zeit widersteht ist dauerhaft, sondern was sich klugerweise mit ihr ändert

Der technische Fortschritt zwingt uns dazu, Schritt zu halten. Ansonsten sind wir schneller auf dem Abstellgleis als wir denken. Ein Benchmark mit den Marktbegleitern lohnt sich ebenso wie mit anderen Branchen und Ländern. Die erarbeiteten Chancen gilt es dann aber auch schnell zu nutzen, bevor Ihnen ein Wettbewerber zuvorkommt. Natürlich sollten Sie dabei auch das Investitionsvolumen immer im Blick behalten. Das Verhältnis Aufwand zu Nutzen muss stimmen – ansonsten ist die Gefahr groß, auch als noch so sehr innovatives Unternehmen unterzugehen. Und die Mitbewerber warten dann meist schon, um die besten Ideen selbst weiter voranzutreiben.

Veränderungskultur pflegen

Nicht immer sind Veränderungen leicht umzusetzen. Oftmals haben Mitarbeiter in Unternehmen Angst davor, vertraute Wege zu verlassen und sich auf etwas Neues einzulassen. Hilfreich ist es hier, ein Umfeld für kreative Ideen zu schaffen. Kommen Menschen und Partner mit „Lust auf Abenteuer" zusammen und können sich Ideen erst einmal ohne Wertung entfalten, ist ein erster Schritt getan, um eine Veränderungskultur einzuführen. Allerdings braucht Neues immer auch Zeit. Deshalb ist es wichtig, das Durchhaltevermögen und den Kampfgeist zu pflegen. Ob starkes Selbstbewusstsein einzelner Mitarbeiter oder gewaltiger Teamgeist: Nur wenn Unternehmen

den richtigen ZEITpunkt, beispielsweise bei der (Markt)Einführung finden, ist die Chance groß, dass das Neue erfolgreich angenommen wird – sowohl bei den Mitarbeitern als auch bei den Kunden. Trendsetter agieren statt zu reagieren.

Bisherige Erfolge machen allerdings satt. Deshalb ist es sinnvoll, den eigenen Zufriedenheitslevel zu analysieren und höherzusetzen und immer hungrig auf „Misserfolge" zu bleiben.

Sie fragen sich vielleicht, warum ich Norbert Samhammer und Miriam Welte zusammengebracht habe und weshalb ausgerechnet zu diesem Thema?

Ganz einfach: Beide suchen das „Abenteuer" in fremden Ländern, haben keine Angst davor, Neuland zu erobern, sich ungewohnten Situationen zu stellen. Es geht um Ehre und Ehrgeiz. Deshalb bereiten sich beide intensiv auf Neues vor, sind also keine Abenteurer, die sich blindlings irgendwo hineinstürzen, sondern vielmehr Forscher und Eroberer mit Plan. Sie nähern sich neuen Themenfeldern und Aufgaben mit einer durchdachten Strategie. Sie lassen das Alltagsgeschäft auch einmal los bzw. schaffen Strukturen, die diesen Bereich übernehmen können, um sich selbst voll und ganz auf Innovationen einlassen zu können. Miriam Welte als Bahnradfahrerin und Nobert Samhammer als Dienstleister in den Bereichen Outsourcing, Helpdesk und Terminalservice haben mehr gemein, als man denken mag … ein Punkt ist sicherlich, trotz intensiver und konsequenter Vorbereitung, genau zum richtigen Zeitpunkt kraftvoll in den notwenigen Sprint zu gehen, um das innovative Ziel auch zu erreichen. Ganz nebenbei haben beide im Gespräch schnell festgestellt, dass es wohl auch einen mentalen Gleichklang zwischen den Regionen Kaiserpfalz und Oberpfalz gibt. In jeder Hinsicht also ein kreatives Gespann, um neue Welten zu erfahren …

„Steine im Weg als Sprungbrett nutzen -
manchmal bringen erst Konflikte wertvolle Veränderungen."

» VIDEO

WELTMEISTERLICHE MILESTONES:

1959 Gründung der Firma Elektro-Samhammer durch Josef Samhammer **1982** Übernahme der Geschä[...] leitung durch Norbert Samhammer **1988** Gründung der Firma Computer Services Samhammer **1988** Gr[...] dung der Firma HBS Hausgerätebereitschafts-Dienst **2000** Zusammenfassung der drei Einzelfirmen [...] Samhammer AG und Wachstum auf 103 Mitarbeiter **2001** Thomas Hellerich tritt in die Geschäftsleitung [...] zweiter Vorstand ein **2002** Aufbau der ersten internationalen Service Line im Call Center Bereich **2003** N[...] entwicklung der ersten Service CRM Software FirstAnswer **2009** Wachstum auf 400 Mitarbeiter **2012** [...] des iOffice **2013** Annemarie Zink-Kunnert tritt in die Geschäftsführung als dritter Vorstand ein

Norbert Samhammer

Norbert Samhammer, geboren 1959 in Weiden, schloss 1984 sein Studium der Ingenieur-Informatik an der Fachhochschule in Furtwangen ab. Nach vier Jahren Berufserfahrung bei Hewlett Packard in Deutschland und in den USA übernahm er die aktive Geschäftsführung der von seinem Vater gegründeten Samhammer Verpackungs-GmbH. Gleichzeitig gründete er das erste eigene Unternehmen, die CSS Computer Services Samhammer GmbH. Im Jahr 2000 folgte die Verschmelzung von drei Einzelfirmen zur Samhammer AG. Seither bietet die Samhammer AG Servicedienstleistungen und Softwareentwicklungsprodukte für internationale Auftraggeber an. Auf der Grundlage fest verankerter Werte werden in dem Familienunternehmen weltweite Service-Exzellenz-Projekte realisiert. Hersteller und Zulieferer aus der Automobil-Branche, der Hausgeräte-Industrie, dem Maschinen- und Anlagenbau sowie der Banken- und Finanzbranche vertrauen ihre Serviceprozesse den Spezialisten aus der Nordoberpfalz an. In seinen heutigen drei Geschäftsfeldern „Technischer Helpdesk-Service", „Business Process Outsourcing" und dem „Terminal Service" für Zahlungsverkehrs-Terminals wächst das Unternehmen seit vielen Jahren überdurchschnittlich. Die Erfolgsrezepte dafür sind bemerkenswert: Mithilfe wegweisender Akzente im Bereich innovativer Produkte und Dienstleistungsmodelle führten Norbert Samhammer, Thomas Hellerich und Annemarie Zink-Kunnert das Unternehmen in Weiden zur Weltspitze. „Das Fundament aller Erfolge ist die 25jährige werteorientierte Unternehmensführung", so Norbert Samhammer. Die täglich gelebte Unternehmenskultur und damit der Umgang mit den Menschen ist die höchste Kunst. So verankert das Samhammer Unternehmens-Credo sowohl die Leitlinien des unternehmerischen Handelns im Vorstand als auch die Wichtigkeit der persönlichen Gesundheit des Mitarbeiters, die Bedeutung von Familie und Beziehung sowie die Stellung des beruflichen Wirkens.

Mit mehr als 400 Mitarbeitern setzt die Samhammer AG neue Maßstäbe für exzellenten und begeisternden Service. Das Motto „Mit Service Menschen begeistern" steht für diese gelebte Serviceexzellenz, die sich am Kunden orientiert und höchste Qualität am Point-of-Service mit einem emotionalen Erlebnis kombiniert. In der eigenen Service-Management-Akademie werden dazu in 44 Modulen über zwei Jahre die Mitarbeiter weitergebildet.

„Menschlich nah, strategisch weit – Unternehmererfolg ist der Erfolg einer Gemeinschaft. Menschliche Nähe ist dabei das Fundament."

»VIDEO

WELTMEISTERLICHE MILESTONES:

2008 Europameisterin Keirin & Sprint **2009 Gesamtweltcupsiegerin** Teamsprint **2011 dreifac[?]
deutsche Meisterin** in Keirin, Teamsprint und 500-Meter-Zeitfahren in Berlin **2012 Goldmedai[?]**
Teamsprint Olympische Spiele in London **Weltmeisterin** Teamsprint in Melbourne **(mit Weltrekord) 20[?]
Weltmeisterin** Teamsprint und **Vizeweltmeisterin** 500-Meter-Zeitfahren in Minsk **2014 Doppelwe[?]
meisterin** im Teamsprint sowie 500-Meter-Zeitfahren in Cali **Einladung als erste deutsche Sprinte[?]**
zur Internationalen Keirin Serie in Japan

Miriam Welte

Miriam Welte war gerade einmal 13 Jahre alt, als sie zu ihrem Stiefvater, der Landestrainer von Rheinland-Pfalz im Radsport ist, gesagt hat: „Ich möchte einmal mit auf die Radrennbahn." Viel ist seit ihrem Start beim Radsport 2001 passiert und unendlich viele Medaillen hat Miriam Welte nicht nur gewonnen, sondern erfahren – mit ihrem Talent, ihrem Willen und ihrer Disziplin. Ganz nebenbei hat sie ihre Ausbildung zur Polizeikommissarin bei der Landespolizei Rheinland-Pfalz abgeschlossen.

Bereits 2002 wurde Miriam Welte deutsche Vize-Meisterin der Juniorinnen im 500-Meter-Zeitfahren. Von 2006 bis 2008 gewann sie jeweils die Deutsche Meisterschaft der Elite in dieser Disziplin. Dazu kamen zwei Europameistertitel: 2006 im Zeitfahren in Athen sowie 2008 im Keirin in Pruszków. Nach einigen weiteren Medaillen wurde sie 2011 in Berlin sogar dreifache deutsche Meisterin: im Keirin[2], im Teamsprint (mit Verena Jooß) und im 500-Meter-Zeitfahren mit neuer deutscher Rekordzeit von 34,336 Sekunden; im Sprint wurde sie Vize-Meisterin.

Bei den UCI-Bahn-Weltmeisterschaften 2012 in Melbourne konnte Miriam Welte gemeinsam mit Kristina Vogel die Goldmedaille im Teamsprint holen. Sowohl in der Qualifikation wie im Finale stellten die beiden Fahrerinnen jeweils einen Weltrekord auf. Das 500-Meter-Zeitfahren beendete sie mit nationaler Rekordzeit von 33,626 Sekunden als Vize-Weltmeisterin. Damit verbesserte sie ihren eigenen bisherigen Rekord von 34,172 Sekunden, den sie beim Lauf des Bahnrad-Weltcups 2011/2012 in Astana aufgestellt hatte. So fuhr sie dreimal innerhalb von weniger als zwölf Monaten einen neuen deutschen Rekord über 500 Meter bei stehendem Start.

Bei den Olympischen Spielen in London gewann Miriam Welte gemeinsam mit Kristina Vogel die Goldmedaille im Teamsprint. Die beiden Deutschen sind damit die ersten Olympiasiegerinnen in dieser Disziplin, die 2012 Aufnahme in das Programm der Olympischen Spiele fand. Im Jahr darauf wurde Welte gemeinsam mit Vogel in Minsk Weltmeisterin im Teamsprint und Vize-Weltmeisterin im Zeitfahren. Im Dezember 2013 stellte sie gemeinsam mit Kristina Vogel mit 32,153 Sekunden einen neuen Weltrekord im Teamsprint über 500 Meter auf. Bei den UCI-Weltmeisterschaften 2014 in Cali wurde Welte Doppelweltmeisterin, im Teamsprint mit Vogel sowie im 500-Meter-Zeitfahren.

Von April bis Mai 2014 war Miriam Welte die erste deutsche Sprinterin, die zur Internationalen Keirin Serie geladen wurde.

„Tue das, was du kannst,
da, wo du bist, mit dem, was du hast"
(Theodor Roosevelt)

---

[2] vgl. Wikipedia: „Keirin (von jap. Keirin, dt. „Radrennen") ist eine Disziplin des Bahnradsports. Es handelt sich um eine aus Japan stammende Variante des Sprints; sie wird auch als ‚Kampfsprint' bezeichnet."

Neue Welten er„fahren"

Miriam Welte und Norbert Samhammer zeigen, dass es sich lohnt, Neuland zu erobern und wie es gelingen kann, bereits zum Zeitpunkt der Veränderung in eine neue Erfolgsphase zu starten.

AUF NEUEN WEGEN ZUM ERFOLG

Mittel- und langfristiger Erfolg ist in nahezu allen Lebensbereichen nur dann zu erreichen, wenn Innovationen, Neuerungen oder auch schlichte Veränderungen angenommen werden, eine Auseinandersetzung damit stattfindet. Stillstand – das sture Beharren auf alten Mustern – kommt dem ersten Schritt rückwärts gleich. So reiste die erfolgreiche deutsche Bahnradsportlerin Miriam Welte jüngst nach Japan, um sich einer neuen Herausforderung im Radsport zu stellen. Die dort etablierte Bahnrad-Disziplin Keirin wurde intensiv „erfahren". Auch der Unternehmer Norbert Samhammer folgte vor geraumer Zeit dem Neuen. Sein Weg führte ihn dabei nach Asien, genauer Vietnam. Es galt, seinen Blick einmal neben den altbewährten Pfaden schweifen zu lassen, vom bewusst gewählten Standort am Heimathafen Weiden in der Oberpfalz hinaus in die weite Welt zu blicken.

Miriam Welte: „Das war schon eine interessante Sache. Keirin wurde in Japan eingeführt, da nach dem zweiten Weltkrieg keine Pferde über die Quarantänestation durften. Da wurden die Pferde dann kurzerhand in Fahrräder umgetauscht und eine 400 Meter lange Radrennbahn gebaut. Das Wettsystem blieb komplett erhalten, so wie bei uns hier bei den Pferderennen. Die Disziplin, ein Wettkampfsprint, gibt es auch auf internationaler Ebene. Nach zwei sehr schweren Stürzen und langen Verletzungspausen habe ich eigentlich letztes Jahr nach der WM für mich beschlossen, dass ich diese Disziplin wohl lieber bleiben lasse. Und flugs kam im Januar eine Einladung aus Japan. Japan, Ursprungsland des Keirins – nach einigem Hin und Her hab ich mir dann gesagt: Probier's doch nochmal! Dort wird ganz anders gefahren, mit viel mehr Körperkontakt, aber auch mit Protektion. Bei den internationalen Wettkämpfen tragen wir normal nur einen Helm, in Japan fährst du mit Schulter-, Rücken- und Hüftbeckenschutz. Und das ist auch gut so, da wird mit anderen taktischen Mitteln gefahren als bei uns, mit mehr Körperkontakt, außerdem schneller. Da ist es ein gutes Gefühl, im Falle des Falls sozusagen, besser gegen Verletzungen gewappnet zu sein."

Norbert Samhammer: „Bei mir war es ähnlich. Statt einer Einladung war es bei mir allerdings die höfliche Aufforderung unserer Kunden, doch auch in Asien mal etwas präsenter zu sein. Unsere Kunden sind überwiegend internationale Unternehmen und dann kamen zwei konkrete Anrufe nach dem

Ein positives Umfeld

- *Offen für NEUES*
- *Legen Sie Ihre Vorteile und Bedenken ab.*
- *Einfach machen! (Probieren geht über Studieren)*
- *Verändern Sie Ihre Wege (Fahrt zum Büro, zum Kunden) und gewinnen Sie neue Eindrücke.*
- *Bilden Sie sich weiter … (Vorträge, Lesen, Gespräche suchen)*

Motto: Wir sind in Asien, wollt ihr da nicht mal ran, in Deutschland und Europa funktioniert es mit euch doch auch bestens. Beim ersten Anruf fühlst du dich geschmeichelt und denkst dir noch, das war ein Zufallsanruf, beim zweiten Anruf wird der Zufall dann zum Zuruf. Das hat uns bewogen, zunächst über einen Standort in Asien nachzudenken und nach entsprechender Vorlaufzeit dort tatsächlich einen aufzubauen."

DAS GEWOHNTE UMFELD VERLASSEN

Einfach einmal aus dem gewohnten Umfeld ausbrechen. Neues, Andersartiges kennenlernen, sich in ungewohnte Situationen einfinden, um Veränderung finden und zulassen zu können. Als die Bahnradsportlerin Miriam Welte im Wettkampflager in Japan eintraf, sah sie sich mit ungewohnten Regularien und – für mitteleuropäische Verhältnisse – alltagsfernen Verhältnissen konfrontiert.

Einladende Atmosphäre - Willkommen sein

Miriam Welte: „Die größte Herausforderung war der Verzicht auf mein Handy während der vier Tage Wettkampf. Wir hatten alle absolute Kontaktsperre, keinerlei Kommunikation zur Außenwelt, wir durften auch nicht aus dem Gebäude. Damit sollen unerwünschte Wettmanipulationen unterbunden werden. Männer und Frauen waren strikt voneinander getrennt. Das waren schon ganz neue Erfahrungen für mich, trotzdem hat es sehr viel Spaß gemacht. Es war einfach eine interessante Abwechslung. Bei einer erneuten Einladung würde ich es sofort wieder machen. Ich habe dort viel gelernt."

MUT ZU NEUEM, ABER NEUES NICHT BLIND WAGEN

Ob im Unternehmen oder im Sport, Neues zu wagen, erfordert immer auch Mut. Damit dieser Mut nicht zum Übermut kippt, gilt es, Neuerungen offen, jedoch keineswegs blind entgegenzutreten. Das heißt nicht, Entscheidungen auf die lange Bank zu schieben oder sehr frei nach Schiller zu meinen: Drum prüfe ewig, wer sich bindet. Eine gesunde Selbsteinschätzung und der sprichwörtliche unternehmerische Weitblick helfen dabei Unternehmern wie auch Sportlern.

Norbert Samhammer: „Ich hatte da also diese Kundenaufforderung bekommen. Natürlich habe ich mich auch schon zwei, drei Jahre vorher einmal mit Asien vertraut gemacht. Land und Leute kennenlernen, die Kultur ergründen, einen potentiellen Standort ausfindig machen – alles noch gar nicht aus irgendeiner konkreten Notwendigkeit heraus. Durch die beiden Anrufe und in Kombination mit den Erfahrungen der vorherigen Asienbesuche entwickelte sich das Ganze dann sehr schnell zu einem konkreten Projekt."

Miriam Welte: „Mein Manager war begeistert. Eine solche Möglichkeit aus dem Alltagstrott auszubrechen, muss man natürlich nutzen. Noch dazu, wenn die Rahmenbedingungen passen. Drei Monate vor Olympia käme so ein Abenteuer zum Beispiel nicht in Frage, das würde einfach die Vorbereitung für die Olympischen Spiele gefährden. Aber jetzt, zwei Jahre vorher, ist das zum Glück alles machbar gewesen."

VORBEREITUNG IST DAS A UND O

Es ist wichtig, sich an neue Projekte heranzuwagen. Sowohl im Sport als auch im Unternehmen gilt es jedoch, sich auch gezielt auf neue Herausforderungen vorzubereiten, um das „Neuland" auch mit entsprechendem Background zu erkunden. Miriam Welte musste für ihr Abenteuer im fernen Japan sogar nochmals die Schulbank drücken.

Miriam Welte: „Ich wusste zunächst überhaupt nicht, was mich erwartet. Ich durfte ja keinen Trainer mitnehmen, musste letztendlich alles alleine machen. Und dann noch die andere Kultur, gespickt mit Fettnäpfchen, in die man sehr schnell hineintreten kann. Aber ich habe mich ein bisschen darauf vorbereitet und das – denke ich – ganz gut gemeistert. Zu guter Letzt stand dann noch ein zweiwöchiger Crash-Kurs für das Keirin auf dem Plan, inklusive verschiedener Prüfungen. Nur wenn man die bestanden hat, darf man am Wettkampf teilnehmen. Ich musste also erst einmal die Schulbank drücken."

Norbert Samhammer: „Erkunden ist das richtige Stichwort, auch erste Erfahrungen sammeln. Zunächst hat natürlich der Chef einmal das neue Terrain in Augenschein genommen. Und ich war begeistert von dem Land Vietnam. Die Leute sind uns Deutschen gegenüber sehr freundlich eingestellt. Die ehemalige DDR hat dort ja viel Aufbauhilfe geleistet und das Schiff von Cap Anamur half zur Kriegszeit. Ich wurde also wirklich herzlich in diesem Land empfangen und aufgenommen. Vietnam ist jung, eine junge Kultur, viele motivierte Menschen. Wieder zurück in Deutschland, sagte ich, „wenn ein Standort in Asien, dann schaut euch doch Vietnam mal genauer an", und hab meine wichtigsten Mitarbeiter ins Flugzeug gesetzt und nochmals nach Vietnam geschickt. Nachdem meine Mitarbeiter wiederkamen und die gleichen Eindrücke von Land und Leuten mitbrachten, sich dadurch ein authentisches Meinungsbild abzeichnete, stand relativ schnell fest, dass wir dort den neuen Standort gründen. Die Infrastruktur und sonstige Gegebenheiten waren ebenbürtig mit anderen Ländern. Was mich am meisten geprägt hat, war die Kultur, die menschliche Komponente und das Vertrauen in das Land."

Raus aus der Komfortzone

- *Wer nicht wagt, der nicht gewinnt.*
- *Durchbrechen Sie Ihre Routinen.*
- *Agieren können statt reagieren müssen.*
- *Kollegen und Partner als „Absturzsicherung" nutzen.*

DEN TEAMSPIRIT SCHAFFEN

Ohne Team geht nichts. Hinter Einzelsportlern steht ein Team und zieht im Hintergrund die Fäden. Oft treten Einzelsportler, wie im Radsport, auch in Teamwertungen in Erscheinung und kämpfen dort gemeinsam für den Erfolg. Als gemeinsamer Kampf für den Erfolg kann auch die wirksame Zusammenarbeit, das Ineinandergreifen eines Teams, im Unternehmen, bezeichnet werden. Das Wir-Gefühl kennzeichnet die Zusammenarbeit im Team und den damit einhergehenden Erfolg.

Miriam Welte: „In der Mannschaft musst du dich auf das WIR konzentrieren. Das geht mit meiner Teampartnerin Kristina echt gut. In einer Zeit, in der sie einen schweren Unfall hatte und verletzt ausfiel, sind wir ziemlich eng zusammengewachsen. Klar gibt es auch bei uns immer wieder einmal Meinungsverschiedenheiten, aber wir motivieren uns unglaublich gut, wenn wir zusammen als Team auf einen Wettkampf hinarbeiten. Die eine pusht die andere an schlechten Tagen, das ist ein Wechselspiel und beruht auf Gegenseitigkeit. Es sind oft auch die kleinen Dinge, die uns zusammenhalten, wenn sie beispielsweise abends vor einem Turnier sagt: ‚Schlaf gut und träume von Gold‘, oder wir uns beim Training gegenseitig in Siegerlaune hochschaukeln. Außerdem bin ich im Team ruhiger, weil ich weiß, Kristina ist dabei, wir sind aufeinander eingespielt, das passt einfach.“

Norbert Samhammer: „Mit einer Firmenmannschaft verhält es sich wie mit einer Mannschaft im Sport. Jeder will in den Top-Verein. Top-Vereine haben dabei eine gewisse Ausstrahlung: ‚You never get a second chance to make the first impression.‘ Diese Ausstrahlung wollen wir auch mit der Architektur unseres Unternehmenssitzes nach außen zeigen. Ich bin davon überzeugt, dass unsere äußere Ausdruckskraft dazu beiträgt, die Top-Spieler in unsere Mannschaft zu holen und zu halten. Darüber hinaus halte ich es für wichtig, dass die Innovation, die das Arbeitsumfeld symbolisch transportiert, auch tatsächlich bei den Mitarbeitern ankommt. Ein positives Arbeitsumfeld zum Wohlfühlen. Wir haben sogar eine sogenannte Herzlichkeitsbeauftragte im Haus, eine externe Mitarbeiterin, die beobachtet, welche kleinen Freuden wir uns untereinander und unseren Kunden bereiten, und manchmal nötige Hilfestellung leistet. Diese Herzlichkeitsbeauftragte kommt echt super an. Ebenfalls in die Schiene des Wohlfühlens zielen wir mit unserer Akademie für Service Management. Das Konzept wurde 2008 gemacht und entwickelt sich extrem erfolgreich. Ziel war es, die eigenen Leute umfassend weiter-bilden zu können, ohne sie in ganz Deutschland herumschicken zu müssen. Jetzt findet die Qualifizierung unternehmensnah statt und wir können nicht nur ein paar Wenigen Fortbildungen und Qualifizierungen ermöglichen. Das hat sich echt gelohnt. Die Idee dazu entstand witzigerweise bei einem Strandspaziergang auf Mallorca.“

AUSBRUCH AUS DEM ALLTAG

Manchmal ist es notwendig, aus dem Alltagstrott auszubrechen. Neue Kräfte wollen gesammelt werden, um gestärkt an anstehende Aufgaben herantreten zu können. Der Kopf muss wieder frei werden. Dabei scheut der Unternehmer Norbert Samhammer weder Mühen noch Kosten.

Norbert Samhammer: „Ja, wir gehen alle zwei Jahre im Februar mit der gesamten Führungsmannschaft nach Mallorca. Februar auf Mallorca heißt Frühling und Mandelblüte. Der Frühling ist für mich immer auch die Zeit des Säens, im Sommer wird geerntet. Diese ‚Saatzeit' wollen wir mit unseren Führungskräften nutzen, die Ziele für die kommende Zeit abstecken, um dann hochmotiviert und voller Energie hier wieder unseren Alltag zu meistern. Dieses Sich-Bewusst-Herauslösen aus den Schlingen des harten Alltags, da sehe ich auch eindeutig die Parallele zum Sport."

IM EINKLANG MIT SICH SELBST

„Gut sein heißt, mit sich selber im Einklang zu sein." (Oscar Wilde)

Während Miriam Welte beim Wettbewerb an ihre körperlichen Grenzen geht, der Sport ihren „Geschäftsalltag" ausfüllt, nutzt Norbert Samhammer den Sport, um seine Akkus wieder aufzuladen und den Einklang mit sich selbst zu finden. In seinem Unternehmen konnte er bereits etliche Mitarbeiter mit seiner Sportbegeisterung infizieren und für den Laufsport begeistern. Bei einem Firmenlauf fanden sich 23 Mitarbeiter zum gemeinsamen Lauf mit den drei Vorständen ein – für Norbert Samhammer eine Bestätigung seiner Lebens- und Arbeitsphilosophie, in der er Sport und Zwischenmenschliches in den Mittelpunkt stellt.

> **Klimawandel schaffen**
> - Erfüllen Sie die Wünsche anderer.
> - Sorgen Sie dafür, dass Körper und Geist im Einklang sind.
> - Ihre geistige Freiheit sprengt Denkgrenzen.
> - Loslassen können – mutig delegieren.

Norbert Samhammer: „Die erste Urmotivation in meiner Gedankenwelt ist ein gesunder Körper. Mein Körper muss gesund sein, damit ich alle Herausforderungen meistern kann. Ich achte deshalb sehr auf meine Ernährung und sehe den Sport als eine Art Ventil. Ich teile meinen Tag in zwei Hälften, indem ich um die Mittagszeit täglich eine halbe Stunde laufe. Ich lasse die Geschehnisse des Vormittags dabei nochmals Revue passieren und tanke gleichzeitig Sauerstoff und Frische für den Nachmittag. Einmal im Jahr gebe ich mir dann noch das verrückte Vergnügen, Marathon zu laufen – mit Wohlbefinden hat das aber nicht mehr so viel zu tun. Hier sind es eher die Glückshormone, die dich am Ziel erwarten, wenn du weißt, dass du es endlich gepackt hast. Neben Sport und gesundem Lebensstil ziehe ich ebenfalls sehr viel Kraft aus der zweiten Ebene, der Familie und der Beziehung. Wenn Familienleben und Beziehung in Ordnung sind, dann bin ich im Kopf frei. Wenn die beiden ersten Ebenen, also Gesundheit und Familienleben, passen, geht man auch mit Spitzenleistung an

berufliche Herausforderungen, die einem natürlich auch Spaß und Freude bereiten sollen. Dann wird sozusagen der Beruf zum Hobby. Wenn man diese Glücksformel lebt, bleibt uns nach jedem Tag, demütig und dankbar zu sein."

DIE EINFACHHEIT: WENIGER IST MEHR

„Weniger ist mehr", weiß bereits der Volksmund. Manchmal liegt der Schlüssel tatsächlich in der Einfachheit der Dinge. Zu komplizierte Techniken und Abläufe verwirren mehr, als sie nutzen. Die Einfachheit, in Tritt zu kommen, bestimmt den Bahnradsport und den Unternehmensalltag gleichermaßen. In ihren Projekten verfolgt die Samhammer AG seit jeher die Strategie, anfangs Vollgas zu geben, effizient und effektiv in die Startphase zu gehen. Miriam Welte beschreibt die Vorzüge der Einfachheit in Bezug auf ihre Sportart, nicht ohne jedoch eine Parallele zur Unternehmenswelt nahezulegen.

Miriam Welte: „Im Bahnradsport kann man durchaus sagen, dass weniger mehr ist. Wir fahren mit Leistungswerten zwischen 1.500 und 2.500 Watt, das muss das Fahrrad erst einmal auf Dauer wegstecken. Die Fahrräder müssen deshalb steif und aerodynamisch sein. Steifigkeit kostet aber Gewicht, das man durch Verzicht auf Schaltung und Bremse kompensiert. Ich fahre vom Start weg mit meiner Endübersetzung, die richtige Wahl des Ganges ist entscheidend für mich, um schnell Geschwindigkeit aufzunehmen. Sowohl ich als auch ein Unternehmen muss versuchen, für sich das richtige Endziel zu haben. Dann muss man mit seinen gegebenen Möglichkeiten den Weg finden, dieses Ziel so schnell, aber auch so produktiv beziehungsweise so gut wie möglich zu erreichen. Bei mir sind das eben die Wahl des Ganges und die Wahl des Trainings. Am Ende steht die Zeit als mein persönliches Ziel, das ich mit den Möglichkeiten, die ich habe – Training, Trainingsmittel, Trainingsmöglichkeiten – bestmöglich erlangen muss. Das Schwierigste ist aber definitiv die Startphase, da ich hier gegen den relativ großen Gang antreten muss. Das benötigt bewusstes Training. Wenn es erstmal läuft, wird es hinten raus immer leichter. Diese Mentalität würde bestimmt auch vielen Unternehmern helfen."

Norbert Samhammer: „Es ist bei uns wirklich parallel zu Miriams Welt. Wenn du im Unternehmen ein neues Projekt anführst, dann kommen auch neue Menschen zusammen und es bilden sich rund um Projekt, Thema und Titel so viele Herausforderungen, die es zu bewältigen gibt. Wie schon gesagt, die ersten 100 Meter, wenn ich das übertrage, gleichen einem Kraftakt. Wenn man sich eine gute Mannschaft zusammengestellt hat, der Marschweg und die gemeinsame Blickrichtung abgesteckt sind, wird es langsam leichter. Zum Schluss, wenn alles gut läuft, ist das Team in einer richtigen Hochleistungssituation, man kann extrem viel in kurzer Zeit bewegen. Es ist wie beim Bahnradfahren: Der Start ist das Schwierigste!"

BIS ZUM SCHLUSS BEI DER SACHE SEIN

Der Start muss gelingen, um Innovationen erfolgreich umzusetzen. Neben einem kraftvollen Start gilt es, die Begeisterung sowie das Energielevel durchgängig auf einem gehobenen Niveau halten zu können, um nicht im letzten Moment, quasi kurz vor der Ziellinie, einzuknicken und überholt zu werden. Dranbleiben und durchziehen, bis zum Schluss. Norbert Samhammer versetzt sich dafür gerne in die Rolle des Trainers.

Norbert Samhammer: „Man darf sich ganz einfach nie klein machen. Man hat eine bestimmte Rolle in so einem Team. Wenn ich die Rolle des Trainers habe, muss ich diese Rolle auch bis zum Schluss auskleiden. Da kann ich nicht zehn Minuten vor Schluss schon einmal auf die Tribüne gehen, weil ich meine, dass das Team ja sowieso gut läuft. Als Trainer muss ich zusehen, dass alle noch ein konkretes Ziel haben, die Kommunikation und die Vereinbarungen stimmen. Bei früheren Projekten hab ich selbst manchmal Fehler gemacht, zu früh vom Platz zu gehen. Dabei hat der Trainer die wichtige Aufgabe, im geistigen Sinne dabei zu sein, bis auch wirklich der ‚Titel' eingefahren ist."

Miriam Welte: „Mein Trainer hat mir zum Glück von vornherein eingebläut, dass das Ziel erst am Ziel erreicht ist und bis dorthin wird gekämpft. Wenn du vorher aufhörst, auch wenn du denkst, dass du den Lauf gewonnen hast, kann immer noch von hinten einer kommen und dich überrollen. Man muss bis zum Schluss kämpfen und erst dann, wenn man das Ziel wirklich erreicht hat, kann man sich freuen – das ist bei Projekten das Gleiche."

NICHT JEDEM TREND HINTERHERLAUFEN ...

Sport ohne Veränderungen wäre auf Dauer langweilig – immer derselbe Sieger, immer derselbe Verlierer, die gleichen Abläufe, keine Spannung mehr. Auch Unternehmen müssen sich auf Neuerungen einstellen, wenn sie mehr als nur kurzfristigen Erfolg für sich verbuchen wollen. Innovation muss aber nicht zwangsläufig immer positiv sein. Manchmal kann es sinnvoll sein, zu unterscheiden und nicht jedem Trend hinterherzulaufen.

Miriam Welte: „Es kommt darauf an, wie man es sieht. Gerade trainingswissenschaftlich, jetzt auf den Sport reflektierend, ist es nicht immer gut, alle Trends mitzugehen. Es wird so viel geforscht und geschrieben im Sport, da muss man wirklich herauskristallisieren, was für einen selbst gut ist und was man nicht gebrauchen kann. Trends aus dem Fitnessstudio, wie momentan Tabata oder Pilates, bringen mir für den Leistungssport überhaupt nichts. Es ist wichtig, den wirkungsvollsten Weg zu finden zwischen modernen und bewährten Methoden. Bei technischen Sachen wiederum fahren wir sehr modern, also Fahrräder, Helme, Schuhe und so weiter. In der Trainingswissenschaft ist es bei uns aber der gesunde Mix, der uns derzeit super weiterbringt."

Norbert Samhammer: „Bei uns im Unternehmen gibt es zwei fundamentale Unterscheidungen. Das eine ist die Evolution, das andere die Revolution. Im Zuge der Evolution müssen wir versuchen, auf bestehenden Erfahrungswerten aufzubauen und zu optimieren. Das ist deshalb

Unterschiedliche Erfahrungen lassen Ideen reifen

so wichtig, weil du mit diesen Erfahrungswerten deinen täglichen Erfolg sicherst. Die Revolution sehe ich als zweite Ebene. Revolution, das können ganz neue Themen oder Ansätze sein. Sie sind wichtig, jedoch muss man revolutionäre Dinge nebenbei, neben dem Alltag, neben der Evolution, entwickeln. Wir entwickeln revolutionäre Dinge also zunächst auf der grünen Wiese, und prüfen dann, ob es möglich ist, diese revolutionären Elemente in einem Reifegrad zu übertragen, ohne dabei auf der Evolutionsstufe etwas kaputt zu machen. Von zehn Saaten im revolutionären Bereich führt schlussendlich vielleicht einer zu einem richtigen Erfolgsmomentum. Einen Revolutionsansatz zu finden, der dann auch die Marktreife hat, ist eine Königsdisziplin."

… SICH ABER NEUEM NICHT VERSCHLIESSEN

Nicht jedem Trend hinterherzulaufen als Handlungsmaxime im Sport und Unternehmensleben. Der Umkehrschluss darf dennoch nicht lauten, sich Neuem zu verschließen. Norbert Samhammer weiß um nötige Investitionen, die ihn bei der Entwicklung vom kleinen Computerladen hin zum multinationalen Mittelstandsunternehmen stets begleitet haben und noch begleiten. Gemeinsamkeiten entdeckt Miriam Welte, die mit der Innovationsgeschwindigkeit im Sport bestens Bescheid vertraut ist.

Norbert Samhammer: „Die mühsame Arbeit ist die Evolution, also Jetziges zu verbessern. Nichtsdestotrotz sind sowohl Evolution als auch Revolution absolut spannende Themen, die mit der notwendigen Vorsicht und Akribie angegangen werden wollen. Revolutionäre Techniken kosten meistens erst einmal richtig Geld, der Anfang liegt dort ja oft auf fast wissenschaftlicher Ebene – eine Technologie zu verschlafen und zum Schluss dadurch ausgebremst zu werden, ist aber sicher auch nicht erstrebenswert."

143

Miriam Welte: „Revolution und Evolution – das kann ich auch auf den Bahnradsport übertragen. Das Revolutionäre betrifft eindeutig die Technik, unsere Materialien. Rahmen aus Carbon, die leichter und zugleich steifer sind als die Aluminium-Rahmen, die noch vor zehn Jahren gefahren wurden. Durch die erhöhte Steifigkeit habe ich eine bessere Kraftübertragung, das führt zwangsläufig zu besseren Zeiten. Da arbeiten unsere Techniker und Wissenschaftler stetig daran. Evolutionär ist das reine Training. Da war ich vor den Olympischen Spielen auch an dem Punkt, dass ich seit über zwei Jahren immer die gleichen Zeiten gefahren bin und ich mit meinem Trainer überlegt habe, wie ich mein Training verändern kann, um weiterzukommen und nicht auf einem immergleichen Zeitniveau zu verharren. Wir haben uns dann angesehen, wie die guten Nationen, das waren damals vor allem Australien und England, trainieren. Dann musst du herausfiltern, was wiederum gut für dich und dein Training ist, und probieren, die neuen Erkenntnisse in den Trainingsplan einzuflechten. Der Bundestrainer gab mir ein halbes Jahr Zeit, meinen neuen Plan zu fahren. Ich bin mir nicht sicher, ob er aufgrund des Risikos meines neuen, umgekrempelten Trainings skeptisch war oder er mich einfach nur zu Höchstleistungen antreiben wollte. Letztendlich stand ich da als Weltmeisterin in Weltrekordzeit. Ich war von vornherein davon überzeugt, dass mich die neue Art zu trainieren nach vorne bringt. Das ist auch das letztlich Entscheidende, nicht zu zweifeln, sondern selbst an den eigenen Erfolg zu glauben."

LOSLASSEN KÖNNEN

Manchmal müssen vertraute Pfade verlassen werden, um den Erfolg voranzutreiben. Bewährtes loszulassen ist eine Herausforderung, im alltäglichen Leben genauso wie im Business oder im Sport. Loslassen, um den nötigen Abstand zu kriegen. Bewährtes weglassen, um Neues einführen und etablieren zu können. Miriam Welte weiß, was es heißt, neue Erkenntnisse zu gewinnen, herauszufiltern, was einen selbst weiterbringt, und dieses in ein bereits bestehendes Rahmenprogramm einzuflechten. Im Unternehmen kann Norbert Samhammer auf die Entwicklung eines 4-Mann-Betriebs zum 400-Mann-Betrieb zurückblicken und hat dabei einige Lehren gezogen, was es heißt, loszulassen.

Norbert Samhammer: „Das ist ein Prozess, in den man als Unternehmer hineinwachsen muss. Wenn du ein junges Unternehmen gründest, bist du die Galionsfigur für deine zwei, drei, vier Mitarbeiter. Das funktioniert auch noch, wenn du vielleicht 20 oder 30 Mitarbeiter hast. Aber irgendwann ist der Punkt erreicht, an dem du in dein Unternehmen Strukturen einziehen musst, was nichts anderes bedeutet als Verantwortung abzugeben. Jeder Unternehmer muss begreifen, dass man einen 400-Mann-Betrieb nicht so führen kann wie einen 4-Mann-Betrieb. Dann heißt es: Lass los, du hast 400 tolle Mitarbeiter.

Für Akzeptanz sorgen

- Beteiligte zu Betroffenen machen.
- Gründliche und gewissenhafte Vorab-Analysen.
- „Botschafter der Idee" als Multiplikatoren nutzen.
- Vorschlag: Vermitteln Sie Ihrem Umfeld Ihre Vision. Wird diese von allen getragen, brennt das Feuer der Begeisterung.

Gib demjenigen, der es sich wünscht, die Befähigung und das Vertrauen, sich selbst im Unternehmen zu verwirklichen und dadurch dein Unternehmen voranzutreiben. Dann muss man sich als Unternehmer auch mal zusammenreißen können und sich nicht in alles einmischen. Gib deinen Mitarbeitern Freiräume, beglückwünsche sie zu exzellenten Erfolgen. Über Misserfolge trauern sie selbst am meisten, die müssen im Normalfall nicht auch noch gerügt werden. Dadurch kann man sich dann auch Freiräume schaffen, wieder öfters neben dem Unternehmen stehen zu können, den Weg in die Zukunft zu suchen und Ausschau zu halten, was das Unternehmen braucht, um auch morgen im Markt erfolgreich zu sein."

Miriam Welte: „Das ist auch genau das, was ich eben schon bei der Umstellung meines Trainingsplan vor der WM und der Olympiade erwähnte. Wir haben da ja das Grundlagentraining größtenteils gestrichen. Ich fragte mich, wozu ich Ausdauer für 100 Kilometer brauche, wenn ich doch nur Kurzstrecke fahre. Mein Trainingsplan ist aber auch nicht mein alleiniges Konstrukt. Mein Trainer und ich setzen uns zusammen mit unseren Ideen und Wünschen für das künftige Training. Ich denke, ich weiß generell recht gut, was mir im Training weiterhilft. Trotzdem stimme ich mich immer mit meinem Trainer genau ab und vertraue auch seinem Fachwissen und dem externen Blick auf mich. Und die ganzen technischen Komponenten überlasse ich sowieso den Ingenieuren, davon hab ich schlicht zu wenig Ahnung – das sollte man auch zugeben können. Die Techniker genießen mein vollstes Vertrauen. Da hätte jeder Sportler was zu tun, wenn er sein ganzes Equipment selbst checken und instand halten müsste."

Norbert Samhammer: „Die Techniker im Radsport sind bei uns, aufs Unternehmen übertragen, die Mitarbeiter. Die drei Vorstände übernehmen die Zielidentifizierung und -fokussierung. Da bedarf es auch schon der ein oder anderen Debatte, bis man auf einen Nenner kommt. Das ist aber auch gut so. Die Diskussionen und die Phase der Kompromissfindung resultieren nebenbei auch in einer noch tieferen Auseinandersetzung mit der Materie und den eigenen Denkansätzen – das bringt noch mehr Schärfe und Klarheit hinein. Das ist vergleichbar mit dem gemeinsamen Entwurf eines Trainingsplans durch Sportler und Trainer. Wenn wir uns dann im Klaren sind und die Ziele im Unternehmen kommunizieren, müssen wir uns auch auf das ‚Material, die Technik' im Hintergrund verlassen können. Ich kann schließlich nicht zu jedem Mitarbeiter hingehen und ihm erklären, wie er jetzt eine ‚Schraube anziehen' muss, sprich, wie er die Dienstleistung zu erbringen hat. Das wissen die inzwischen schon viel besser als ich, obwohl ich selbst von dieser Basis gekommen bin. Die Parallelität zum Sport ist hier schon fulminant."

Norbert Samhammer

Die größte Herausforderung war, denke ich, die Verantwortung zu übernehmen, eine Aktiengesellschaft zu gründen. Bis zu einer gewissen Zeit in der Entwicklung unseres Unternehmens waren wir eine ganz normale GmbH und es war am Horizont zu sehen, dass eine Aktiengesellschaft einfach eine ganz andere Wirkung, ja ein ganz anderes Standing im Markt hat. Der Schritt, es zu tun, war verbunden mit vielen wichtigen Entscheidungen. Neue Organe, Investitionen und die Frage, ob sich das alles zum Schluss auch rechnet. Unternehmerisch gesehen war das sicherlich die größte Herausforderung und Verantwortung, die ich je getragen habe.

Miriam Welte

Das war, nachdem ich 2005 gestürzt bin und eine schwere Verletzung hatte. Da war für mich nicht klar, ob ich mit dem Radsport grundsätzlich weitermachen kann oder wie es überhaupt weitergeht. Aber ich habe auch fest daran geglaubt, dass ich irgendwann einmal bei den Olympischen Spielen dabei sein kann. Die Vorstellung, dieses Ereignis mitzuerleben und Olympia als Sportlerin zu erfahren, war für mich Kraft genug und Motivation pur. Es hat meinen Kampfgeist geweckt, im Sport weiterzumachen, alles zu geben und ... ja, ich habe es geschafft und bin unglaublich stolz darauf.

Ja mia san mim Radl da …

… geht es den Berg auch manchmal mühsam hinauf, macht die Abfahrt dann umso mehr Spaß. Manchmal fahren wir immer nur im Kreis und kommen irgendwann doch am Ziel an. Ob wir der Gewinner sind, merken wir im Unternehmen nicht immer gleich, weil es zum Teil länger dauert, bis wir ein Feedback – positiv oder negativ – erhalten. Die Qualifikation müssen wir bestehen, um uns mit den Besten im Sprint messen zu können. Folgende acht Phasen aus dem Radsport können auch Sie leichter über die Runden bringen, damit Sie Zeit haben, Veränderungen anzugehen und Innovationen zu initiieren, um das Rennen der Verbesserungsprozesse als Sieger zu beenden.

1. KO-Phase

Entsprechend der gefahrenen Zeiten bei der Qualifikation messen sich in dieser Phase jeweils zwei Fahrer: 1 fährt gegen 24; 2/23; 3/22 usw. Knallhart scheidet der jeweils schlechtere aus. Manchmal befinden wir uns auch im Unternehmen in einer solchen Situation: Wir kämpfen mit einem Wettbewerber um den Auftrag, Vertriebsmitarbeiter werden anhand der Umsatzzahlen verglichen, wir erstellen Ranglisten und vergeben Prioritäten. In einem Brainstorming lassen wir zunächst alle Ideen zu, um das weite Feld dann zu limitieren auf die machbaren, realistischen und gewinnbringenden Maßnahmen. Volle Konzentration!

2. Auslosung

Ist die erste Entscheidung nach Zeiten erst einmal gefallen, wird im Bahnradsport vor dem Start die Startreihenfolge ausgelost. Glück gehört auch im Geschäftsleben dazu. Denn je mehr wir oft kämpfen, umso schwerer fällt es uns. Und auch die größten Anstrengungen helfen uns nicht dabei, zu gewinnen. Manchmal müssen wir einfach loslassen, auf Fortuna vertrauen und plötzlich sind wir zur richtigen Zeit am richtigen Platz. Wir stehen in der Startreihe ganz vorne, haben die beste Ausgangsposition und können leichter durchstarten. Glück gehabt!

3. Startaufstellung

Die Aufstellung an der Startlinie ist ein wichtiger Moment. Für den Sportler ein Augenblick der größten Konzentration. Manchmal gelingt es, noch einen Blick nach vorne zu werfen. Viele richten ihren Blick nach innen. Ein Moment der Achtsamkeit, in dem wir ganz bei uns selbst sind. Auch im Unternehmen kommt irgendwann einmal der Punkt, an dem alle Vorbereitungen abgeschlossen sind, an dem wir Stellung beziehen müssen. Da gibt es kein Vielleicht oder Zögern mehr, dann heißt es endlich: Alles geben!

4. Freigabe

Mit einem Pfiff gibt der Kampfrichter schließlich das Rennen frei. Es geht endlich los. Genau jetzt kommt es darauf an. Nun heißt es, den richtigen Moment zu erwischen, um loszufahren – nicht zu früh, ansonsten riskieren wir einen Fehlstart. Nicht zu spät, sonst müssen wir wohl oder übel hinterherfahren und verschenken wertvolle Zeit. Starten wir in die Umsetzungsphase, sind auch im Unternehmen alle froh, endlich zeigen zu dürfen, was sie können. Die Zuschauer bei Radrennen feuern ihren Favoriten an, der Kunde ist von der Leistung begeistert. Jetzt geht's los!

5. Abtasten

Das Taktieren beginnt. Jeder Sportler versucht, seine Taktik umzusetzen und dem Gegner das aufzuzwingen, was man sich selbst als Taktik zurechtgelegt hat. Haben wir im Unternehmen keine Strategie im Kopf, lassen wir uns vielleicht provozieren, anstatt erst einmal zu beobachten, um schnell reagieren zu können. Welche Hindernisse können eintreten? Beim Umsetzen auf der Bahn oder im Unternehmen? Die eigene Taktik ist abhängig von den eigenen Stärken und den Stärken/Schwächen des Gegners. Selbstbewusstsein gibt hier enorme Sicherheit. Wichtig ist es im Unternehmen, Befürworter und Gegner der Innovation zu erkennen und im Auge zu behalten. Augen auf!

6. Beschleunigung

Auf der Bahn geht das Rennen erst einmal langsam los und wird dann immer schneller. Wann und wie nehmen wir im Unternehmen oder bei innovativen Projekten Geschwindigkeit und Fahrt auf? Manchmal hilft eine Testphase, natürliche Ängste vor zu schnellen Veränderungen abzubauen: Wie kommen die ersten Schritte und Maßnahmen bei der Zielgruppe an? Bringen wir ein Pilotprojekt in „Umlauf", können wir Meinungen abfragen und Verbesserungen einpflegen.

7. Schlussspurt

Bei insgesamt drei Runden auf 250 Meter Bahn (= 750 Meter) wird der eigentliche Sprint über die letzten 300 Meter gefahren. Auch im Unternehmen ist jetzt Zeit für das Feintuning. Jetzt heißt es: Alle Kräfte bündeln und die Vision vielleicht durch ein gemeinsames Einschwören auf das Thema noch einmal aufleben lassen. Der Teamspirit schüttet „Adrenalin" aus. Vollgas!

8. Jagd um die Medaillen

Ab dem Viertelfinale geht die Jagd auf „best of 3" los. Die Anspannung steigt von Lauf zu Lauf, weil die Gegner immer besser werden. Im Unternehmen werden die Ideen und Innovation nun erfolgreich umgesetzt – in den Märkten und beim Kunden. Jetzt heißt es zu beobachten, wie die Wettbewerber reagieren. Schließlich befinden wir uns vielleicht schon bald wieder mit ihnen am Start um die Pole-Position. Finish!

„Werte und Mensch: Der Mensch steht im Mittelpunkt und nicht die Umstände."

Menschen & Werte

Miteinander an einem Strang ziehen

Wertschätzen wir den anderen und hören ihm zu? Und was bedeuten Werte für ein vertrauensvolles Miteinander?

In Kontakt treten, Beziehungen aufbauen, Partnerschaften pflegen – der Umgang mit anderen Menschen ist in Unternehmen heute wichtiger denn je. Und damit ist nicht nur der unmittelbare Kontakt zu Kunden gemeint. Wer es schafft, seine „Spielposition" zu entdecken, hat schon einen großen Schritt getan. Wer es darüber hinaus schafft, „Mitspieler" für seine Ideen zu finden und zu begeistern, ist dem Erfolg ganz nahe. Dabei ist dieser kein Zufall. Wer sich aktiv einbringt, kann den Weg klar steuern, und gemeinsam an einem Strang ziehen ist allemal leichter, als einsam an einem Seil. Miteinander arbeiten heißt, besonders wenn es um Frühwarnindikatoren geht, Energie spenden und Kraft bekommen.

Chancen und Risiken frühzeitig zu erkennen, erfordert von Ihnen, Augen und Ohren offen zu halten. Wer Warnzeichen im Unternehmen möglichst bald wahrnimmt, kann die Zukunft gestalten, kann selbst agieren, anstatt immer nur auf Anforderungen aus dem Umfeld zu reagieren.

Frühwarnindikatoren helfen, die Zukunft zu gestalten

Der Einsatz von Frühwarnsystemen gehört ohne Zweifel zu den wichtigsten Instrumenten der strategischen Unternehmensführung. Risiken können so frühzeitig identifiziert und Schwachstellen behoben werden. Erfolgreiche nutzen diese Früherkennung, um bereits vor Eintritt eines Ereignisses anhand wichtiger Informationen entsprechende Entscheidungen treffen zu können. Hilfestellung bieten Hinweise aus den unterschiedlichsten Kanälen: Markt/wirtschaftliches Umfeld, Unternehmensstrategie, Personalwirtschaft, Finanzsektor u. a. Um im wahrsten Sinne des Wortes „das Gras wachsen zu hören", genügt es nicht, nur Zahlen zu betrachten, viel wichtiger ist es, in das Unternehmen hineinzuhören, die

Menschen und ihre Werte wahrzunehmen und zu beachten. Dann können Unternehmer und deren Führungskräfte kreativ und innovativ vorgehen.

Die Ko´s nutzen

Kennen Sie Ihre Ko´s? Nein, damit sind nicht Konkurrenten gemeint oder gar die Komplizen. Ko´s sind im Zusammenhang mit dem Ausbau von Frühwarnindikatoren im Unternehmen die drei entscheidenden Schritte:

Kooperation: (Synergien nutzen und Partner finden, die Sie unterstützen, sowie diese zu pflegen) durch eine entsprechende

Koordination (Schwerpunkte setzen, Prozesse optimieren) und

Kommunikation (Gespräche führen, Visionen teilen, Interessen und Werte erkennen).

Apropos Kommunikation – Reden ist hier nur die eine Seite der Medaille. So wie auch reine Zahlen nicht viel darüber aussagen, wie es in einem Unternehmen – wirtschaftlich und menschlich – aussieht. Im Bereich Frühwarnindikatoren ist es oftmals viel wichtiger, den Menschen in einem Unternehmen erst einmal zuzuhören.

Ins Unternehmen hineinhören

Aus betriebswirtschaftlicher Sicht galten und gelten immer noch möglichst viele Zahlen – oder inzwischen zumindest möglichst viele wichtige Zahlen – als am aussagefähigsten, was Risiken und Chancen für Unternehmen anbelangt. Also Augen auf! Lange bevor diese Zahlen allerdings belegen, dass etwas im Argen liegt, deuten zahlreiche Indikatoren darauf hin. Allerdings sind diese nur durch gutes Beobachten und eine kooperative Kommunikation erkennbar. Also gilt schon lange vorher: Ohren aufstellen! Machen Mitarbeiter Dienst nach Vorschrift, bleiben Besprechungen fern, weichen auf Nebensächlichkeiten aus oder vermeiden Verantwortung, werden die Zahlen dies früher oder später aufzeigen. Es gibt aber auch das andere Extrem: Versuchen Mitarbeiter uneingeschränkt Macht auszuüben, verkörpern Dominanz (statt Kompetenz) und beziehen sozusagen eine Monopolstellung, gilt es, derartige Warnzeichen rechtzeitig wahrzunehmen. Mitarbeiter verraten so viel – vorausgesetzt, Unternehmer und Führungskräfte hören ihnen zu und sind nicht nur damit beschäftigt, Umsätze einzufordern und Planzahlen entsprechen zu wollen. Unterscheiden Sie ganz bewusst die verschiedenen Phasen des Hörens? Allzu oft kommt es zu Missverständnissen, weil wir dazu neigen, „nur" zu hören! Dabei gibt es doch so viele verschiedene Stufen des Hörens:

Zuhören
Es kommt keine Information bei uns an, weil wir zum Beispiel geistig abwesend oder unaufmerksam sind. Wir sind gedanklich schon beim nächsten Termin oder überlegen uns in einem Gespräch vielleicht die nächste Frage, ohne die Antwort unseres Gesprächspartners bewusst aufzunehmen.

Hinhören
Die Information kommt bei uns an. Wir nehmen die Worte auf, mehr aber auch nicht.

Hineinhören
Zusätzlich zu den Worten, die wir hören, sehen wir Signale aus der Körpersprache, erkennen die übermittelte Botschaft, „lesen zwischen den Zeilen" und werden durch Nachfragen Klarheit bekommen.

Hier ist Einfühlungsvermögen gefragt!

Es liegt also an Ihnen, ob Sie einen Filter vorschalten, unnütze Informationen von sich fernhalten, Kommunikationsmüll, „Berieselung" von außen auf sich einströmen lassen – oder von Ihren Mitarbeitern wichtige Informationen aufnehmen und auf der anderen Seite auch Informationen suchen, welche Ihr Unternehmen weiterbringen. Aber Vorsicht: Hineinhören heißt auch, sich als Unternehmer und Führungskraft aus der eigenen Komfortzone herauszubewegen, aufrichtiges Interesse für andere zu zeigen.

Den Blick mehr nach vorne richten

Wie oft sind wir Gefangene unserer eigenen Gedanken und haben „ein Brett" vor dem Kopf? Wir neigen öfter dazu, zurückzublicken, anstatt nach vorne zu schauen. Als guter Fahrer werfen Sie im Auto immer ein wachsames Auge weit nach vorne. Ist der Weg frei? Welche Hindernisse könnten auftauchen? Nehmen mich die anderen Verkehrsteilnehmer wahr? Halte ich genügend Abstand zu meinem Vordermann? Welche Verkehrszeichen muss ich berücksichtigen? Welchen Verlauf nimmt die Straßenführung? Ein kurzer Kontrollblick auf die Instrumente. Alles o. k.? Natürlich sehen wir ab und zu auch mal in den Rückspiegel, um zu checken, was hinter uns passiert.

Doch wie ist das im täglichen Umgang mit Frühwarnindikatoren? Wie verhalten wir uns da? Wir neigen dazu, mehr Zeit und damit Aufmerksamkeit dem Blick zurück zu schenken. Wir werten, warum etwas so und nicht anders gelaufen ist. Warum hat diese Strategie nicht funktioniert? Warum war diese Innovation nicht umsetzbar? Eine kurze Rückschau, gerade in Situationen, in denen etwas nicht wunschgemäß gelaufen ist, lohnt. Die Betonung liegt auf kurz!

Wer immer nur in den Rückspiegel schaut, wird nicht souverän agieren. Ein Mittel, das in diesem Zusammenhang viele Möglichkeiten bietet, sind Mitarbeitergespräche. Diese erlauben nicht nur einen kurzen Blick zurück sowie im Gespräch selbst Frühwarnindikatoren (wie und was denkt er) zu erkennen, sondern vor allem die Chance, vorausschauend und strategisch Ziele mit dem einzelnen Mitarbeiter zu vereinbaren.

Ins Handeln kommen

Frühwarnindikatoren sind etwas Wunderbares, sofern sie auch dazu führen, dass etwas anders oder neu gemacht wird. Ansonsten verkommen sie zur Routine, da nur noch etwas gemacht wird, weil es schon immer so gemacht wurde … Wer einen Plan hat, weiß, was er tut – zumindest sollte er! Aus dem Kopf, aufs Papier, in die Realität. Pläne weisen uns nicht nur selbst den Weg, sondern geben auch anderen Menschen die Möglichkeit, an der Realisierung eines Vorhabens erfolgreich beteiligt zu sein. Kein noch so schöner Plan zeigt allerdings eine Wirkung, wenn wir nicht ins Handeln kommen. Erst das Tun entscheidet über die Ergebnisse.

Und damit entscheidet jeder Unternehmer selbst, inwieweit Frühwarnindikatoren sich erfolgreich auf das Unternehmen auswirken oder nicht. Ein Datum, ein Termin, eine Uhrzeit nehmen uns in die Pflicht. Je eher und konsequenter wir unsere aus den Frühwarnindikatoren abgeleitete Aufgaben angehen, umso besser das Ergebnis, umso größer der Erfolg und auch der persönliche Spaß am Tun. Vereinbaren Sie also starke Verpflichtungen mit sich selbst und Ihren Mitarbeitern und Sie werden staunen, welch positiven Dinge sich plötzlich in Bewegung setzen. Je klarer Ihre Gedanken sind, umso besser können Sie diese Ihren Mitarbeitern

vermitteln. Nur ein präziser Gedanke führt zu einer klaren Sprache und einem strukturierten Handeln. Und genau das ist es schließlich, was wir uns von Frühwarnindikatoren erhoffen.

Sie fragen sich vielleicht, warum ich Leonhard Zintl und David Storl zusammengebracht habe und weshalb ausgerechnet zu diesem Thema?

Ganz einfach: Beide leben im Sport und im Unternehmen eine hohe Werteorientierung und sind offen für ihr Gegenüber. Der Mensch steht im Mittelpunkt, auch wenn jedwedes Tun in einer Bank Prozessen unterliegt. Kommt ein Kunde und braucht einen Kredit, läuft Programm 1, bei der Anlage von Geld Prozess 2 usw. Auf der einen Seite geht es um knallharte Zahlen, auf der anderen Seite gehören dazu aber immer auch Menschen, stehen oftmals persönliche Schicksale dahinter. Und obwohl beide Routine in den Abläufen haben, die sie auch brauchen, damit das Unterbewusstsein fast schon automatische Schritte ausführen kann, schaffen es beide, Prozesse mit Emotionen zu verbinden. David Storl lebt seinen Sport mit einer enorm großen Leidenschaft, Leonhard Zintl ist Spezialist für Bankgeschäft, wie es vom Kunden aus betrachtet ein Stück mehr Emotion und vor allem einen klaren Nutzen stiften kann. Was wäre ein Mensch ohne seine Werte …

„Herausforderungen angehen – Aufgaben gemeinsam schultern, damit es rund läuft"

»VIDEO

WELTMEISTERLICHE MILESTONES:

1923 Gründung der Volksbank Mittweida eG **2008** Bank des Jahres (Oskar-Patzelt-Stiftung) **2010** Sieg Unternehmenskultur (victor) **2012** Sieger Führung (victor) 2012 Beste Beratungsqualität in Mittweida (Cit Contest Focus Money**)2014** Kundenfreundlichste Bank in Sachsen (MBVO) 35.000 Kunden 10 Geschäft stellen **150 Mitarbeiter 1,6 Milliarden** Euro Kundenwertvolumen = verwaltete Gelder der Kunden **0** **CIR** (Kostenertragsverhältnis) im Durchschnitt der letzten 10 Jahre **15 % Wachstum** in einem Jahr (Bilar summe 2013 zu 2012) **51 % Wachstum** in 5 Jahren (Bilanzsumme 2013 zu 2008)

Leonhard Zintl

EINFACH MACHEN

Ein inspirierender Antrieb für Höchstleistung ist für Leonard Zintl die Freude am Erfolg. Erfolg heißt dauerhaft ganz vorn dabei sein. Ihn bewegt der Anspruch, die Bank und auch sich selbst konsequent weiterzuentwickeln, immer wieder noch ein Stück besser zu werden.

Der besondere Reiz im Bankgeschäft liegt für ihn darin, nah am Kunden zu sein und die Dinge auf die Bedürfnisse des Kunden zu fokussieren und dafür Lösungen zu finden. Was bewegt die Menschen? Welcher Nutzen kann für den Kunden gestiftet werden? Wie gut eine Leistung wirklich ist, entscheidet der Kunde. Demzufolge muss das Denken und Handeln immer vom Kunden ausgehen. Themen, die seine Kunden bewegen, bewegen ihn ebenso. Aber beim Nachdenken darf es nicht bleiben. Er ist ein leidenschaftlicher Verfechter des konsequenten TUNs.

Themen müssen schnell in die Umsetzung kommen. Der Großteil der Energie soll nicht in die Beschäftigung mit dem Problem gesteckt werden, sondern in die Lösung. Gerade bei neuen Themen braucht es auch den Mut zum ersten Schritt, ohne dass umfassende Analysen und Konzepte vorliegen. Den Unterschied zwischen Gut und Exzellent macht am Ende die Disziplin, im Sinne von „Einfach machen, einfach tun". Lieber die 80 %-Lösung zu 100 % umsetzen, als sich in der Suche nach Perfektion zu verfangen.

Als Führungskraft sieht Leonard Zintl sich in der Verantwortung, die Menschen zu erreichen und auf dem gemeinsamen Weg mitzunehmen. Aus seiner Sicht sind dafür neben einem auf Nachhaltigkeit ausgerichteten Geschäftsmodell Kultur und Werte ganz entscheidend.

Wichtig ist ihm, authentisch zu sein: Das, was man sagt, auch so zu meinen und so zu leben. In der Bank wird großer Wert auf Verlässlichkeit und wertschätzenden Umgang miteinander gelegt. Also eine Kultur, wo Offenheit und Transparenz gelebt werden, sowohl bei den Zielen, bei Strategie oder in Entscheidungsprozessen. Diese Kultur wurde langfristig entwickelt – letztendlich über zwei Jahrzehnte. Ein Kulturprozess ist auch ein Entwicklungsprozess: „Kultur verändert man ja nicht in einem Jahr, eher in 1 bis 2 Hundejahren – und die dauern bekanntlich 7 Jahre."

Wenn man ein klares Ziel vor Augen hat und jeden Tag konsequent einen Schritt vorangeht, lässt sich der Erfolg fast nicht vermeiden. Das Fundament, das ihn dabei erdet, sind klare Werte, die Familie und die Natur. Ihm ist bewusst, wie vergänglich der Erfolg sein kann – die Welt kann morgen schon ganz anders aussehen.

Leonhard Zintl

„Viele kleine Schritte bringen dich weiter, als du für möglich hältst."

»VIDEO

WELTMEISTERLICHE MILESTONES:

2007 U18 **Weltmeister 2008** U20 **Weltmeister 2009** U20 **Europameister** U20 Weltrekord 22,73 (6kg) 2011 U23 Europameister mit U23 Europarekord **Weltmeistertitel** in Daegu **2012 2. Platz** Hallen-WM **Europameister** in Helsinki **Silbermedaille** Olympische Spiele in London **2013 Weltmeister** Moskau 2014 **2. Platz** Hallen-WM in Sopot

David Storl

David Storl, 1990 in Rochlitz geboren, ist der erfolgreichste deutsche Kugelstoßer. 2011 wurde er bei den Weltmeisterschaften im südkoreanischen Daegu als erster Deutscher in dieser Disziplin Weltmeister. Mit 21 Jahren wurde er der bis dahin jüngste Welt- und Europameister im Kugelstoßen und der erste Kugelstoßer, der beide Titel gleichzeitig trug. 2013 verteidigte er seinen Weltmeistertitel bei der Leichtathletik-WM in Moskau. David Storl startet für den LAC Erdgas Chemnitz und wird von Sven Lang trainiert. Bis 2010 besuchte er das renommierte Sportgymnasium Chemnitz. Seit September 2010 ist er bei der Bundespolizei angestellt.

David Storl begann seine sportliche Karriere als Mehrkämpfer beim VfA Rochlitzer Berg, konzentrierte sich jedoch nach dem Tod seines damaligen Trainers ab 2006 auf das Kugelstoßen. In der Freiluftsaison 2011 begann Storl, Bartels die Position des führenden deutschen Kugelstoßers streitig zu machen. Bei der WM 2011 in Daegu gelangen Storl erneut mehrere Bestleistungen. Mit 21,50 m, dem weitesten Stoß aller Teilnehmer in der Qualifikationsrunde, zog er in das Finale ein. Dort übernahm er mit 21,60 m im zweiten Versuch die Führung, bevor der Kanadier Dylan Armstrong ihn im vierten Durchgang mit 21,64 m auf den zweiten Rang verdrängte. Mit seinem sechsten und letzten Versuch konnte Storl jedoch mit 21,78 m wieder an Armstrong vorbeiziehen und sicherte sich so die Goldmedaille. Damit ließ er alle sieben Athleten hinter sich, die vor dem Finale in der Weltjahresbestenliste vor ihm gelegen hatten, darunter vier ehemalige Weltmeister. Im Verlauf der Weltmeisterschaften steigerte er seine Bestleistung um insgesamt 73 Zentimeter. In der ewigen deutschen Bestenliste kletterte er vom 13. auf den dritten Rang. Nur Ulf Timmermann (23,06 m) und Udo Beyer (22,64 m) hatten die Kugel schon weiter gestoßen. In der Altersklasse U23 übertraf Storl nun jedoch beide endgültig.

Die Saison 2012 eröffnete Storl mit einem Sieg, bei dem er seine Hallenbestleistung um fast einen halben Meter auf 21,24 m steigerte. Bei den Olympischen Spielen in London steigerte er seine persönliche Bestleistung auf 21,86 m und gewann damit hinter Tomasz Majewski die Silbermedaille. Bei der folgenden WM in Moskau 2013 konnte Storl mit einer Weite von 21,73 Metern seinen Titel verteidigen. Dabei steigerte er seine Saisonbestleistung um fast 70 Zentimeter. Am 27. Juni 2014 verbesserte er seine Bestweite auf 21,90 m.

Storl stößt in der Angleittechnik. Er ist leichter als viele seiner direkten Konkurrenten und erreicht deutlich geringere Maximalkraftwerte. Diese vordergründigen Nachteile kompensiert er durch seine Schnelligkeit und seine hervorragende Technik. Der frühere Weltmeister Adam Nelson sagte über ihn: „Ich habe noch nie jemanden gesehen, der beim Angleiten seinen rechten Fuß so schnell unter den Körper bringt wie Storl."

„Um Höchstleistung zu bringen, muss man den Kopf freihaben, darf nicht verkrampfen und vor allem Spaß dabei haben."

Weil's rund (= ganzheitlich) einfach leichter geht ...

David Storl und Leonhard Zintl wissen, wie wichtig es ist, in mehreren Disziplinen oder Durchgängen zu überzeugen, um in der Gesamtleistung TOP zu sein, und dass nur eine Vertrauens- und Leistungskultur auf der Grundlage von Werten Menschen gemeinsam erfolgreich sein lässt.

DER MENSCH ALS RUNDE EINHEIT

Ebenso wie die Kugel rund ist, ist auch der Mensch als runde Einheit immer erfolgreicher. Ob er nun wie David Storl als Sportler einen runden Ablauf braucht, um gute Ergebnisse zu erzielen, oder wie Leonhard Zintl als Vorstandsvorsitzender der Volksbank Mittweida einen ganzheitlichen Ansatz verfolgt, um Mitarbeiter zu führen, Kunden zu begeistern und die strategische Weiterentwicklung voranzutreiben.

David Storl: „Als Kugelstoßer ist es tatsächlich enorm wichtig, ein runder Athlet, sprich vielseitig zu sein. Neben der Grundstabilität zählt die Kraft in den Beinen ebenso wie die im Oberkörper. Aber auch die Bewegung muss natürlich vom Ablauf her rund sein. Ich komme aus dem Mehrkampf, sodass ich gegenüber den anderen eine breitere Grundlage habe. Außerdem bin ich fast 20 kg leichter, das ist schon ein großer Unterschied. Die dadurch fehlende Kraft mache ich durch Schnelligkeit wett. Ich bin einfach ein bisschen dynamischer und explosiver, dadurch dass ich nicht so schwer bin."

EINFACH *MACHEN – EINFACH* MACHEN

Auch wenn es nicht einfach ist, die schwere Kugel weit zu stoßen, kann es nur dann gelingen, wenn man es tatsächlich tut. Leonhard Zintl weiß auch was es heißt, etwas in Bewegung zu bringen. Er besetzt mit seinem Team zentrale Themen und zwar so einmalig und exzellent, dass sie als Bank nicht länger austauschbar sind. Für ihn gibt es tatsächlich einen Schlüssel zum Erfolg beziehungsweise für Gewinner: Einfach *MACHEN – EINFACH* machen!

Leonhard Zintl: „Das ist einfach ein tolles Wortspiel, das wir kreiert haben und das unsere Unternehmenskultur und Werte widerspiegelt. Wer immer nur 100%ige Lösungen sucht, kommt nicht zum Tun! Dazu gibt es schon im Alten Testament eine schöne Stelle, die lautet: ‚Wer ständig nach dem

Wind schaut, kommt nicht zum Säen. Wer immer die Wolken beobachtet, kommt nicht zum Ernten.' Ich denke, nur wenn wir mutig sind und uns trauen, etwas auszuprobieren, kann eine exzellente Leistung entstehen. Einfach MACHEN also im Sinne von Tun. Irgendwann kommt der Punkt, da kann man nicht mehr länger drüber philosophieren, da muss man einfach Leistung bringen. Das ist im Sport so und im Unternehmen. Dann kommt der Wettkampf und da muss man in den Ring steigen und die Kugel nach vorne bringen. Bei uns ist das auch so. Du kannst viele Themen durchdenken, organisieren und auch große Strategien planen, aber irgendwann kommt der Moment, wo man es tun muss. EINFACH machen im Sinne von etwas mit Leichtigkeit, unkompliziert tun. Kunden interessiert es nicht, wenn du Ballast, sprich Kosten, mit dir herumträgst oder etwas kompliziert ist; er will zu Recht Nutzen. Deshalb ist es unsere Aufgabe, es für ihn möglichst EINFACH zu machen. Dadurch haben es dann auch wir irgendwie wieder einfacher."

Herr im Ring - Herr seiner Gedanken

DER ABLAUF MUSS IN FLEISCH UND BLUT ÜBERGEHEN

Auch beim Sportler muss der Ablauf im Unterbewusstsein so abgespeichert sein, dass der Prozess im Wettkampf automatisch funktioniert. Steht David Storl im Ring, die Kugel am Hals, also ist der Prozess erst einmal in Gang, gibt es kein Zurück mehr.

David Storl: „Genau darum ist das Training so wichtig. Es soll ja so sein, dass die Bewegung automatisiert abläuft. Wenn du dir im Augenblick des Wettkampfs noch Gedanken über den Stoß machst oder darüber, was du tun musst, dann bist du einfach zu langsam. Das muss absolut intuitiv ablaufen. In der Bewegung kann ich ebenfalls nichts mehr korrigieren. Deshalb mache ich mir vorher meine Gedanken, worauf ich mich konzentrieren will bei diesem einen Versuch. Aber wenn man im Ring steht, dann muss man das einfach machen."

Leonhard Zintl: „Die Beschreibung würde mustergültig zu unserer Branche passen. Und auch der Gewichtsunterschied. Banken haben aus der Entwicklung heraus mit hohen Kosten zu kämpfen. Um im Wettbewerb bestehen zu können, musst du die vorgegebene Regulatorik, die Flut an Vorschriften zur Bankenaufsicht und zum Verbraucherschutz, schlank umsetzen, müssen wir uns so organisieren, dass wir wettbewerbsfähig sind. Wer da mit einem niedrigen Gewicht, also mit der richtigen Last aufgrund von schlanken Prozessen unterwegs ist, hat sicherlich einen gewissen Wettbewerbsvorteil. Ich verwende gerne ein Bild aus dem Sport, das diese Situation ebenfalls sehr gut demonstriert: Stell dir ein olympisches Finale vor. 100-m-Lauf. Die Athleten kommen rein und einer hat einen riesigen Rucksack hinten drauf. Natürlich fragen sich alle: ‚Was hat denn der? Das geht doch gar nicht.' Übertragen auf uns als Bank bedeutet das, wenn du eine riesige Kostenlast hast und umständliche Prozesse, dann hast du genau diesen Rucksack drauf. Im Sport würden sich viele fragen: ‚Der kann doch nicht mit dem Rucksack an den Start gehen. Warum legt der den denn nicht ab?' In unserer Branche nehmen viele den Rucksack gar nicht mehr wahr. Umso wichtiger ist es, sich hier immer wieder abzuheben, leicht und fit zu sein, sich an allen Stellen ein bisschen kundenorientierter aufzustellen und zu sehen, wo man den Wettbewerb beeinflussen kann. Denn trainieren tun alle."

David Storl: „Ja, das stimmt. Trainieren tun alle."

VON DER LAST ZUR LUST

David Storl weiß, wie es sich anfühlt, die Last der Kugel zu spüren. Nicht selten tragen die Athleten deutliche Blessuren davon. Doch wie lassen sich Mitarbeiter animieren? Kann es gelingen, die Last auf den Schultern zu minimieren? Dinge leichter und verständlicher zu machen, damit es einfacher wird, zu reagieren und entsprechend mehr Lust am Training und der späteren Umsetzung zu wecken und zu empfinden?

Leonhard Zintl: „Ich bin mir nicht sicher, ob es gelingen kann, einem anderen Menschen tatsächlich die Last von den Schultern zu nehmen. Eine entscheidende Frage ist für mich: Wann wird es zur Last? Ich glaube, es ist grundsätzlich wichtig, eine klare Strategie zu haben und den Sinn zu vermitteln, damit alle verstehen, wofür das Unternehmen steht. Wenn du den Sinn erkannt hast, für was du stehst oder was unsere Absicht ist, dann kommt der Spaß automatisch, dann wird für den Menschen die Last gefühlt auch leichter. Zur Last wird es immer dann, wenn man irgendwo etwas tut, aber den Sinn nicht erkennt. Aber ab dem Zeitpunkt, wo man sagt: ‚Ich erkenne den Sinn, ich habe die Motivation, ein bestimmtes Ziel zu erreichen', wird es einfacher und nicht zur Belastung. Vor allem ab dem Zeitpunkt, wo man Höchstleistungen bringen will, geht es nicht mehr darum, jemandem etwas abzunehmen. Ein Sportler muss hart trainieren und auch im Business muss man jeden Tag aufstehen, an seinen Zielen arbeiten, also einfach etwas tun. Es geht nicht ohne einen gewissen Einsatz. Aber wenn ich weiß, wofür ich etwas tue, macht das auch Spaß."

Wertvolle Erfahrung vor dem geistigen Auge sammeln ...

- *Machen Sie sich regelmäßig Ihre Vision bewusst.*
- *Durchleben Sie im „geistigen Film" den erreichten Zielzustand.*
- *Nutzen Sie die 4-R-Methode:*
  ***R**egelmäßig als liebgewonnenes Ritual pflegen.*
  ***R**outiniert die Abläufe simulieren.*
  ***R**ealistisch wie schon eingetreten durchleben.*
  ***R**ichtungsweisend in Vorbereitung der anschließende Handlungsschritt.*

TECHNIKEN SIND HILFREICH

Beim Kugelstoßen ist der Sinn ganz einfach: die Kugel möglichst weit über die 20/21 Meter hinauszukatapultieren. Dafür gibt es verschiedene Techniken. David Storl praktiziert die Angleittechnik.

David Storl: „Viele Kugelstoßer, gerade die schwereren, verwenden die Drehstoßtechnik, bei der durch eine eineinhalbfache Drehung die Beschleunigung des Körpers auf die Kugel übertragen wird. Ich persönlich nutze die Angleittechnik und habe dadurch nur eine geradlinige Bewegung. Entscheidend dabei ist die optimale Übertragung der Körperkraft auf den Beschleunigungsweg der Kugel."

DAMIT DIE AUSRICHTUNG PASST

So rund wie der technische Ablauf beim Kugelstoß sein muss, um den optimalen Beschleunigungsweg der Kugel zu erreichen, sollte auch die Ausrichtung in einem Unternehmen sein. Um den Mitarbeitern Sicherheit zu vermitteln, sind runde, stabile Unternehmerpersönlichkeiten gefragt. Auch Leonhard Zintl weiß um die Wichtigkeit der Orientierung für Menschen.

Leonhard Zintl: „Nur wer Sinn und einen entsprechenden Rahmen liefert, gibt dem Menschen Orientierung und Sicherheit, was wiederum zu Vertrauen führt – ob eines Mitarbeiters und/oder Kunden. Vertrauen hat viel mit ‚sich trauen' zu tun und letztendlich, wenn wir noch eine Stufe zurückgehen, mit Selbstvertrauen. Selbstvertrauen heißt, sich selbst etwas zuzutrauen, sich aber auch selbst zu reflektieren. Nur wer mit einem gesunden Selbstbewusstsein an eine Führungsaufgabe herangeht, kann Menschen die so wichtige Orientierung geben. Mitarbeiter schätzen es, wenn Vorgesetzte einen Willen haben, denn nur wer weiß, was er will, kann und wird notwendige Entscheidungen treffen. Und das ist der Rahmen, den wir schaffen, die Unternehmensstrategie sowie das Ziel – wie in unserem Fall –, die kundenfreundlichste Bank zu sein. Ein Rahmen, der Sicherheit gibt. Denn da, wo man nicht weiß, wie man handeln soll, entsteht Unsicherheit."

DEN HANDLUNGSSPIELRAUM AUSNUTZEN

Beim Kugelstoßen hat David Storl einen eher engen Rahmen. Die Versuche sind ebenso begrenzt wie der Kreis als Handlungsspielraum, den er auf keinen Fall übertreten darf – ansonsten wird der Versuch als ungültig erklärt wie bei der Weltmeisterschaft 2013 in Moskau. Zum Glück gab es ein Foto als Gegenbeweis.

Orientierung liefern

- Zukunft frühzeitig gemeinsam gestalten.
- Mehr Vertrauen schenken, statt Kontrollen einfordern.
- Veränderungen und Neuerungen frühzeitig und gemeinsam kommunizieren.
- Sinn und Nutzen aufzeigen – wer begründet, überzeugt.

David Storl: „Die Gefahr ist natürlich gegeben und man kann immer vorn-
überfallen, wenn man zuviel Schwung hat und über das Ziel hinausschießt, das
kommt bei uns Profis aber eher selten vor. Auch wenn manchem begeisterten
Zuschauer vielleicht das Herz fast stehen geblieben ist, für mich persönlich war
es in Moskau gar nicht so spektakulär. Man merkt das ja als Sportler selbst,
ob man auf den Balken getreten ist. Das tut normalerweise ganz schön weh im
Fuß. Aber es war ein ganz sauberer Stoß für mich, obwohl es der Kampfrichter
anders gesehen hat. Ich bin sofort nach dem Stoß zum Kampfrichter und habe
mit ihm darüber gesprochen. Gott sei Dank hat ein Fotograf den Versuch im Voll-
format aufgenommen. Sonst macht er immer nur das Gesicht oder die Kugel,
wie sie aus der Hand fliegt. Nachdem er mir das direkt gesagt hat, haben wir
die Aufnahme dem Kampfrichter gezeigt und der Stoß war dann auch völlig
o. k. Ich habe mich in dem Moment zwar sehr alleine gefühlt, aber einfach
versucht, zu reagieren, irgendetwas zu tun. Hinsichtlich der Kommunikation
war es eher schwierig, weil die Kampfrichter nicht so gut Englisch sprachen,
Deutsch schon gar nicht, aber ich habe einen klaren Kopf bewahrt, war nicht
verärgert, sondern bin respektvoll auf den Kampfrichter zugegangen und habe
mich um eine Lösung bemüht und es hat sich letztendlich ja auch ausgezahlt.“

DIE FÜHRUNGSKRAFT ALS VORBILD

Führungskräfte sollen Mitarbeiter den Weg weisen. Hat der Trainer auf seinen Sportler einen ebensolchen Einfluss, gerade wenn er – wie David Storl –
noch relativ jung, der bisher jüngste Weltmeister im Kugelstoßen ist?

David Storl: „Ja, man braucht schon jemanden, der die Richtung vorgibt.
Mein Trainer weiß genau, welche Wettkämpfe anstehen, wie die Vorbereitung ablaufen soll oder wie die Mitbewerber aufgestellt sind. Das kann man
als Athlet gar nicht alles selbst machen. Da hätte man den ganzen Tag mit
dem Training zu tun und müsste dann abends noch zwei Stunden sitzen, um
den weiteren Trainingsplan zu machen. Dafür braucht man unbedingt einen
Trainer, der den Überblick hat, das Ganze im Gesamten betrachtet und sich
nicht nur irgendwie von Woche zu Woche durchhangelt. Das ist für mich als
Sportler sehr wichtig und wertvoll.“

GETRAGEN VON GEGENSEITIGEM RESPEKT

Trainer sollten ebenso wie Unternehmer und Führungskräfte den Überblick
haben, auch um den Sportler oder die Mitarbeiter zu entlasten. Getragen
von gegenseitigem Respekt, kann so jeder seiner Aufgabe nachgehen und
zum gemeinsamen Gewinn beitragen. Sein Trainer ist für David Storl eine
Vertrauensperson, der er respektvoll im Umgang begegnet. Eine wertschät-
zende Unternehmenskultur ist auch dem Vorstand Leonhard Zintl wichtig.

Leonhard Zintl: „Ich denke, gute Beziehungen – egal in welchem Bereich – werden immer von wechselseitigem Respekt getragen. Letztendlich ist unser Geschäft ein Mannschaftssport, wir sind keine Einzelsportler. Ich beschreibe es gerne so: Wenn der Kunde die Uhr sieht, sind es viele Zahnräder, die im Hintergrund laufen. Wenn auch nur das kleinste Zahnrad nicht richtig rund läuft, geht die Uhr falsch. Jeder, der bei uns an irgendeiner Stelle seine Aufgabe wahrnimmt, trägt zum Mannschaftserfolg bei. Das ist absolut mit dem Sport vergleichbar. Wenn der Trainer und jeder, der im Stab an irgendeiner Stelle eine Funktion hat, nicht mitdenkt, hat der Sportler im Wettkampf ein Problem. Am Schluss konzentriert sich natürlich alles auf den Athleten im Ring. Aber wenn in der Vorbereitung irgendwo der Plan falsch aufgestellt war, dann wird er den Schwung nicht auf die Kugel bringen und punkten können."

VERTRAUEN VOM UND INS TEAM ALS QUELLE DER WERTSCHÄTZUNG

Sportler wie Unternehmer stehen zwar oft an vorderster Front und im Fokus, dabei vergessen viele, dass es ohne ein entsprechend großes Team, das hinter dem Sieger steht, keinen Gewinner gäbe. Im Idealfall steht das Team ebenso vertrauensvoll zur Galionsfigur, wie diese umgekehrt zum Team. Wer den Wert des jeweils anderen erkennt, ist eher gewillt, auch Wertschätzung zu geben.

David Storl: „Für mich persönlich ist die Anerkennung aus der Trainingsgruppe und aus dem Umfeld schon sehr wichtig. Ich weiß diese zu schätzen. Schön ist natürlich auch, dass man manchmal persönlichen Nutzen ziehen kann, wenn man sportlich sehr erfolgreich ist. Ich habe Vorteile, die andere nicht haben, wenn ich beispielsweise mal schnell zur Physiotherapie oder zum Arzt muss. Daran merke ich dann, was ich eigentlich so alles geschafft habe. Viele Menschen öffnen mir die Türen, wollen mich unterstützen. Das ist etwas, das mich in der momentanen Situation schon auch stolz und sehr glücklich macht. Und ich weiß das natürlich auch wertzuschätzen, was Menschen da für mich tun."

Leonhard Zintl: „Genau das ist eine wichtige Tugend. Dieses Sich-freuen-können, aber sich dann auch immer wieder zu erden, Demut zu zeigen und mit beiden Beinen fest im Leben zu stehen. Das ist die Basis für den nächsten Schritt, den nächsten Erfolg. Sich immer wieder selbst zu reflektieren, es zu genießen, wenn man erfolgreich ist, aber dann auch wieder zu sagen: ‚Jetzt wieder was dafür tun!'"

David Storl: „Das vergessen viele, dann auch wieder was dafür zu tun. Die ruhen sich aus, bleiben stehen und denken, es wird alles automatisch

Vertrauen schenken und Werte schätzen

- Seien Sie sich Ihrer Vorbildrolle bewusst und nehmen Sie diese auch ein.
- Gesunde Dankbarkeit als Kraftquelle nutzen.
- Stärken Sie Ihr (Selbst)Vertrauen und kennen Sie Ihre Werte.
- Mutiges Loslassen lässt Ihre Mitarbeiter über sich hinauswachsen.

nachgeliefert. Aber im Sport geht das sehr schnell. So schnell wie man da ist, ist man wieder weg."

VON WERTEN – NICHT NUR DENEN IM WETTKAMPF

In Unternehmen wird immer wieder diskutiert, ob nun der Generalist oder der Spezialist geeigneter ist, um Probleme zu lösen, um Erfolge zu generieren. David Storl ist den Weg vom Generalisten zum Spezialisten gegangen, vom Zehnkampf zum Kugelstoßen. Sein Talent dafür zeichnete sich schon früh ab. Die Entscheidung, tatsächlich zu wechseln, war dann aber bedingt durch einen tragischen Zwischenfall. Doch auch wenn die Entscheidung schwerwiegend war, trauert David Storl dem Mehrkampf inzwischen nicht mehr nach.

David Storl: „Das allgemeine Talent fürs Werfen war bei mir schon immer vorhanden. Neben dem Speerwerfen war ich auch beim Diskus sehr gut im Nachwuchsbereich. Der Wurftrainer damals hatte schon länger ein Auge auf mich gehabt und hätte mich wohl auch aus dem Mehrkampf herausgeholt, wenn 2006 mein damaliger Trainer nicht so plötzlich verstorben wäre. Aber das war für mich als junger Sportler natürlich schon ein großer Verlust und ein deutlicher Bruch. Plötzlich gab es im Mehrkampf für mich keine Basis mehr. Ich hatte keinen Trainer mehr in Chemnitz und weil für mich im Wurf eine große Erfolgsaussicht da und es auch machbar war, ohne dass ich meinen Standort verändern musste, bin ich dann einfach zum Wurf gewechselt. Ich weiß genau, ich hätte es nach drei, vier Jahren, wenn ich noch Mehrkampf gemacht hätte, irgendwann sowieso satt gehabt. Die Zeit wäre sowieso gekommen. Das Training, das wir jetzt machen, ist genau so, wie ich es mir vorstelle. Das ist vielseitig und es macht mir Spaß, das Beste aus mir herauszuholen. Mit Mittelmaß geht nichts und mit Druck erst recht nicht. Natürlich waren wir damals eine gute Truppe im Mehrkampf, das waren alles gute Freunde und jetzt stehe ich oftmals alleine da. Aber das ist das Einzige, dem ich ein bisschen nachtrauere aus der Zeit. Ansonsten habe ich, denke ich mal, alles richtig gemacht."

BEREITS IN JUNGEN JAHREN FUSS FASSEN

Nicht immer im Leben zählt die Erfahrung. David Storl und Leonhard Zintl waren beide extrem jung, als sie Fuß gefasst haben – der eine mit herausragenden Erfolgen beim Kugelstoßen zeitgleich bei den Junioren und in der Erwachsenenklasse; der andere schon sehr früh als Vorstand einer Bank. Beide haben sich den Respekt des Umfeldes verdient, durch persönlichen Einsatz und entsprechende Erfolge.

Von der Personalarbeit zur Mitunternehmerentwicklung

- Sehen Sie sich als einfühlsamer und auch fordernder Coach Ihrer Mitarbeiter.
- Sorgen Sie für die strategische Weichenstellung Ihres/r Unternehmens/ Bereiches/Abteilung und suchen Sie dafür talentierte „Mitstreiter".
- Schaffen Sie auf Ihre Mitarbeiter persönlich angepasste Anreizsysteme.
- Ungezwungene Kommunikation, spannende Dialoge und abgestimmte Zielvorgaben liefern ein „Sich-besser-verstehen".

David Storl: „Im Nachhinein betrachtet ging das bei mir relativ einfach. Ich habe die Jugendklassen durchlaufen und parallel schon mal in die Erwachsenenklasse hineingeschnuppert. Ich war dann relativ schnell der erste Kugelstoßer, der bei den Erwachsenen Welt- und Europameister zugleich war. Das hat schon eine gewisse Akzeptanz gebracht. Und wenn man so einen Titel nicht nur einmal errungen hat, sondern sich relativ konstant auf dem Level bewegt bzw. sich kontinuierlich steigert, dann erarbeitet man sich schon Respekt von anderen, insbesondere auch von den älteren Athleten. Das finde ich persönlich auch wichtig, dass ich ein gutes Verhältnis zu den anderen Sportlern habe."

WertVolle Tischrunde im Zeichen von Respekt und Anerkennung

Leonhard Zintl: „Ich denke, im Sport ist vieles an der Zahl, dem gemessenen Wert, ablesbar. So gesehen gibt es da schon Parallelen zu unserer Branche. Du musst eben überall deine Leistung bringen. Auf der anderen Seite ist bei uns ein junger Spieler ja auch nicht alleine im Stadion. Wichtig ist hier wie dort, im Sport wie im Business, dass die Leistung nachhaltig ist. Einmal den Titel gewonnen und die nächste Saison weg, dann sagen alle anderen zu Recht: ‚ja, mal schnell hochgepushed'. Erst durch eine konstante Leistung verdient man sich den Respekt und die Anerkennung. Für mich ist auch noch wichtig, wie vorhin schon gesagt, die eigene Demut. Also nicht irgendwann zu denken, jetzt bin ich der Größte und habe gewonnen, sondern sich bewusst zu machen, ich tut auch etwas dafür, dass mein Erfolg konstant und nachhaltig ist."

DAS PERSÖNLICHE UMFELD ALS KRAFTQUELLE

Bei den meisten erfolgreichen Menschen ist die Zeit das Manko. Ebenso wie Sportler sind auch Unternehmer oftmals sehr viel unterwegs; die Zeit für und mit Familie oder Freunden ist begrenzt. Wie kann man es trotzdem schaffen, Beziehungen aufrechtzuerhalten und zu pflegen?

David Storl: „Ich denke, es ist nicht die Menge an Zeit, sondern die Intensität der Zeit. Also sprich in der Zeit, wo man jemandem Zeit gibt, auch aufmerksam zu sein, im Gespräch bewusst zuzuhören. Umgekehrt muss man auch hier selbst etwas dazu tun. Es genügt eben nicht, zu denken, endlich bin ich mal wieder da, es wird schon irgendjemand kommen. Wenn man da nicht bloß wartet und sich zurücknimmt, sondern aktiv auf andere zugeht, dann kann man auch auf der Distanz mit wenig Zeit Freundschaften und soziale Kontakte gut pflegen."

Leonhard Zintl: „So wie ein Unternehmen zu führen, gibt es hier zwei Ansätze. Sozusagen getrieben vom Eigentümer, Management zu machen oder Unternehmen zu führen wie Mittelständler, und dann denkt man nicht kurzfristig an den Erfolg, sondern an Nachhaltigkeit. Genau das strahlt in unseren Unternehmen aus, dass wir in Generationen denken. Jetzt haben wir eine Aufgabe auf Zeit und auch nach uns soll es uns geben. Gleiches gilt für die Familie als Kraftquelle. Unsere Familie ist schon immer, ob früher oder auch jetzt, ein wichtiger Halt gewesen für meinen Erfolg, Auf der einen Seite gibt Familie Stabilität, auf der anderen Seite öffnet Familie eine ganz andere Facette des Lebens. Wenn man ein Kind erlebt, eröffnet es einem andere Blickwinkel, man bekommt andere Impulse, von denen auch das Geschäftsleben wieder profitiert. Vorausgesetzt natürlich, man hat einen Rahmen, in dem man sich herausnehmen kann aus dem Business. Ich bin absolut davon überzeugt, dass dieses ‚rund sein‘ und die wichtige Ausgeglichenheit nur funktioniert, wenn man Familie und Freunde hat. Dieser soziale Halt ist enorm wichtig, ebenso wie eine gesunde Balance zwischen allen Bereichen, ob das nun das Geschäft, der Sport oder Freundschaften sind."

David Storl: „Es ist natürlich wichtig, dass man verständnisvolle Freunde hat, die auch wissen, was man macht und wofür man das macht. Hat man die erst einmal gefunden, dann sollte man sich bewusst Zeit freischaufeln, dass man etwas zusammen machen kann – gerade wenn man im Hochleistungssport so viel unterwegs ist. Aber das grundsätzliche Verständnis dafür muss unbedingt da sein, sonst funktioniert das nicht."

VON MENSCHEN UND TALENTEN

Dem Mitarbeiter Wertschätzung zu zeigen, ist das eine. Das andere, zu bewerten, wer einer Förderung würdig ist. Wer ist wertvoll für das Unternehmen und wie kann ich meine Talente entwickeln, damit daraus Leistungsträger werden, die mit Spaß bei der Sache sind, engagiert trainieren und dann auch Gewinne erzielen?

Leonhard Zintl: „Für Mitarbeiter ist es extrem wichtig, dass er dann, wenn er Zeit braucht, auch das Gefühl hat, ich kann kommen und sprechen, es hört mir jemand zu. Grundsätzlich glaube ich, dass es jeder Mensch wert ist, ihn zu fördern. Wenn es uns gelingt, jeden an die Stelle zu setzen, an der er für sich selbst und für uns am wertvollsten ist, dann haben wir eine super Mannschaft. Ich glaube auch, dass jeder Fähigkeiten und Talente hat. Wertschätzung zeigt sich dann beispielsweise darin, dass man einen Rahmen vorgibt, in dem der Einzelne Verschiedenes austesten kann. Die entscheidende Frage ist: Gelingt es uns im Sinne eines guten Trainings zu erkennen, wo die jeweiligen Talente sind, und dann einen Trainingsplan aufzustellen, um die Stärken zu stärken. Dann ist Personalarbeit, im vergleichbaren Sinne auch Trainerarbeit, gut.

DAS NIVEAU SICHERN, UM EINEN SPRUNG NACH VORNE ZU MACHEN

Talente erkennen, Stärken entwickeln, ein wenig Förderer und Forderer sein – Herausforderungen, der sich jede Führungskraft täglich gegenüber sieht. Im Sport gibt es immer wieder neue Weltrekorde, bessere Weiten, größere Höhen. Wie geht David Storl mit hohen Erwartungen um, aber auch mit Ergebnissen, die einmal nicht so gut sind?

David Storl: „Wichtig ist, sich erst einmal auf einem bestimmen Level zu stabilisieren, das erreichte Niveau also zu festigen. Wenn ich beispielsweise ein ganzes Jahr über 21 Meter stoße, dann ist es möglich auf dieser sicheren Basis auch wieder einen Sprung nach vorn zu machen und vielleicht irgendwann 22 m zu stoßen. Auf der anderen Seite muss man natürlich auch mit Rückschlägen umgehen können oder zumindest längeren Durststrecken, wenn es einmal sehr lange dauert, bis man die erwartete Weite überhaupt das erste Mal erreicht oder dann eben übertrifft. Für mich als eher schnellkräftigen, dynamischen Athleten ist es sehr schwierig, das Niveau das ganze Jahr über zu halten. Es ist oft eher eine wellenförmige Entwicklung mit Höhen und Tiefen. Nach einer guten Weite am Anfang kann es auch wieder einmal runter gehen und dann noch mal richtig hoch. Das weiß man einfach nicht immer. Da vertraue ich dann meinem Trainer und dem Führungskader, die das besser einzuschätzen und damit umzugehen wissen bzw. mir die entsprechenden Trainingspläne und Tipps geben, um auf wichtige Höhepunkte, sprich Wettkämpfe, hin fit zu sein. Letztendlich ist dann aber alles eine reine Kopfsache. Auch wie du mit dem Druck umgehst – deinem eigenen und dem von außen. Um Höchstleistungen zu bringen, muss man den Kopf freihaben, darf nicht verkrampfen und vor allem den Spaß nicht verlieren."

DEN SPASS NICHT VERLIEREN

Wer Spaß bei der Arbeit hat, kann sich eine Menge schöner Tage leisten. Spaß bei der Arbeit kommt meist dann auf, wenn die Prozesse stimmen, wenn man nicht bei jeder Aufgabe neu anfangen muss, zu überlegen, wie gehe ich das an. Stimmt die Mischung aus Vorgaben, sind Prozesse definiert und greifbar, bleibt Zeit für positive Emotionen, sind kreative Entwicklungen möglich.

Lösen Sie Ihre „Spaß-Bremse"

- Entwickeln Sie leidenschaftliche Projekte.
- Genießen Sie auch noch so kleine Fortschritte.
- Halten Sie Ihre freudigen Momente in Ton und Bild fest.
- Feiern Sie gemeinsam mit Ihrem Team die Erfolge.

Leonhard Zintl: „Klare Prozesse geben dem Mitarbeiter einen Rahmen und Orientierung. Orientierung auf einem bestimmten Niveau kann nur entstehen, wenn im Unternehmen ausreichend Übung eine Gewohnheit und Selbstverständlichkeit ermöglicht. Mitarbeiter müssen wissen, was ist die nächste Hürde, wo geht es rüber und wie kann ich diese Hürde meistern. Wie beim Staffellauf, wenn der eine zu schnell läuft und der andere ist noch nicht losgelaufen, funktioniert es nicht, gibt es keine Orientierung. Umgekehrt ist ganz wichtig, und da denke ich, spielt der Bauch eine Summe an Erfahrung wieder, selbstreflektierend zu sein. Manchmal kann man es noch gar nicht sagen, aber man spürt schon, da muss man was ändern. Das ist die Emotion. Wenn man irgendetwas in den Taschenrechner tippt, sollte man ungefähr wissen, was rauskommt. Wenn man sich vertippt hat und es kommt da eine Fantasie-Zahl raus, kann man es nicht korrigieren, wenn man kein Gefühl dafür hat. Das Gefühl ist also schon ein wichtiger Indikator. Wichtig ist die Mischung: Als Führungskraft Halt und Orientierung zu geben und selbst eingeübt zu sein, damit man sich auf die Situation konzentrieren kann. Wenn bei uns ein Mitarbeiter im Beratungsgespräch jedes Mal überlegt, was muss ich als Nächstes tun, dann kann er sich nicht auf den Kunden und die jeweilige Situation konzentrieren. Darum muss da Klarheit im Prozess sein. Ich denke, dass es im Sport ähnlich ist. Wenn ich Routine habe, kann ich mich auf die Situation im Wettkampf einstellen und meine Leistung abrufen. Wenn ich da erst überlegen muss, wie nehme ich jetzt die Kugel und wie mache ich das, dann bin ich mit mir beschäftigt und nicht mehr mit der Situation.“

David Storl: „Stimmt absolut. Genau das ist die Arbeit von meinem Trainer. Der hat seinen klaren Fahrplan, wie meine Saison ablaufen soll, aber muss dann auch reagieren, wenn wir merken, es fehlt beispielsweise noch an meiner Beinkraft. Da muss ich bei mir selbst sein, auf mein Bauchgefühl hören und er letztlich auch einmal von seinem Plan ab und zu abweichen.“

Leonhard Zintl: „Das ist bei uns ähnlich: Um die Bedürfnisse des Kunden zu erfahren, bedarf es einer hohen Aufmerksamkeit, die aber nur dann gelingt, wenn ich in dem, was Routine ist, sicher bin. Und diese Routine ist – ähnlich dem Trainingsplan – rahmen- und prozessgesteuert. Unsere Leistung ist, auf dieser Basis dem Kunden eine gute Lösung zu bieten. Dass heißt, ich muss in dem Moment, wo jemand in einem Gespräch mit mir ist – ob das ein Firmenkunde ist oder jemand, der ein Haus bauen oder Geld anlegen will – meinem Gegenüber meine volle Aufmerksamkeit schenken. Nur so kann ich für ihn eine gute, eine sehr gute Lösung finden. Wenn ich mit mir selber beschäftigt bin, hat mein Gesprächspartner das Gefühl, der hört mir ja gar nicht zu, der ist mit seinen Gedanken doch ganz woanders. So kann kein Vertrauen als Basis für eine wertvolle menschliche Beziehung entstehen.“

Leonhard Zintl

Die größte Herausforderung im Leben ist, immer wieder langfristig und nachhaltig erfolgreich zu sein und die Momente zu genießen, in denen man erfolgreich ist. Sich parallel dann aber auch zu hinterfragen und sich in Selbstdisziplin und Demut zu beantworten, was sind die wichtigen Punkte, die mich zu diesem Erfolg geführt haben. Und natürlich – nicht aufzugeben. Es gibt immer wieder Situationen, bei uns beispielsweise im Kundengeschäft, aber auch in der Regulatorik, wo man erst einmal einen riesigen Berg vor sich hat und erschrecken könnte. Dann heißt es, einfach zu tun, zu machen und nicht aufzugeben, bis man an dem Punkt ist, wo man erfolgreich ist.

David Storl

Meine größte Herausforderung war die Weltmeisterschaft 2013. Einmal mit dem Druck umzugehen, seinen WM-Titel vom vorigen Jahr zu verteidigen und einfach der ganzen Situation gewachsen zu sein. Hinzu kam natürlich, dass ausgerechnet da auch noch einer meiner Versuche zunächst als ungültig gegebenen wurde. Das war ein großer Stress, dem ich ausgesetzt war, um den Kampfrichter vom Gegenteil zu überzeugen. Diese Herausforderung habe ich gemeistert, indem ich einen kühlen Kopf bewahrt und allen Beteiligten Respekt entgegengebracht habe. Ich bin eben nicht irgendwie aus der Haut gefahren, sondern sehr höflich mit den Menschen umgegangen und habe die Situation damit auch gemeistert.

Die Kugel ist rund …

… aber alleine deshalb fliegt sie noch lange nicht weit. Kugelstoßen ist eine technisch anspruchsvolle Disziplin, die hohe Koordinationsfähigkeit und enorme Schnellkraft erfordert. Beides Fähigkeiten, die auch im Unternehmen wichtig sind. Täglich sind wir darin gefragt, Projekte zu koordinieren und sowohl uns selbst als auch andere zu motivieren, wichtige und dringende Aufgaben mit einer hohen Schnelligkeit zu erledigen. Dabei dürfen wir natürlich die Technik nicht vernachlässigen, damit das Ergebnis stimmt. Folgende sieben Phasen des Kugelstoßens unterstützen auch Sie dabei, vom eigenen Standpunkt in die Weite zu kommen, um so Werte und Menschen gewinnend zu verbinden.

1. Auftaktphase

Mit aufrechter Körperhaltung steht der Sportler im Kreis – mit dem Rücken zur Stoßrichtung. Die Kugel ist in der Schlüsselbeingrube angelegt. Durch eine Beugung befindet sich die Kugel in der tiefsten Position. Volle Konzentration. Solche kurzen Ruhephasen – mitten im Prozess – können auch wir immer wieder nutzen. Um auf Gemeinsames zurückzublicken. Um sich seiner Werte und der Vergangenheit bewusst zu werden. Wie der Athlet betreten wir ehrlich (=aufrecht) und ohne Vorurteile den Ring. Unser Schauplatz verschafft uns die Möglichkeiten, das Umfeld abzugrenzen, aber auch die Chance, unseren Partnern durch eine (schützende) Position Sicherheit zu bieten.

2. Startphase

In der Startphase wird die Beschleunigung eingeleitet. Der Körperschwerpunkt des Sportlers ist nach wie vor möglichst niedrig. Jetzt heißt es: Werden Sie aktiv! Kommen Sie in Schwung! Bereiten Sie sich und andere auf das vor, was kommt. Vielleicht verändern Sie sogar Ihre Blickrichtung und „beleuchten" Ihre Mitarbeiter einmal aus einer ganz anderen Perspektive. Indem Distanzen verkürzt werden – und sei es in dieser Phase nur um wenige Zentimeter – begeben Sie sich auf die gleiche Ebene mit Ihren Mitstreitern.

3. Angleitphase

Um die Vorspannung des Körpers abzusichern, ist die Bewegung in dieser Phase möglichst schnell und flach. Auch wenn für das menschliche Auge ein Kugelstoß unendlich schnell vonstatten zu gehen scheint, sind es doch wichtige Abschnitte, ohne deren exakte Einhaltung und Nutzung keine gute Weite zu erzielen ist. Nutzen auch Sie jede Möglichkeit, um Hemmschwellen abzubauen und so schnell den persönlichen Kontakt herzustellen. Nicht immer haben wir viel Zeit. Bleiben Sie in jedem Fall natürlich und seien Sie gespannt, was sich aus den ersten Gesprächen entwickelt.

4. Übergangsphase

In der Verbindung zwischen Angleit- und Abstoßphase ist Technik gefragt. Exakte Abläufe verbinden die Phasen auf ideale Weise. Im Laufe der Zeit wachsen auch in der Zusammenarbeit das Vertrauen und gegenseitige Verstehen. Ihre Partner bekommen durch Anerkennung und förderndes Feedback die Stärke, sich eigenständig in Prozessen zu bewegen. Deshalb ist es gerade in der Personalentwicklung wichtig, die nächsten Schritte deutlich zu kommunizieren. Gefragt sind dazu beispielsweise Techniken in der Gesprächsführung sowie die Bereitschaft, diese dann auch anzuwenden: Regelmäßige Mitarbeiter-gespräche erleichtern es beiden Seiten, erfolgreich vom Angleiten in die Abstoßphase zu kommen.

5. Abstoßphase

Zum zweiten Mal erfolgt eine positive Beschleunigung: Aktive Körperaufrichtung. Lösen der Kugel vom Hals. Strecken und Beschleunigen vom Stoßarm und der Hand. Motivierende Impulse begleiten auch Mitarbeiter in die Eigenständigkeit und helfen ihnen, die Verantwortung zu schultern. Umgekehrt können wir uns lösen und verstärkt um unsere Hauptaufgaben kümmern. Führung erfordert die Bereitschaft, wenn es darauf ankommt, zu fordern statt zu fördern, und sich nicht unentwegt einzumischen, nur weil wir glauben, alles besser zu wissen und zu können. Menschen brauchen Entwicklungschancen!

6. Abfangphase

Das Umspringen beim Abfangen des Stoßes ermöglicht es dem Athleten, den Schwung des Körpers abzubremsen. Wie „springen Sie mit Ihren Mitarbeitern um"? Ein Leistungssportler muss trotz oder gerade wegen der körperlichen Höchstleistung – vor allem in Wettkampfphasen, aber auch in der Vorbe-reitung – auf seinen Körper achten, um über Jahre hinweg gute Resultate zu erzielen. Führungskräften gelingt das nicht immer – weder bei sich selbst noch bei anderen. Ständig wird mehr verlangt und das schneller. Deshalb: Achten Sie durch Respekt, Akzeptanz und Wertschätzung Ihre Partner, Mitarbeiter und Kollegen – und natürlich sich selbst! Parallel zur Frage, wen fördern wir als nächstes, können wir den gewonnenen Freiraum genießen und unsere eigenen Werte wieder einmal bewusst ausleben.

7. Verlassen des Rings

Damit der Stoß als gültiger Versuch gewertet wird, muss der Sportler den Kreis nach dem Aufschlagen der Kugel kontrolliert nach hinten verlassen. Dieses Heraustreten lässt sich auf das Business übertra-gen: Denn nur wenn es uns gelingt, den Prozess mit Abstand zielgerichtet zu verlassen, wird es einen Gewinner geben. Manchmal reicht es bereits aus, als Führungskraft einen Schritt „zurücktreten", damit das eigene Team über sich hinauswachsen kann. Sich zu distanzieren bedeutet nicht, sich nicht mehr zu engagieren, sondern damit Freiraum für andere zu schaffen.

„Atmosphäre: Spaß haben
vermittelt Sicherheit und Souveränität."

Umfeld & Atmosphäre

Service nach außen bedingt eine wertschätzende Kultur nach innen

Sind wir uns unserer Vorbild-Wirkung bewusst?

In vielen Unternehmen hat sich die Erkenntnis durchgesetzt, dass kundenorientiertes Verhalten unerlässlich ist, um am Markt bestehen zu können. Dieser Service nach außen wird mehr und mehr zur Selbstverständlichkeit, da er Voraussetzung für ein gesundes Wachstum ist. Doch wie sieht es mit dem Service nach innen aus? Gemeint ist damit der Umgang der Unternehmer, Führungskräfte und Teamleiter mit ihren Mitarbeitern. Wie sollte eine Führungskultur aussehen, damit ein guter Service nach innen einen guten Service nach außen bewirkt?

Anerkennungskultur fördern

Damit sich Mitarbeiter im Unternehmen wohlfühlen und eine entsprechende Leistung erbringen können, ist eine aufrichtige Anerkennungskultur notwendig. Wenn Mitarbeitern Fehler unterlaufen, kritisieren und verurteilen Vorgesetzte oft, Schuldige werden gesucht. Wenn Mitarbeiter dagegen hervorragende Arbeit leisten, werden sie viel zu selten gelobt. Souveränität heißt, Mitarbeitern Wertschätzung entgegenzubringen. Das fördert ein angenehmes Betriebsklima und die Belegschaft identifiziert sich mit ihrem Unternehmen. Drei Stufen führen dazu:

1. **Die Rahmenbedingen stimmen**. Dazu gehören eine angemessene Bezahlung, gute Arbeitsbedingungen, ein gesicherter Arbeitsplatz, flexible Arbeitszeiten, ein geregeltes Betriebsklima und Kundenzufriedenheit. Kleinere Unternehmen haben den Vorteil, individueller sein zu können, größere können meist mehr bezahlen. Diese Bedingungen schaffen körperliches Wohlbefinden, was eine Voraussetzung für gesunde Motivation ist. Der Mitarbeiter ist deshalb nur zufrieden.

2. **Gestaltungsmöglichkeiten sind gegeben.** Dazu gehören klare Ziele, Aufgaben und aktuelle Informationen, souveräne Führung, Mitgestaltungsmöglichkeiten, Anerkennung für geleistete Arbeit, qualifizierte Ausbildung, Fortbildungsangebote, gedeihliches Betriebsklima und hervorragende Kundenresonanz. Sind diese Gestaltungsmöglichkeiten gegeben, fühlt sich der Mitarbeiter geistig und sozial wohl. Das schafft Motivation.

3. **Der Mitarbeiter identifiziert sich mit dem Unternehmen.** Dazu gehören eine sinnvolle Arbeit, persönliche Freiheit und Verantwortung, Entfaltung der eigenen Talente, Lebens-Balance und eine Vertrauenskultur. Auf dieser Stufe entsteht das seelische Wohlbefinden, der Mitarbeiter ist durch seine Identifikation mit seinem Unternehmen überdurchschnittlich motiviert. Dieser Zustand kann nicht eingefordert, er muss entwickelt werden.

Versprechen halten

Das souveräne Miteinander beinhaltet, dass auf Chefs und Mitarbeiter Verlass ist: Versprechen, die nicht gehalten werden, zerstören die Glaubwürdigkeit. Mitarbeiter, die sich ihrer Verantwortung stellen, können auf Fragen, beispielsweise wie der Stand eines bestimmten Projektes oder die Zusammenarbeit mit einem Kunden ist, Antworten geben. Sich gegenseitig abstimmende Mitarbeiter wissen, was von ihnen erwartet wird und was sie vom Gegenüber erwarten können.

Die Verantwortung des Einzelnen

Auch wenn souveräne Unternehmen viel für den Service nach innen tun, muss eines klar sein: Jeder Mitarbeiter ist für seine Stimmung letztendlich selbst verantwortlich. Um in eine positive Stimmung zu kommen, darf er nicht nur auf Anerkennung von außen warten (so erfreulich und angenehm diese auch ist), er muss und kann auch selbst etwas tun. Jeder Service nach innen ist ein Prozess, der nur lebt, wenn alle sich daran beteiligen. Wer lobt, wird gelobt, wer Anerkennung ausspricht, wird anerkannt. Das Glück liegt oft in den kleinen, alltäglichen Dingen. Selbst das kostenlose Wörtchen Danke kommt allzu selten über die Lippen. Mitarbeiter, die Wertschätzung geben und diese von ihren Kollegen und Vorgesetzten erfahren, sind ins Unternehmen fest integriert, leisten mehr und strahlen dies natürlich auch gegenüber den Kunden aus.

Sie fragen sich vielleicht, warum ich Innegrit Volkhardt und Eric Frenzel zusammengebracht habe und weshalb ausgerechnet zu diesem Thema?

Ganz einfach: Bei beiden macht es die richtige Kombination aus. Eric Frenzel hat in der nordischen Kombination zwei Disziplinen, die ihn nur zusammen erfolgreich machen. Bei Innegrit Volkhardt ist es das Wohlfühlklima sowohl für Kunden als auch für Mitarbeiter, die das spezielle Umfeld im Bayerischen Hof ausmachen. Beide leben dieses Wohlfühlklima beruflich und privat ebenso wie ein starkes Leistungsklima – also macht auch hier wieder die Kombination aus beidem den Unterschied zwischen Siegern und Gewinnern aus. Sie beherrschen das Spannungsfeld zwischen Distanz und Nähe, auf der einen Seite zu den Gästen im Hotel, auf der anderen Seite zu den Veranstaltern und Sponsoren. Wie es bei Eric Frenzel vom Abheben in eine möglichst lange Flugphase beim Skispringen gehen soll und es eine Gleitphase beim Skilanglauf gibt, besteht auch das Tun von Innegrit Volkhardt aus ganz

unterschiedlichen Bereichen. Und noch eines vereint beide: sowohl die Tradition als auch das Brechen dieser in ganz speziellen Bereichen. Der Bayerische Hof als familiengeführtes Hotel mit zahlreichen Stammgästen, die der „ersten Adresse" in München jahrzehntelang und generationsübergreifend verbunden sind, bleibt seiner Tradition treu, punktet inzwischen jedoch in vielen Bereichen auch mit einem sehr modernen Design. Eric Frenzel vertritt die starke Domäne der deutschen Athleten im Bereich Nordische Kombination, die zugleich Königsdisziplin der Nordischen Teilnehmer ist. In jedem Fall ein sehr gutes Umfeld für Gewinner ...

„Sich abgrenzen – gekonnter Umgang mit Distanz und Nähe beschert persönlichen Freiraum."

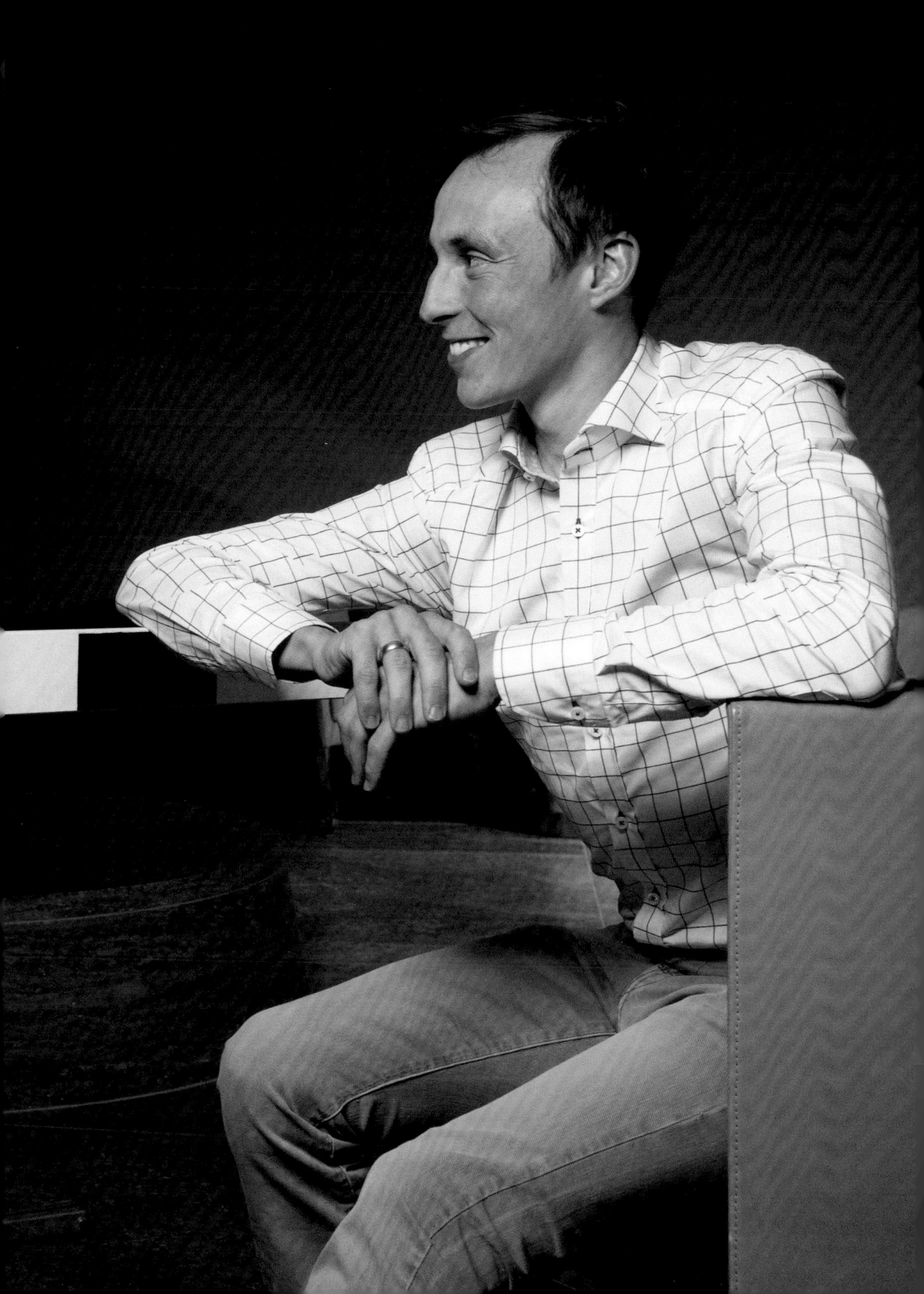

WELTMEISTERLICHE MILESTONES:

2000 Hotel des Jahres, Gault Millau **2002** Hotelmanagerin des Jahres, Aral Schlummer Atlas; Staats
den für „besondere Verdienste um die Bayerische Wirtschaft", Bayerische Staatsregierung **2003** Hote
des Jahres, Der Große Restaurant- und Hotel Guide Bertelsmann; falk's Bar beste Bar Deutschlands, Ga
Millau **2004** falk's Bar Platz 1 Hotelbars, Der Feinschmecker **2005** Platz 1 der Grandhotels Deutschlan
Der Feinschmecker **2006** Hotel des Jahres und bestes Grandhotel Deutschlands, Der Feinschmecker **20**
Gastgeberin des Jahres, Der große Restaurant- und Hotelguide Bertelsmann; Garden Restaurant des Ja
res, Diners Club Magazin; Grand Hotel des Jahres, Der Feinschmecker **2008** Visionärin des Jahres, Din
Club Magazin; Brillat Savarin Plakette **2009** Volkhardts Wein und Bistro, red dot design award **2010, 20**
2012, 2013 Gourmet-Restaurant Atelier 1 Stern vom Michelin Gastroführer **seit 2010** Atelier 17 Pun
und Garden 15 Punkte, Gault Millau **seit 2011** umsatzstärkstes Hotel Deutschlands, AHGZ **2012** Enr
Spannenkrebs Oberkellner des Jahres Gault Millau **2013** Verleihung der Medaille für besondere Verdien
um Bayern in einem vereinten Europa, Bayerisches Staatsministerium

Innegrit Volkhardt

Das Hotel Bayerischer Hof in München wurde 1841 auf Wunsch von König Ludwig I. errichtet. Seit 1897 befindet sich das traditionsreiche Haus im Besitz der Familie Volkhardt. Frau Innegrit Volkhardt, geschäftsführende Komplimentärin des Hotels, übernahm das Hotel 1992 direkt nach ihrem Studium zur Diplom-Betriebswirtin an der Fachhochschule München von Ihrem Vater Falk Volkhardt.

Mit insgesamt 340 Zimmern inklusive 65 Suiten gehört der Bayerische Hof zu den führenden deutschen Häusern und zählt zu den „Leading Hotels of the World". Die Zimmer sind individuell gestaltet sowie luxuriös ausgestattet und zeichnen sich durch verschiedene Stile aus. 40 Tagungsräume, von 17 bis 1700 qm Größe, sind ebenfalls fester Bestandteil des Bayerischen Hofs. Bis zu 2500 Gäste können darin untergebracht werden. Insgesamt fünf Restaurants lassen keine kulinarischen Wünsche offen. Das Gourmetrestaurant Atelier bietet regionale und internationale Kreationen auf höchstem Niveau. Bewährte Klassiker und zeitgenössisch interpretierte Küche gibt es im Garden. Weitere Restaurants sind der Palais Keller, welcher traditionelle bayerische Küche serviert, das Trader Vic's und die Blue Spa Lounge mit leichter Wellness-Küche. Sechs verschiedene Bars laden dazu ein, Drinks und Cocktails zu genießen und so den Alltag einmal hinter sich zu lassen. Mehrfach ausgezeichnet wurde die falk's Bar, eine moderne Bar im denkmalgeschützten Spiegelsaal. Andere Unterhaltungsmöglichkeiten bieten die astor@Cinema Lounge, das hauseigene kleine Kino mit bequemen Loungesofas, die Komödie, das hauseigene Theater des Bayerischen Hofs mit 570 Sitzplätzen, der Night Club, einer der besten Jazz-Clubs der Stadt und die Piano Bar, in der renommierte Pianisten jeden Freitag auftreten. Im Blue Spa, dem einzigartigen Wellness-Bereich, können Besucher auf 1.300 qm² über vier Etagen Entspannung finden.

Zahlreiche Auszeichnungen bestätigen, dass erstklassiger Service und Gastfreundschaft an oberster Stelle des Unternehmens stehen. Durch architektonisch herausragende Projekte mit international arrivierten Architekten wie Andrée Putman mit dem Blue Spa und Axel Vervoordt mit den Restaurants Garden und Atelier sowie der Cinema Lounge stellt das traditionsreiche Hotel Bayerischer Hof seine Zukunftgerichtetheit und sein Fortschrittsdenken unter Beweis. Zur Unternehmensgruppe Gebrüder Volkhardt KG zählen zudem das Hotel Zur Tenne in Kitzbühel und die Weingroßhandlung Volkhardt's Wein & Bistro in München.

„Wer nichts verändern will, wird auch das verlieren, was er bewahren möchte."

»VIDEO

WELTMEISTERLICHE MILESTONES:

2007 Goldmedaille Sprint und **Silbermedaille Team** bei der Nordischen Junioren Ski-WM in Tarvi

2010 Bronzemedaille Team bei den Olympischen Spielen in Vancouver **2011 Goldmedaille Einz**

Normalschanze Nordische Ski-WM in Oslo **2013 Goldmedaille Einzel** Großschanze in Val di Fiemme **20**

1. Platz im Gesamtweltcup **2014 Goldmedaille** auf der Normalschanze bei den Olympischen Spielen

Sotschi **2014 1. Platz** im Gesamtweltcup **Champion des Jahres** 2014

Eric Frenzel

Eric Frenzel, 1988 in Annaberg-Buchholz geboren, ist der erfolgreichste deutsche Nordische Kombinierer. Bereits seit 1994 im Skisport aktiv, startet er für den WSC Erzgebirge Oberwiesenthalund gehört seit 2003 zum Nationalkader. Der Sportsoldat wurde 2014 Olympiasieger, 2011 und 2013 Einzel-Weltmeister und gewann 2013 und 2014 die Gesamtwertung des Weltcups.

Sein Papa weckte in ihm bereits sehr früh das Interesse an der Sportart. Er betreute damals zusammen mit Steffen Küchler in Geyer die Trainingsgruppe der Nordisch Kombinierten. Dort begann Eric Frenzel im Winter 1994/95 mit Abfahrten auf Schanzen. Aufgrund seiner ehrgeizigen Einstellung zum Leistungssport meldeten ihn seine Eltern 2002 an der Eliteschule des Wintersports in Oberwiesenthal an.

In der Trainingsgruppe von Jens Einsiedel konnte sich Eric Frenzel gut weiterentwickeln. Auch heute ist er neben Frank Erlbeck sein Heimtrainer.

Im Januar 2003 wurde Eric Frenzel Sachsenmeister im Spezialsprung und der Nordischen Kombination. Bei der DM im August 2004 in Oberstdorf erreichte er einen 3. Platz im Juniorenbereich und gewann in der Wintersaison 04/05 die Gesamtwertung im Deutschlandpokal. Durch gute Ergebnisse im Alpencup und B-Worldcup 05/06 qualifizierte er sich für die JWM 2006. Ein internationales Achtungszeichen konnte er mit dem 3. Platz beim Sommer Grand Prix 2006 in Klingenthal setzen. Im Winter 06/07 bekam er Einsätze im B-WC/A-WC und wurde überraschend für die WM in Sapporo nominiert.

Die Erfahrungen, die er dort sammelte, waren mit ausschlaggebend für den Gewinn des JWM-Titels beim Sprint in Tarvisio 2007.

Seitdem reiht sich Medaille an Medaille. Am 26. Februar 2011 feierte er seinen bislang größten Erfolg, als er bei der Nordischen Ski-WM in Oslo Weltmeister im Einzel des Gundersen-Wettkampfs (ein Sprung von der Normalschanze, 10 km Langlauf) wird. Im Winter 2012/13 gewann er im Januar vier Wettkämpfe in Seefeld und Klingenthal in Folge und übernahm erstmals die Führung in der Weltcupwertung. Zudem siegte er als erster deutscher Kombinierer nach fünf Jahren wieder bei einem Heimrennen. In der Saison 2013/14 gewann Frenzel das erstmals ausgetragene „Nordic Combined Triple" in Seefeld mit drei Wettkämpfen, in denen Langlaufstrecken über 5, 10 und 15 km absolviert werden und jeweils mit den Abständen des Vortages gestartet wird. Schließlich holt er am 12. Februar 2014 bei den Olympischen Spielen in Sotschi Gold auf der Normalschanze..

„Wenn du denkst, dass du etwas bist,
hast du aufgehört etwas zu werden."

Klimawandel oder: Die Sonne scheint in uns selbst

Eric Frenzel & Innegrit Volkhardt sind sich einig: Um konstant Spitzenleistungen zu erbringen, muss das Umfeld stimmen. Und das umso mehr, je stärker sich „Arbeitszeit" und „Lebenszeit" decken, wie es bei beiden der Fall ist.

WOHLFÜHLATMOSPHÄRE ALS MOTOR

Weltmeister und Olympiasieger oder geschäftsführende Gesellschafterin eines Grandhotels – trotz ihrer so unterschiedlichen Milieus ist es für beide keine Frage, dass sie selbst es sind, die durch ihre Person und Einstellung das Klima ihres Umfelds nachhaltig beeinflussen.

Innegrit Volkhardt: „Wohlfühlatmosphäre ist mir total wichtig. Die Arbeit ist mein Leben. Da gibt es keine Trennung, kein Umschalten nach zwölf Stunden. Deshalb versuche ich, mein Umfeld so zu gestalten, dass mich möglichst wenig stört und ich mich auch innerlich ruhig fühle."

ERIC FRENZEL: „Klima hat bei mir zweierlei Bedeutung. Einmal ganz direkt das Wetter betreffend, denn davon ist mein Sport ja abhängig. Ideal ist eine stabile Wetterlage, ganz besonders beim Skispringen. Unstabile Wetterlagen bringen immer auch Unsicherheiten mit sich. Beim Langlaufen dagegen ist es nicht so schlimm, ob es schneit, regnet oder der Wind bläst. Wohlfühlwetter ist, wenn alles schön weiß ist, angenehme Minusgrade, blauer Himmel und Sonnenschein … – das ist für uns Wettkampf-Athleten dann auch Motivation pur. Auf der anderen Seite gibt es die Atmosphäre im Stadion und um mich herum. Ich muss mich wohlfühlen, also mit mir eins sein. Auf der anderen Seite hat natürlich auch die Stimmung im Team großen Einfluss auf das Ergebnis."

ATMOSPHÄRE

Der Begriff Atmosphäre zur Umschreibung einer Stimmung ist sehr eng mit Gefühlen verknüpft. Die Erwartungen des Publikums an Eric Frenzel bei einem Weltcuprennen sind groß. Die Goldmedaille von Sotschi verpflichtet. Genauso wie der Name Bayerischer Hof. Viele Gäste sind Stammkunden – oft generationsübergreifend –, welche die ganz spezielle Atmosphäre des Hauses kennen- und liebengelernt haben.

Eric Frenzel: „Beim Springen bin ich absolut auf mich selbst konzentriert und kann die Stimmung um mich herum gut ausblenden. In dieser sehr

---

Geben Sie Ihren Gefühlen Raum

- *Ausgleich zwischen Klarheit im Kopf und dem Bauchgefühl.*
- *Suchen Sie Ihre „emotionalen Ortezauf, um sich aufzuladen.*
- *Fahren Sie Ihre Antennen aus, um Schönes, Bereicherndes, Freudiges empfangen zu können.*

situativen Sportart muss man ganz bei der Sache sein und im entscheidenden Moment das Richtige tun, ohne groß nachzudenken. Erst wenn ich dann unten rausfahre und der Sprung war gut, nehme ich schon gerne die Atmosphäre auf. Beim Laufen ist das anders, wenn man weiß, was auf der Strecke los ist. Es pusht einfach, wenn dich die Leute anfeuern. Sie wollen, dass du gewinnst, und das macht Spaß."

Innegrit Volkhardt: „Die große Verbundenheit vieler unserer Gäste beruht auf der sehr persönlichen Atmosphäre. Dazu gehört es, die Wünsche der Kunden möglichst immer zu erfüllen. Zufriedenheit herbeizuführen ist mir keine Last, sondern eine große Freude, woraus ich wahnsinnig viel Energie schöpfen kann. Von vielen unserer Gäste kennen wir die Vorlieben, welches Zimmer sie bevorzugen oder was sie gerne essen bzw. nicht mögen. Genau deswegen kommen viele Besucher unseres Hauses immer wieder zu uns. Tradition im Geist der Familie verpflichtet."

DEN SPRUNG WAGEN – VERÄNDERUNGEN UND INNOVATIONEN

Seit vier Generationen ist der Bayerische Hof im Besitz der Familie Volkhardt und zählt heute zu den umsatzstärksten Einzelhotels in Deutschland. In einer traditionsreichen Hotelierfamilie aufgewachsen, war es trotzdem ein Sprung ins kalte Wasser, als Innegrit Volkhardt 1992 nur zwei Tage, nachdem sie ihr Betriebswirtschaftsdiplom in der Tasche hatte, aufgrund der Krankheit ihres Vaters die Leitung des Unternehmens übernahm. Mit mutigen Entscheidungen meistert sie erfolgreich den Spagat zwischen Tradition und Innovation.

Innegrit Volkhardt: „Traditionen sind wichtig und ich versuche, sie zu erhalten. Auch Beständigkeit, im Büro z. B. die gewohnten Dinge an ihrer Stelle zu haben. Da brauche ich Kontinuität. Indem man sich seiner Wurzeln bewusst ist, bleiben diese auch spürbar, selbst wenn ich neue moderne Ideen total anders umsetze. Ich habe keine Angst vor Veränderungen und versuche das auch auf meine Mitarbeiter zu übertragen, die meistens eine gewisse Kontinuität vorziehen, weil damit natürlich Sicherheit verbunden ist. Aber wir haben auch viele langjährige und ältere Mitarbeiter, die sich auf Veränderungen freuen."

RITUALE VOR DEM SPRUNG

Die Begeisterung für die Nordische Kombination verdankt Eric Frenzel seinem Vater, der ihn früh an den Sport herangeführt hat. Ungezählt sind die Sprünge von seinen ersten Abfahrten als Sechsjähriger auf den heimatlichen Schanzen in Geyer bis zum Olympia-Gold in Sotschi 2014. Routine und Rituale begleiten den Countdown vor jedem neuen Sprung.

Eric Frenzel: „Dreißig Minuten vor dem Sprung vermeide ich fast alle Kontakte und konzentriere mich ganz auf mich selbst, mache die letzten Übungen, Imitation nennen wir das. Dann gehe ich in den Container, ziehe mich um, nehme die Kopfhörer, etwas Musik oder auch der Text eines Hörbuches bringen mich auf andere Gedanken und ich bin noch ein bisschen ganz für mich. Mit diesen Ritualen kann ich mich ganz gut abschirmen. Das Team weiß das und stört wirklich nur, wenn es gravierend wichtig ist."

DAS TEAM ALS KONSTANTE

Trainer und Techniker bleiben zwar im Hintergrund, stellen aber als langjährige Begleiter nicht selten die Konstante in einer Sportkarriere dar. Auch ein Dienstleistungsbetrieb steht und fällt mit dem Team. Innegrit Volkhardt hat ihre Art, Gäste individuell wertzuschätzen, auf ihr Team übertragen und sie stärkt ihrer Mannschaft den Rücken.

Eric Frenzel: „Alle, die in unserem Team involviert sind, kennen mich und meine Mannschaftskollegen sehr gut und wissen, wie sie mit uns umzugehen haben. Harmonie und Vertrauen sind extrem wichtig, wenn man viele Wochen im Jahr miteinander verbringt. Ich habe ein wirklich gutes Team hinter mir, mit dem ich mich immer weiterentwickeln konnte. Dieses gemeinsame Vorankommen empfinde ich für mich sehr positiv."

Innegrit Volkhardt: „Unsere Mitarbeiter haben ein sehr hohes Bewusstsein, was der Gast bei uns erwartet. Das höchste Gut, das der Gast heute hat, ist die Zeit. Leistet er sich unser Haus und verbringt er seine Zeit bei uns, darf er mit der Erfüllung seiner Wünsche rechnen. Auch wenn wir die Messlatte hoch anlegen, sind ja die meisten davon fassbar, ein bestimmter Wein, Pralinen statt Kuchen … Und wenn einmal etwas wirklich nicht geht, muss man das klar kommunizieren. Das haben wir übrigens von unseren amerikanischen Gästen gelernt. Wenn wir etwas versprechen, dann halten wir es, können wir einen Wunsch nicht erfüllen, versprechen wir das auch nicht. Definitiv nicht erfüllen wir gesetzlich oder moralisch unzulässige Wünsche. Der Gast ist zwar König, aber es gibt Grenzen. Selbstverständlich stärke ich meinen Mitarbeiten den Rücken, solche Wünsche abzulehnen. Ich bin für sie verantwortlich und muss sie auch schützen. Auch ein Dienstleister kann nicht gekauft werden – eine Leistung ja, die Person niemals, dem Menschen gebührt nun mal immer ein gewisser Respekt. Zum Glück sind solche Fälle aber die absolute Ausnahme."

WOHLFÜHLKLIMA ALS LEISTUNGSKLIMA

Das Wohlfühlklima gehört zu den herausragenden Merkmalen, welche die Gäste am Traditionshotel Bayrischer Hof schätzen. Für Innegrit Volkhardt stellt es auch die Voraussetzung für ein Leistungsklima dar.

Innegrit Volkhardt: „Ein Mitarbeiter, der sich nicht wohlfühlt, kann keine gute Leistung bringen. Ein Leistungsklima entsteht aber erst, indem Mitarbeiter in ihren Ansprüchen echt herausgefordert werden – so wie wir immer wieder Kunden haben, die eine Herausforderung sind, die wir meistern wollen, das Erwartete oder Geforderte zu leisten und stolz darauf zu sein. Eine sehr große wichtige Konferenz zum Beispiel, das macht auch unsere Mitarbeiter stolz. Wenn die wissen, hier ist die Welt vertreten und wir sind auserwählt worden, das umzusetzen, weil man uns zutraut, dass wir das können und es bei anderen Gelegenheiten schon bewiesen haben, das gibt den Leuten sehr viel Energie. Indem ich meinen Mitarbeitern zutraue, so etwas zu schaffen, erbringen sie die erwartete Leistung und oft auch noch einen Tick mehr."

ANERKENNUNG ZEIGEN

Eine Leistung, die anerkannt wird. So findet alljährlich die Münchner Sicherheitskonferenz im Bayerischen Hof statt und zahlreiche Auszeichnungen sprechen ihre eigene Sprache.

Innegrit Volkhardt: „Das Hotelgeschäft ist durchaus mit dem Sport vergleichbar. Ein Sportteam kann nur gewinnen, wenn jeder sein Bestes dazu beiträgt. Das Ergebnis liegt an jedem Einzelnen. Nun bin ich keine Sport-Spezialistin, aber ich denke an den Staffellauf, die Übergabe muss perfekt sein, wenn auch nur einer patzt, funktioniert es nicht. So ist unseren Mitarbeitern natürlich bewusst, dass jeder seinen Teil tragen muss. Auch ich."

MOTIVATION UND KOMMUNIKATION

Im Sport ist eines entscheidend für den Erfolg: Motivation – ob die eigene oder der Ansporn durch Trainer und das Team. Sie hilft, über Niederlagen hinwegzukommen ebenso wie die langfristige Trainingsdisziplin aufzubringen. Jobs im Hotelgewerbe sind häufig recht kurzfristig angelegt. Man nimmt renommierte Namen für seinen beruflichen Lebenslauf mit.

Eric Frenzel: „Als Wettkampftyp kann ich mich gut selbst motivieren. Ich brauche nicht so sehr den extremen Ansporn, da ich selber sehr ehrgeizig bin. Allein der Wettkampfdruck, dieser Moment beim Sprung, diese paar

Leistungsklima erzeugen
- *Pflegen Sie Ihre Rituale – Gewohnheiten werden zur sicheren Routine.*
- *Anerkennung und aufrichtige Wertschätzung sich selbst und anderen gegenüber motiviert zu mehr.*
- *Warum wollen Sie das leisten? Stellen Sie sich die Sinnfrage!*

Abneigung zur Zuneigung
- *Und jetzt erst recht!*
- *Gehen Sie trotzdem mit viel Disziplin Ihre „unliebsamen Dinge" leidenschaftlich an.*
- *Feiern Sie kleine Teilerfolge groß und belohnen sich dafür.*

Sekunden, auf die es da ankommt, reichen, mein Inneres so hochzufahren, dass ich in den Zustand komme, um an die Grenzen zu gehen. Im Training fällt mir das nicht so leicht."

Innegrit Volkhardt: „Für mich ist es immer wichtig und das kommuniziere ich bereits im Vorfeld, dass eine Aufgabe ausgebaut werden kann. Erfolgreich wird man erst, wenn man sich entwickeln kann, wenn drei Phasen aufeinander aufbauen: Einarbeiten, Fortführen, Weiterentwickeln. Das ist meine Erwartungshaltung, die an- und ausgesprochen wird. Auch wenn wir als Familienbetrieb nicht mit einer Hotel-Kette vergleichbar sind, also z. B.

keine Aufenthalte im Ausland anbieten können. Unsere Mitarbeiter sollen erkennen, dass dieses ‚mit dem Betrieb und auch mit den Kunden leben' eine Rolle spielt. Ein Gast, der dieses Wochenende bei uns verbringt, war schon vor zwei Jahren einmal da und jetzt kommt er wieder und mindestens 80 Prozent des Umfeldes sind gleich geblieben. Er hat hier Menschen kennengelernt und ihnen vertraut. Ob diese jetzt noch da sind oder alle weg, das macht den Unterschied. Die Beziehung von Mensch zu Mensch ist für mich ein enorm großes Anliegen."

VERSCHIEDENE DISZIPLINEN

Als Kombinierer ist es Eric Frenzel gewohnt, zwischen den so konträren Disziplinen Springen und Laufen ohne Reibungsverlust umzuschalten. Ein ähnliches Spannungsfeld kennt Innegrit Volkhardt, das von Ist-Situation mit Gästen in ihrer Gegenwartsbezogenheit bis hin zu Planungen für die langfristige Unternehmenssteuerung reicht.

Vor"sprung" haben und aufs Ziel zulaufen

Eric Frenzel: „Man kann so konträre Sportarten nicht zusammen machen, sondern muss versuchen, sich in beiden gleichmäßig zu entwickeln, und dabei auf Dinge achten, die einander bedingen. Was beim einen den positiven Reiz ausmacht, kann beim anderen negativ sein. Was das Springen anbetrifft, muss ich im Sommer sehr oft zurückstecken, darunter leidet das Niveau, es läuft nicht optimal. Aufgrund der Ausdauereinheiten des Langlaufens ist der Körper auch nicht in der Lage, beides zu verknüpfen. Irgendwann kommt dann der Punkt, wo ich sage: Es geht wieder auf die Saison zu. Ab da laufen die beiden Disziplinen, die für mich ja zusammengehören, auch wieder aufeinander zu. Von jetzt auf gleich geht es mir dann im Herbst auch beim Skispringen wieder gut, ohne dass man sich das wirklich erklären kann."

Innegrit Volkhardt: „Meine Hauptaufgabe liegt ja in der Leitung, im strategischen Denken. Ich nehme mir für mittel- und langfristige Planungen viel Zeit. Auch wenn ich diese erst in zwei oder drei Jahren umsetze, muss ich sie und ihre Auswirkungen vorher gut durchdenken. Das Spannungsfeld entsteht durch die Aktualität. Der Gast will jetzt etwas von mir. Ich verdiene mein Geld mit Gästen, darum haben sie auch Anspruch darauf, dass ich mich zeige, dass ich jetzt darauf achte, dass alles funktioniert. Da heißt es zu differenzieren, zwischen dem, was wann wirklich sein muss und der Konsequenz daraus, dann auch Zeit dafür zu haben bzw. sie sich zu nehmen."

MIT AUSDAUER EINEN PLAN VERFOLGEN

Für Eric Frenzel sind es die zwei Sportarten mit ihren unterschiedlichen Anforderungen, die es auf ein gemeinsames Ziel zu fokussieren gilt. Innegrit Volkhardt leitet neben dem Bayerischen Hof auch noch das Hotel zur Tenne in Kitzbühel und die Weinhandlung Gebrüder Volkhardt. Ausdauer und Zielstrebigkeit sind für beide der Schlüssel zum Erfolg.

Innegrit Volkhardt: „Es sind verschiedene Themen, aber alle in einem Topf. Auch ein Sportler muss vieles tun, was ihm nicht nur Spaß macht, um in Kondition zu bleiben und zu dem angepeilten sportlichen Ergebnis zu gelangen. Man weiß, wenn ich diese tausend Notwendigkeiten nicht tue, dann komme ich nicht zum Gesamterfolg. Im meinem Beruf ist das nicht anders."

Eric Frenzel: „Das ist nicht einmal unbedingt der Kopf. Bei mir ist es auch die körperliche Seite. Ist mein Körper vom Ausdauertraining her zu müde, kann ich mein Sprungbild, das ich im Kopf habe, nicht abrufen. Wenn sich zur Saison hin die Einheiten wieder annähern, das Laufen wieder kürzer, aber intensiver wird, so wie das Skispringen selbst ja auch kurz und intensiv ist, dann kommt das Körpergefühl wieder. Manchmal muss man schon Geduld haben und Vertrauen in die vom Trainer ausgearbeiteten Pläne. Glauben und Hoffen sind immer das wichtigste. Wenn man einen guten Plan hat und diesen einfach weiter verfolgt, auch wenn zwischendurch das eine oder andere ein bisschen hinterherhängt, wenn man auf dieses Ziel hinarbeitet, dann läuft auch meistens alles wieder zusammen. Das ist meine Erfahrung aus sportlicher Sicht, die ich gerne auch an Unternehmer weitergebe."

DAS PRIVATE ALS UMFELD DES WOHLFÜHLENS

Innegrit Volkhardt sieht sich als Hotelchefin einer Vielzahl verschiedenster Herausforderungen gegenübergestellt. Neben vielen positiven Themen

> ### Langer Atem zahlt sich aus
>
> - Halten Sie an Ihren Plänen fest.
> - Seien Sie geduldig: Alles wird GUT.
> - Aus den Details ergeben sich viele kleine Notwendigkeiten: abarbeiten!

begegnen ihr im Berufsalltag zwangsläufig auch weniger angenehme Aufgaben, die es zu meistern gilt. In ihrem privaten Umfeld findet sie den Ausgleich, die Ruhe, um den Akku neu zu laden. Auch Eric Frenzel zieht seine ganz eigenen Kraftreserven aus der Unterstützung durch seine Ehefrau und seinen Sohn.

Eric Frenzel: „Wenn mich meine Familie zum Wettkampf begleitet, in meiner Nähe ist, dann gibt mir das eine Extraportion Druck, positiven Druck. Ich kann dann noch ein bisschen mehr aus mir herauskitzeln. Noch ein bisschen mehr an die Grenze gehen, was ja im Leistungssport unheimlich wichtig ist. Ich genieße aber ganz allgemein die Momente, in denen ich meine Familie in meiner Nähe haben kann, da wir ja leider übers Jahr gesehen nicht so viel Zeit zusammen haben. Da freut es mich umso mehr zu sehen, dass auch sie Spaß haben an dem, was ich mache. Und wenn ich ihnen durch meine Leistung, die ich erbringe, ein bisschen was zurückgeben kann, macht mich das sehr glücklich."

Innegrit Volkhardt: „Meine Arbeit nimmt einen recht großen Teil meines Tages in Anspruch. Daher habe ich gelernt, mich auch innerhalb meines beruflichen Schaffens durch die positiven Themen aufzubauen und dadurch in gewisser Weise die negativeren Pflichtthemen zu relativieren. Oder die Gäste, die zufrieden sind und einem schöne Dinge sagen, das gibt enorme Kraft. Aber dann ist da auch noch ein privates Umfeld, das einen einfach mal wegschalten lässt. Ein Umfeld, in dem man Luft hat, das für Ausgleich sorgt. Ich hab so eine Art Geheimbild, das fast automatisch für gute Laune und Wohlsein sorgt: unser Kater Woody und Esel Lucky. Wenn ich an die beiden denke, vergesse ich schnell die Sorgen um mich und gehe hin zu einem positiven Gesamtbild. Das ist deswegen nicht so, dass alles plötzlich weg wäre, aber vieles relativiert sich und ich finde wieder den Weg hin zum Positiven."

DAS BERUFLICHE UMFELD ALS UMFELD DES WOHLFÜHLENS

Die Arbeit im Hotel, einer Dienstleistungsbranche par excellence, sowie der Leistungssport nehmen in ihrer ganzen Bandbreite den Großteil der Tageszeit sowohl Innegrit Volkhardts als auch Eric Frenzels in Anspruch. Umso wichtiger erscheint es, sich auch im beruflichen Umfeld wohlfühlen zu können.

Innegrit Volkhardt: „Ich hab das ja eben schon angeschnitten, wie schön und aufbauend die positiven Themen in meinem Berufsalltag wirken können. Oberstes Gebot ist es aber, dabei nicht mein Wohlbefinden in den Vordergrund zu stellen, sondern mein Wohlgefühl vielmehr als erfreuliches Nebenergebnis der primären Anstrengung zum Wohl des Gastes zu sehen. Unsere Kunden kommen zu uns, weil sie das Besondere wollen, und erwarten können, dass

Umfeld des Wohlfühlens

- *Suchen Sie Orte auf, an denen Sie schon erfolgreich waren.*
- *Ist Ihr Umfeld (Familie, Partner, Chef, Mitarbeiter) auf Sie stolz, macht Sie das glücklich.*
- *Fühlen sich Ihre Mitarbeiter/Partner wohl, überträgt sich dies auch auf Sie.*

wir dies und das einfach besser können als andere, also keine Standard-
abfertigung. Dazu gehört es auch, unseren Gästen eine große Bandbreite
bieten zu können. Wir stellen uns auf die Bedürfnisse des Tagungsgastes
und Businessman genauso ein wie auf die Familie mit Kind. Alle unter einen
Hut zu bekommen, ist manchmal gar nicht so einfach. Aber gerade dieser
Mix und dass wir die Herausforderung annehmen, schätzen unsere Kunden
an uns. Der Tagungsgast kann beispielsweise auch seine Familie zu uns mit-
bringen, die er dann am Ende seines anstrengenden Arbeitstags noch sehen,
den Abend und die Nacht mit ihnen verbringen kann. So wird letztlich auch
das berufliche Umfeld unserer Gäste zu einem Umfeld des Wohlfühlens."

Eric Frenzel: „Wettkampforte, mit denen ich
positive Erfahrungen und Erfolge verbinde, sind
in meinem Kopf natürlich mit einem positiveren
Bild verankert, als die Orte, an denen ich Probleme hatte. Früher, als junger Sportler, waren
sehr kleine Schanzen problematisch, da ich dort
meine Vorteile nicht gut ausnutzen konnte. Nach
und nach habe ich mich aber dann auch dort zu-
rechtgefunden. In Ramsau war ich nie ganz vorne dabei, bis ich dann letztes Jahr den Weltcup
dort gewonnen habe – das verändert natürlich
meine ganz subjektive Sichtweise. Mit Orten wie

Es geht immer weiter …

Klingenthal oder Oslo, als Mekka des nordischen Skisports, hege ich jedoch
tiefergehende atmosphärische Beziehungen. Wenn man schon als Junger dort
positive Erlebnisse hatte, brennt sich das halt ein. Inzwischen habe ich aber
viele Austragungsorte, die ich mit Wohlbefinden in Beziehung setzen kann."

SCHLECHTE ERFAHRUNGEN „ÜBERSPRINGEN"

Im Lauf seiner sportlichen Karriere musste Eric Frenzel bereits das ein oder
andere Mal die Erfahrung machen, dass man, gerade auch beim Skisprung,
nicht immer auf den Beinen landet. Wie man mit solch gearteten negativen
Erfahrungen umgeht, hat er schnell gelernt.

Eric Frenzel: „Vor meinem ersten Weltmeistertitel hatte ich einen ziemlichen
schweren Sturz, mitten in der Vorbereitung. Da war vielleicht noch eine
Woche Zeit, in der wir ein bisschen trainieren konnten. Mir blieb also rein
zeitmäßig schon nichts anderes übrig, als einfach weiterzumachen. Über-
mäßiges Grübeln, bis ins letzte Detail nachsinnen, bringt im Endeffekt auch
nichts. Für mich ist es ganz wichtig, mich relativ zeitnah gleich wieder
dieser Herausforderung zu stellen. Wenn man sich nicht schwer verletzt hat,
muss man einfach versuchen, sich zu sammeln und den Sprung wieder zu

machen. Ich will mich so schnell wie möglich wieder damit auseinandersetzen, anfangen, aufbauen – beim Skisprung dann halt vielleicht eine Stufe
niedriger starten. Hauptsache ist, es überhaupt wieder zu wagen, um die innere Sicherheit wiederzuerlangen. Ich denke, das kann man so oder ähnlich
auf ganz viele Lebens- und Arbeitsbereiche übertragen."

VIELFALT ALS OPTION

Der Bayerische Hof fungiert als Gastgeber für ein breit gefächertes Publikum.
Ein breites Spektrum zu bedienen, dabei den mannigfaltigen, spezifischen
Anforderungen jeder Klientel gerecht zu werden, sieht Innegrit Volkhardt als
Herausforderung und Auszeichnung der Arbeit ihres gesamten Hauses.

Innegrit Volkhardt: „Unser Haus hat einen Slogan: ‚Eine Welt für sich.'
Der rührt daher, weil wir ein wirklich breites Spektrum an Dienstleistungen
haben. Restaurants von Polynesisch über Bayrisch bis hin zur Sterneküche.
Oder unsere Vielfalt an Einrichtungen, vom Spa für den Freizeitgast bis hin
zu Veranstaltungsräumlichkeiten, in denen beispielsweise die Münchner
Sicherheitskonferenz stattfindet, am nächsten Tag dann aber vielleicht
schon wieder ein großes Dinner. Von jeher ist es unser Anspruch, genau
diese Vielfalt bieten zu können. Gäste wissen im Normalfall um unser
bewegtes, vielseitiges Umfeld und schätzen dieses auch."

UNGEWOHNTES UMFELD INTEGRIEREN

Als Leistungssportler hat Eric Frenzel eigentlich immer Hauptsaison. In der
Wettkampfzeit im Winter muss er das auf die Piste bringen, was er in seiner
Vorbereitung über den ganzen Sommer, teils auch unter anderen und unge-
wohnten Bedingungen trainiert hat.

Eric Frenzel: „Es gibt inzwischen ja auch im Sommer einige Wettkämpfe,
Großereignisse bleiben da jedoch in der Minderheit. Die Wettkämpfe im
Sommer sind zwar nicht verpflichtend, aber ich mache ganz gerne mit. Man
kann dabei gut abchecken, wie die anderen bis dato trainiert haben, auf
welchem Niveau sie sind. Die Umstellung beim Skispringen ohne Schnee,
also auf Matten, hält sich in Grenzen, da kann man relativ schnell und leicht
umschalten. Beim Langlauf, der im Sommer dann auf Rollski stattfindet,
sieht das Ganze schon ein bisschen anders aus. Da fehlt dieses Schnee-
gefühl mit den langen Ski schon gegenüber den kurzen Rollern auf Teer.
Deswegen versuchen wir auch relativ frühzeitig, wieder auf Schnee trainieren zu können, einfach um dieses Gleitgefühl nicht zu verlieren. Aber
vielleicht ist es genau diese Abwechslung, die uns dann im Winter zugute-
kommt, sich verschiedensten Verhältnissen perfekt anpassen zu können."

PERSÖNLICHE VERFÜGBARKEIT PORTIONIEREN

Sich selbst immer um alles kümmern wollen, müssen oder können: Innegrit Volkhardt wusste bald, dass dieser Denkansatz nicht funktionieren kann – nicht einmal oder gerade nicht im Dienstleistungsgewerbe eines Grand Hotels. Sie nimmt sich die Freiheit, auch einmal NEIN zu sagen.

Innegrit Volkhardt: „Ich bin ein Dienstleister, verstehe mich so und bin auch mit Herzblut bei der Sache. Und grundsätzlich bekommt unser Kunde fast alles von uns. Wenn jedoch immer wieder ausschließlich nach der Chefin verlangt wird, bin ich auch mal rigoros und verweigere mich sozusagen. Dabei gilt es natürlich zu differenzieren. Es gibt Situationen, in denen hat der Kunde einfach den absoluten Anspruch, etwas mit mir zu besprechen. Andererseits gibt es auch Situationen, in denen es reicht, wenn ich durch meine Mitarbeiter erfahre, was los ist, und mich dann darum kümmere. Das ist reiner Selbstschutz und diesen Grat muss man in meiner Position einfach beschreiten."

POSITIVE ATMOSPHÄRE FÜRS TEAM

Neben den Einzelrennen und der Sprintwertung wird die Nordische Kombination auch im Teamsprint sowie in der Staffel ausgetragen. Um ein Umfeld zu schaffen, aus dem Erfolg entstehen kann, ist es auch für Eric Frenzel wichtig, auf die Atmosphäre innerhalb seines Teams zu achten und seine Kollegen nach Möglichkeit zu unterstützen.

Eric Frenzel: „Spaß ist ganz wichtig bei uns im Team. Nur wenn du Spaß an der ganzen Sache und miteinander hast, kannst du wirklich etwas im Team bewirken. Wir sind eine sehr junge Mannschaft, das gibt mir als inzwischen trainingsälterem Sportler auch immer wieder den Druck von hinten, das spornt schon an. Wenn eine positive Atmosphäre im Team vorherrscht, kann auch jeder indirekt vom Erfolg des anderen profitieren. In der Vorbereitung sind beispielsweise nicht alle zur gleichen Zeit auf dem gleichen Leistungsniveau. Und dann profitierst du von dem, der schon etwas fitter ist: Zum einen kann man sich an dessen Leistungen orientieren, zum anderen nimmt er dem öffentlichen Druck, der über die Medien ins Team hineinschwappt, ein wenig den Wind aus den Segeln. Vergangene Saison war halt ich mal derjenige, der obenauf war, vorbereitungstechnisch. Und nächstes Mal ist das vielleicht auch wieder jemand anderes aus dem Team. Darauf kommt es aber auch nicht an. Wichtig ist letztendlich nur, dass dieser Eine da ist, der eine positive Stimmung erzeugen kann und die anderen mitreißt, indem er ihnen den Druck nimmt, die Situation etwas erleichtert."

Kraft zum „NEIN" sagen

- *Nach Niederlagen gleich nochmal probieren. NEIN zum wiederholten Versagen.*
- *Mit Selbstschutz schonen Sie Ihre eigenen Ressourcen.*
- *Lassen Sie dadurch dem Teampartner seine Potentiale besser einbringen.*
- *Ihr Gegenüber weiß, woran er ist – Klarheit bringt Wahrheit.*

Meine grö

HERAUSF

Innegrit Volkhardt

Die größte Herausforderung? Danach bin ich schon einmal gefragt worden und ich habe keine Antwort darauf gefunden. Vielleicht weil ich mein ganzes Leben vor Herausforderungen gestellt wurde und noch werde, aber bislang immer eine Lösung gefunden habe. Deshalb habe ich jetzt keine spezielle Herausforderung im Bewusstsein, von der ich sage, die war für mich die Größte oder die Schwierigste. Es gibt immer für alles eine Antwort, man muss nur die Zeit und die Muße haben, darüber nachzudenken und sie zu finden.

Eric Frenzel

Also für mich war die größte Herausforderung damals, als wir, meine Freundin und ich, schon sehr jung Eltern geworden sind. Wir standen damals vor der Herausforderung, einfach alles in unserem Leben erst einmal wieder zu ordnen und gemeinsam zu überlegen, in welche Richtung gehen wir da. Wir sind sicherlich beide daran gewachsen. Speziell für mich war es übrigens ein sehr positiver Anstoß, denn seit dem Zeitpunkt, wo mein Sohnemann da war, ging es für mich sportlich enorm aufwärts. Ja, das war für mich tatsächlich eine sehr große Herausforderung, die ich gerne gemeistert habe und heute sehr glücklich bin, dass ich das letztendlich zusammen mit meiner Familie und mit meiner Freundin so gut geschafft habe.

Auf Weiten- und Zeitenjagd ...

... geht es nicht nur bei der Nordischen Kombination. Auch im Business jagen wir Terminen hinterher, schaffen manchmal weder zum richtigen Zeitpunkt den Absprung, noch kommen wir dem erhofften Ziel nahe genug. Dann ist das Umfeld wichtig, das einen im richtigen Moment anspornt und zum passenden Zeitpunkt bremst – zumal wenn unsere Energie eher dazu führt, die Atmosphäre im Unternehmen zu vergiften als einen erfolgreichen Endspurt zu fördern. Folgende acht Phasen aus der Nordischen Kombination können auch Ihnen dabei helfen, sich auf eine Anerkennungskultur zu fokussieren: sich selbst und Ihrem Umfeld gegenüber zum Wohle des Unternehmens und dessen Wirkung – nach innen und nach außen.

1. Auf dem Sprungbalken

Geistig im Tunnel, fokussiert sich der Sportler. Die Anlauflänge ist angepasst an die jeweilige Wetter- und Windsituation. Dadurch wird nicht nur die Gefahr für die Athleten minimiert, sondern es herrscht vor allem Chancengleichheit. Übernimmt hier eine höhere Instanz die Verantwortung für alle, muss in diesem Moment auch jeder einzelne Athlet für sich den Spagat zwischen Schanzenrekord und Sicherheit wagen. Wenn der Trainer die Fahne schwenkt, bedeutet das übertragen auf das Business: Selbstbewusstsein hochfahren ... ich bin bereit! Dann heißt es, sich in Schwung bringen, in Fahrt kommen ... loslassen und abstoßen.

2. Am Schanzentisch

Der Übergang vom Anlauf zum Abheben ist besonders heikel. Passen in diesem Moment kleinste Details nicht, kann der Springer die Position nicht (lange genug) halten, sodass neben der Sturzgefahr zumindest die Weite nicht gut sein wird. Der Athlet muss es schaffen, zum richtigen Zeitpunkt blitzschnell die notwendige Positionsveränderung vorzunehmen. Auch wenn uns der stressige Alltag einholt, müssen wir lernen und trainieren, den Absprung rechtzeitig und richtig zu schaffen. Dann können wir die Geschwindigkeit vom Anlauf optimal mitnehmen und für einen weiten Sprung nutzen.

3. Flugphase, zieeehhhhhh ...

In der Flugphase bringt der Aufwind Weite. Strömungslehre und Physik wirken, wenn Kräfte walten. Der Athlet steht unter Beobachtung. Kampfrichter achten auf den Stil. Der Traum vom Fliegen hat uns Menschen niemals so ganz losgelassen, auch wenn wir ihn immer nur mit Hilfsmittel realisieren können. Es lohnt sich, Visionen zu träumen. Lassen Sie sich vom Umfeld „beflügeln". Gegenwind in Projekten oder bei Herausforderungen lassen Sie gestärkt wachsen. Sind wir über den kritischen Punkt hinweg, ist das Gröbste geschafft, sorgt diese Phase weiterhin für den „Weit"blick.

4. Landung & Auslauf

Das war eine Punktlandung! Können wir das von uns behaupten oder sagt dies jemand zu uns, können wir stolz sein. Auch der Athlet punktet mit einer sauberen Landung bei den Kampfrichtern. Sicher hat sich in der Luft, während eines Projektes, schon jeder einmal gefragt: Soll ich lieber auf Nummer sicher gehen oder die letzten Meter rauskitzeln? Bei aller Risikofreude, die man im Unternehmen ab und an auch einmal braucht, um Visionen zu realisieren, geht die Sicherheit doch vor. Kommt es zum (Ab-)Sturz, ist auch das bisher Erreichte zunichtegemacht. Viel besser ist es da, sicher seinen Mann/seine Frau zu stehen. Jetzt heißt es, das Tempo wieder herauszunehmen und zur Normalität auszulaufen.

5. Start zum Langlauf „Jäger oder Gejagter"

Hat der Sportler eine entsprechende Weite im Springen vorgelegt, bringt das einen Zeitvorteil beim Langlauf. Kann der Athlet also im wahrsten Sinne des Wortes „in Vorsprung gehen ...", hat das Vorteile. Dann ist es sinnvoll, die mit dem Trainer abgestimmte Strategie umzusetzen. Zwischenzeiten legen die „Marschroute" fest – nicht nur im Sport, sondern auch im Business. Es macht durchaus Sinn, immer wieder einmal in sich hineinzuhören („Wie geht es mir gerade?") – um das Feld zu kontrollieren, vor allem aber um zum Schluss Reserven bereitzuhalten.

6. Anschubphasen

Für die wichtigen Anschubphasen ist maximaler Energieeinsatz gefragt. Hier muss der Sportler „Halt haben", damit die Kraft eingesetzt werden kann. Nur wer diesen Halt gibt, kann ihn auch von anderen erwarten. Seien Sie ein sicherer Rückhalt für andere. Deshalb macht es Sinn, in das eigene Umfeld zu investieren. Fordern und fördern Sie Ihre wertvollen Partner. Stärken Sie Ihr Team und stehen Sie bei entscheidenden Phasen parat. So gelingt es wesentlich leichter, notwendige Veränderungen anzuschieben.

7. Gleitphasen

In den Gleitphasen muss vor allem das Material passen. Je weniger Reibungswiderstand, umso schneller kommt der Läufer voran. Jetzt heißt es hauptsächlich, in der Spur zu bleiben, um die Richtung zu bestimmen. Auch im Business brauchen wir diese Gleitphase – im Gegensatz zur wesentlich kräftezehrenderen Anschubphase – zur Erholung. Entspannung ist wichtig, um auch wieder in die Anspannung gehen zu können. Haben Sie das für sich selbst erkannt, lassen Sie auch Ihren Partnern und Mitarbeitern den benötigten Freiraum.

8. Zieleinlauf

Anders als beim Springen ist beim Langlauf das Ergebnis sofort sichtbar: Der Erste ist der Sieger. Das Team und das Publikum sind die Gewinner. Die Sportler erwarten ihren verdienten Lohn für harte Arbeit und eiserne Disziplin. Jetzt ist es an der Zeit, Jubel und Glückwünsche entgegenzunehmen. Übertragen aufs Business bedeutet dies: Atmosphäre hat auch damit zu tun, mit dem Umfeld zu genießen, erreichte Ziele zu feiern, Anerkennung aufrichtig zu spenden und mit Freude entgegenzunehmen.

Vom ICH zum WIR

In Unternehmen wird vielfach der Teamgeist beschworen, die Einzel-kämpfermentalität ist verpönt. Doch wie uns die Beispiele in diesem Buch aus dem Sport sowie Business zeigen, bedarf es beider Qualitäten, um zu gewinnen. Den Sieg erringt manchmal ein Einzelner. Zu Recht steht dann der Athlet mit der Medaille an der Brust auf dem Siegertreppchen und wird für seine erbrachte Leistung geehrt. Oder der Unternehmer nimmt auf der Bühne einen Preis entgegen. Beide tun es in diesem Moment auch als Stellver-treter eines Teams, das im Hintergrund in den verschiedensten Bereichen dafür sorgt, dass sich die Galionsfigur – wenn es darauf ankommt – auf das Wesentliche konzentrieren kann. Jedes Team profitiert von der Stärke seiner einzelnen Teile. Ohne siegreiches ICH kein gewinnendes WIR.

Der Mensch ist keine Insel

Warum Freundschaften pflegen der erste Schritt zum Teamgeist ist.

Stehen Ihnen Ihre Kindergartenfreunde heute noch nahe? Zählen Fußball-kumpel oder Mitglieder der Mädchenclique aus Teenagerzeiten zu Ihren Vertrauten? Mit großer Wahrscheinlichkeit haben Sie einige Ihrer heutigen Freunde erst in späteren Lebensphasen kennen- und schätzen gelernt. Denn so wie die eigene Persönlichkeit sich im Laufe der Jahre entwickelt und reift, geht es auch mit vielen Freundschaften. Ist man als kleiner Knirps riesig stolz auf gaaaanz viele Freunde, kristallisieren sich mit zunehmendem Alter – egal ob dreißig oder sechzig Jahre – meist einige wenige Beziehun-gen als echte Freundschaften heraus. Hier vier konkrete Tipps, wie Freund-schaften im Leben beide Seiten zu Gewinnern machen:

1. Mit sich selbst in Freundschaft leben

Wer sich selbst nicht leiden kann, hat meist auch keine Freunde. Ganz einfach deshalb, weil die Fähigkeit zur Freundschaft bei sich selbst beginnt. Wer sich dagegen akzeptiert, kann auch den anderen als menschliches Individuum annehmen, kann Stärken schätzen und mit persönlichen Schwächen – bei sich selbst und den Freunden – souverän umgehen. Vertrauen basiert auf Ehrlichkeit. Darauf kann Freundschaft aufbauen.

2. Orientierung geben und annehmen

Mühelos lässt sich der maßgeschneiderte Freundeskreis im Internet per Mausklick entwerfen. Doch was nützen ein paar hundert Freunde, wenn je-

TIPP
Seien Sie selbst Ihr bester Freund - ohne Egoist zu sein

TIPP
Konzentrieren Sie sich auf Ihre Freundschaften – ohne die eigene Balance zu verlieren.

der mit sich selbst beschäftigt ist? High-Speed-Gesellschaft und Effizienzzwang führen leicht ins Chaos. Geschwindigkeit wird zum dominanten Leistungsmaßstab. Nur allzu leicht verlieren wir in der Hektik des Alltags das Gleichgewicht zwischen Business, persönlicher Lebensfreude und Verantwortung unseren Freunden gegenüber. Wer sich indessen auf seine eigene Grundwerteskala besinnt, sein Leben daran orientiert und andere mit einbezieht, schafft eine stabile Basis für wertvolle Freundschaften.

3. Leidenschaften gemeinsam leben

Unsere gesellschaftliche Entwicklung verläuft konträr. Der fortschreitenden Individualisierung des Lebensstils steht die Identifikation durch Konsum-Anpassung gegenüber. Wahre Werte wie Freundschaft bleiben dabei oft auf der Strecke. Leidenschaftlich wird in die Anerkennung investiert. Doch werden Freunde durch die Mitgliedschaft im exklusiven Golfclub ebenso wenig mitgeliefert, wie sie zur Sonderausstattung eines elitären Autos gehören. Eine wahre gemeinsame Leidenschaft dagegen kann ein Leben lang verbinden, vom Roller fahren bis zum Motorradausflug wachsen und dadurch die Freundschaft über die Jahre hinweg festigen und vertiefen.

4. Souveräne Freundschaft

Freundschaften gleichen einem ständigen Kompromiss aus eigenen Wünschen und Interessen sowie den Erwartungen und Anforderungen anderer. Ohne gegenseitiges Annehmen mit allen Konsequenzen kann keine Freundschaft bestehen. Dies beinhaltet die Fähigkeit, eine andere Meinung zu akzeptieren, Fehler zu verzeihen, Verständnis aufzubringen, zu trösten und Mut zu machen, eben ein Freund fürs Leben zu sein. Freundschaft setzt die Bereitschaft voraus, Wertvolles zu bewahren und gleichzeitig notwendige Veränderungen anzupacken.

Ein Spruch besagt: „Freundschaft ist wie ein Leuchtturm: Klar zu erkennen, wenn es hell ist, doch sein wahrer Zweck zeigt sich erst, wenn er uns durch Sturm und Dunkelheit den Weg weist." Wer den Mut zur Freundschaft aufbringt, gewinnt in jedem Fall. Gemeinsam Erlebtes schweißt zusammen. Freunde gehen füreinander durch dick und dünn und gewinnen deshalb gemeinsam.

Connecting Teams

Wie es gelingen kann, auch beruflich zusammen im Spiel zu bleiben

„Ein kluger Mensch macht nicht alle Fehler selbst. Er gibt auch anderen eine Chance." Der trockene Humor Winston Churchills ist bekannt. Die Aussage des britischen Politikers wird auf abstruse Weise Wirklichkeit, wenn man einer aktuellen Studie der Goethe-Universität Frankfurt Glauben schenkt. Demnach nimmt die Entsolidarisierung der Beschäftigten zu, die bis zum Mobbing führt. Die Belegschaft ist in vielen Unternehmen in Gruppen gespalten, die sich wechselseitig das Leben schwer machen. Zusammenhalt und ein wirksames Miteinander sind zur Ausnahme geworden. Das miserable Klima im Arbeitsalltag vieler Beschäftigter schadet jedoch den Unternehmen, die auf Teams angewiesen sind, die nicht gegeneinander, sondern miteinander arbeiten. In der Wirtschaft ist das überlebenswichtig – nicht nur in Zeiten der Krise.

Ohne Teamgefühl keine Motivation des Einzelnen

Die Studie „Psychosoziale Kosten turbulenter Veränderungen. Arbeit und Leben in Organisationen" basiert auf Intensivbefragungen, Gruppendiskussionen und einer Umfrage der Deutschen Gesellschaft für Supervision, die mit der Uni Frankfurt zusammenarbeitete. Der professionelle Blick hinter die Kulissen bei 1000 Befragten offenbart Erschreckendes: Kollegialität und Solidarität schwinden, junge Beschäftigte werden von den älteren nur unzureichend eingearbeitet, vor allem aus Angst vor Verlust des eigenen Status. Die jungen Mitarbeiter „rächen" sich: Sie versuchen, sich zu profilieren, indem sie Traditionsbestände entwerten. Dabei ist es eine Binsenweisheit, dass der Zusammenhalt eine Voraussetzung für wirtschaftlichen Erfolg eines Unternehmens ist. Schon Henry Ford wusste: „Zusammenkunft ist ein Anfang, Zusammenhalt ist ein Fortschritt, Zusammenarbeit ist der Erfolg." Was damals galt, ist heute noch wichtiger geworden. Denn wenn das Teamgefühl schwindet, sinkt auch die Motivation jedes einzelnen Mitarbeiters.

Wenn aus (schlechten) Teams (noch schlechtere) Einzelkämpfer werden

Besonders die Motivation vieler Beschäftigter ist laut der Studie an einem Tiefpunkt angelangt. Durch Rationalisierungen und damit steigender Arbeitsbelastung wird die Leistung des Einzelnen wichtiger. Die Beschäftigten kontrollieren sich gegenseitig. Keiner soll einen Vorteil haben. Beschäftigte mit der Angst,

benachteiligt zu werden, neigen dazu, Kollegen unter Verdacht zu nehmen, sich Vorteile verschaffen zu wollen oder sie bereits heimlich zu haben. Vertrauen geht in Misstrauen über, die Leistung der Beschäftigten sinkt. Die Abwärtsspirale dreht sich mit der beschleunigten Dynamisierung der Anforderungen und der Ausdünnung von Strukturen und Werten, die eigentlich Orientierung geben sollten. Aus Teams werden Einzelkämpfer. Diese haben bei einem zerfallenden Team aus meiner Erfahrung drei Möglichkeiten zu reagieren:

▶ Flucht

Der Mitarbeiter flüchtet sich in seine eigene Welt, er geht Auseinandersetzungen mit Chefs und Kollegen aus dem Weg und macht unauffällig „Dienst nach Vorschrift". Der Rückzug ins eigene Schneckenhaus trägt Züge einer Kapitulation.

▶ Starre

Der Mitarbeiter fühlt sich überfordert, weil ihn der Wandel überfrachtet. Er verfällt in Angststarre. Er kann nicht mehr auf andere zugehen, die Angst lähmt seine Leistungsfähigkeit. Die Lähmung kann in Verzweiflung übergehen.

▶ Angriff

Der Mitarbeiter nimmt den Zerfall der Gruppe und die steigenden Leistungsanforderungen persönlich. Er fühlt sich übervorteilt und reagiert aggressiv auf die anderen Kollegen. Die zunächst offenen Attacken können sich, wenn sie nichts bewirken, in Mobbing verwandeln.

Die drei Typen unterscheiden sich zwar in der Reaktion, haben aber eines gemeinsam: Sie erhoffen sich mehr „Rück-Halt" von verantwortlichen Führungskräften.

Abwärtsspirale unterbrechen

Nur wer Fehlentwicklung erkennt, kann dagegen steuern. Und sollte das auch tun, insofern er die Machtbefugnisse dazu in den Händen hält. Es lohnt sich für Führungskräfte, den Teamgedanken einmal aktiv durchzuspielen: „Wie verhalte ich mich? Wie verhalten sich die anderen?" Ein Unternehmer kann z. B. keine gute Zusammenarbeit im Team verlangen, wenn er selbst keine Vorbildfunktion hat. Es schadet nicht, sich zu fragen: „Bin ich ein Teamplayer oder ein Einzelkämpfer? Was zahlt sich langfristig aus?" Es lohnt sich immer, den Teamgeist zu stärken. Dabei gibt es drei mögliche Wege für Unternehmen:

▶ Verstärkt Präsenz zeigen

Motivieren Sie Ihre Mitarbeiter, gerade jetzt z. B. beim Kunden präsent zu sein. Es bietet sich an, die Bühne zu nutzen, weil andere auf dem Rückzug sind, sich still verhalten, weil sie glauben, dass sowieso nichts mehr geht.

▶ Ressourcen schonen

Natürlich ist es auch möglich, sich mit dem bisher Erreichten zufriedenzugeben. Vielleicht müssen Sie nicht unbedingt gewinnen, sondern aus strategischen Gründen Ihre Ressourcen schonen.

▶ Mutig angreifen

Greifen Sie mutig und beständig an, auch wenn Sie das Gefühl haben, zurückzuliegen. Nehmen Sie das Risiko, noch ein Stückchen zurückzufallen, in Kauf. Sie haben es zumindest versucht und Ihr Bestes gegeben.

Die Entscheidung muss letztendlich jedes Unternehmen, jeder Unternehmer selbst, entsprechend seiner mittel- und langfristigen Ziele, treffen. Dabei sollte man sich immer auch bewusst sein, was es bedeutet und welche Auswirkungen es hat, wenn ein Unternehmen nicht alles zeigt, was es eigentlich könnte. Die leistungsorientierten Mitarbeiter verstehen die Welt nicht mehr und sind bestenfalls irritiert, schlimmstenfalls demotiviert. Die Mitspieler nutzen die Chance und gewinnen an Boden. Der Kunde ist verärgert oder geht ganz verloren. Das Image des Unternehmens leidet.

Angst lähmt – den Einzelnen und das Team

Das Zusammenschweißen der Belegschaft ist immer wichtig. Egal ob die Angst der Beschäftigten vor Arbeitsplatzverlust von Tag zu Tag wächst oder der Fachkräftemangel es schwer macht, überhaupt gute Mitarbeiter zu finden. Egal ob vergleichbare Wettbewerber einem das Leben schwer machen oder man ein starkes Alleinstellungsmerkmal verteidigen muss. Die Gründe dafür, dass Mitarbeiter nicht enger zusammenzurücken sind vielfältig: Da steht die Angst vor Offenheit, zu viel von sich (und seinem Fachwissen) preisgeben zu müssen, neben dem Neid, dass der andere besser sein könnte. Lieber klammern sie sich an ihre Kunden. (Der Wettbewerber könnte sie mir wegnehmen). Da wird eine Zusammenarbeit nicht als Chance gesehen, sondern als Risiko. (Kooperationen schaden, wir machen den anderen schlau). Manchmal ist das mangelnde Vertrauen auch durch schlechte

Erfahrungen geprägt. Sehr wichtig ist, den Mitarbeitern Sicherheit zu geben, ihnen die Botschaft zu vermitteln, dass sie gemeinsam am besten zum Erfolg gelangen. Gerade in Zeiten der Krise, wodurch diese auch immer ausgelöst wurde, sollten Führungskräfte mit ihren Mitarbeitern sprechen – anstatt wie von vielen Beschäftigten beklagt sich selbst, ebenfalls verunsichert, zurückzuziehen. Der Mut zu kooperativer Führung ist immer gefragt.

Abteilungsübergreifendes Arbeiten

Die Entwicklung, dass Abteilungen in Unternehmen immer mehr gegeneinander arbeiten, kann auch umgedreht werden: Starke Führungskräfte können gemeinsam mit ihren Mitarbeitern eine Struktur schaffen, bei dem die Arbeit abteilungsübergreifend funktioniert. Wenn Forschung und Entwicklung, Produktion, Vertrieb und die Serviceabteilung sich selbst als wertvoll und unverzichtbar sehen, gehen sie anders miteinander um. „Connecting Teams" bedeutet in diesem Zusammenhang, diesen Prozess aktiv zu unterstützen, mehr Abstimmung einzufordern, die Abteilungen übergreifend miteinander zu verzahnen. Ziel ist, dass auch Abteilungen mit zum Teil „naturgegebenen" gegensätzlichen Zielen, wie z. B. Service und Controlling, nicht gegeneinander, sondern miteinander arbeiten.

Mit diesen Tipps können Sie Ihre Teambildung deutlich verbessern:

- **Bilden Sie Patenschaften:**
  Übertragen Sie Verantwortung für einzelne Mitarbeiter auf deren Kollegen. Das bringt das Team zusammen.

- **Stimmen Sie Ihre Ziele ab:**
  Entscheiden Sie nicht einsam und allein über Bereichs- oder Unternehmensziele. Binden Sie die Mitarbeiter bereits in diese Entscheidung mit ein – und schon ziehen alle an einem Strang, um das „gemeinsame" Ziel zu erreichen.

- **Geben Sie Ideen anderer eine Chance:**
  Lassen Sie die Mitarbeiter mit ihren Ideen und ihrer Kreativität zu Wort kommen und nehmen Sie deren Anregungen ernst.

- **Schenken Sie Vertrauen und lassen Sie entscheiden:**
  Stärken Sie die Kompetenz der Mitarbeiter. Das stärkt das gesamte Team, wenn nicht einer einsam an der Spitze steht und alle Entscheidungen trifft. Durch die Verlagerung von Kompetenz wird zugleich die Motivation gefördert.

- **Feiern Sie Erfolge:**
  Lassen Sie es die Mitarbeiter wissen, wenn etwas gut gelaufen ist. Wer immer nur Prügel für nicht erreichte Ziele bekommt, verliert die Motivation. Wer aber etwas geschafft hat (und dafür auch noch gelobt wird), geht die nächsten Aufgaben mit doppelter Motivation an.

Gemeinsam im Spiel bleiben

Starke Unternehmen stärken gerade in schwierigen Zeiten ihre Ko´s: Kommunikation, Koordination und Kooperation. Sie erkennen, welche Mitarbeiter für welche Aufgaben besonders geeignet sind und stärken deren Stärken. Sie erarbeiten nicht nur eine Team-Vision, sondern leben auch danach. Ihre Mitarbeiter sind als Team begehrlich für andere, für den Markt und für ihre Partner. Sie halten gemeinsam durch, auch wenn es einmal schwierig wird, und bleiben im Spiel. Ein kluger Chef spielt seinen Mitarbeitern in der Krise nicht den Ball zu, er spielt mit ihnen im Team.

ERFOLGS-TEAMS DURCH ...

1. Analyse des Standorts

Wo befinden wir uns? Wo ist uns der Wettbewerb voraus? Diese Fragen helfen, Chancen und Risiken nach Innen und Außen zu erkennen.

2. Bestimmung des Wunsch-Ziel

Wo wollen wir gemeinsam hin? Was motiviert jeden? Ziele sowohl für den Einzelnen als auch das Team stärken die individuelle Motivation und die Siegeschancen des Einzelnen sowie den Willen, zusammen zu gewinnen.

3. Konsequente Veränderungen

Nur an Gewohntem festzuhalten, weil es bequem ist, bremst Teams aus. Ein erfolgreiches Miteinander setzt die Bereitschaft voraus, zu verändern, wenn es notwendig ist, Gewohntes zu optimieren, wenn es erfolgreich ist und ab und zu auch etwas vollkommen Neues zu wagen.

4. Zusammenstellung des „Dream-Teams"

Die Suche, wer zum Team passt, sollte gewissenhaft durchgeführt werden. Chancen hat, wer es versteht, attraktiv für andere zu sein. Auch der Stolz, dabei sein zu dürfen, darf kommuniziert werden.

5. Pflege von Kontakten

Teams sind keine starren Einheiten. Immer öfter kommen neue Kontakte hinzu, ja, werden neue Experten benötigt. Netzwerk zu pflegen, nützt in genau solch einem Fall. Scouts können helfen, Talente bereits im Vorfeld zu erkennen.

6. Gabe von Anerkennung

Nur wer sich selbst anerkennt, kann auch Anerkennung geben. Seine Persönlichkeit (er)kennen, seine Stärken schätzen – umso leichter gelingt dies auch bei anderen.

7. Erbringen von Vorleistungen

Was fördert uns? Was hindert unser Team am Erfolg? Starke Führungskräfte leben es vor: Sie stellen einen Plan auf, definieren die einzelnen Schritte, gehen beherzt voran und bringen Siege fürs ganze Team ein.

8. Pflege der Teamplayer

In erfolgreichen Teams kümmert sich jeder um den anderen. Jeder ist für jeden da. DANKE sagen gehört zu einer Selbstverständlichkeit. Wertschätzung zeigen, Rückmeldungen geben, einen anderen positiv überraschen pflegt den Teamgeist.

Als Team gewinnen

Nichts spricht gegen gesundes Eigeninteresse, alles jedoch gegen krankhaften Egoismus. Dieser bremst nicht nur den Einzelnen aus, sondern schwächt auch das Team. Teamgeist erwächst immer dann, wenn jeder sein Bestes einbringen will und darf. Keiner hat Angst, sein Wissen und Können zu teilen, weil jeder dieses Wissen und Können in einem anderen Bereich hat. Starke Führungskräfte schätzen in diesem Zusammenhang sogar Mitarbeiter, die mehr wissen als sie selbst, in einem ganz bestimmten Thema besser sind. Und starke Mitarbeiter nutzen dieses Know-how eben nicht, um nur selbst zu siegen, sondern als Team zu gewinnen.

profiling-values

Auf der Suche nach Ihren Neigungen, Fähigkeiten, Kompetenzen, Interessen und Potenzialen

Warum …

… ich das Thema profilingvalues ins Buch aufgenommen habe?

Ganz einfach: Hier geht es um die Person selbst, den inneren, ja innersten Kern. Wo, wenn nicht dort, sollen wir anfangen, wenn es darum geht, herauszufinden, was Sieger zu Gewinnern macht, was Menschen dazu befähigt, eher schlechter oder besser mit Herausforderungen umzugehen.

Mich persönlich begeistert dieses einzigartige Testverfahren schon sehr lange, weil es die Neigungen, Fähigkeiten, Kompetenzen, Interessen und Potenziale von Mitarbeitern und Führungskräften darstellt und es in Relation sowohl zu den „inneren Werten" als auch zur gegenwärtigen Situation eines Menschen setzt. Deshalb nutze ich dieses Diagnose-Tool in der Analysephase bei Coachingprozessen mit einzelnen Klienten und auch mit Teams.

Hier wird das „Können" dem „Wollen" gegenübergestellt. Ein wertvolles Werkzeug, das nachhaltig zur Förderung der Leistungsfähigkeit und Motivation jedes einzelnen Menschen sowie von Teams beiträgt und somit einer förderlichen Unternehmensentwicklung dient. Das Ziel und Resultat: Alle gewinnen!

Für Unternehmer, Manager und Führungskräfte gilt:

- Bauen Sie Ihre Karriere und Projekte auf Werten auf, die von Ihrer Mannschaft deshalb getragen werden, weil sie bei ihnen verinnerlicht sind. Umso leichter gelingt es, Visionen zu verwirklichen.

- Finden Sie heraus, was jemand leisten will, es aber zurzeit nicht kann, so verbissen er auch dafür kämpft. Der Spannungsbogen der Über- oder Unterforderung ist groß und weit weg von der Höchstleistung.

Dr. Ulrich Vogel, Jahrgang 1967, ist Unternehmer. Nach seinem Studium der Politikwissenschaft mit Voll
wirtschaft in München hat er als wissenschaftlicher Mitarbeiter an der Universität der Bundeswehr Münch
promoviert und war anschließend einige Jahre als Consultant sowie Senior Consultant tätig. Als Gründer u
Inhaber von profilingvalues sind seine Spezialgebiete Profiling-Instrumente für Personalauswahl und -e
wicklung, Assessments sowie Potenzialanalysen. Als Coach und Berater unterstützt er Unternehmen bei
Rekrutierung und Auswahl von Fach- und Führungskräften sowie bei Vertriebs- und Führungskräftetrainin

Zwischen Wollen und Können

PROFILINGVALUES – WERTE WEISEN DEN WEG ZUM (GEMEINSAMEN) ERFOLG

Wir Menschen bewegen uns in unserem Leben – egal, was wir tun – immer in einem Spannungsfeld zwischen Wollen und Können. Manches wollen wir, können es aber (noch) nicht. Manches können wir, wollen es aber nicht tun. Und in vielen Bereichen sind wir uns gar nicht sicher. Umso schwieriger ist es oft für Bewerber und Unternehmen, erfolgreich zusammenzukommen. Denn auch für Unternehmen ist es entscheidend, im Idealfall einen Mitarbeiter zu finden, der für die ausgewählte Stelle beides – Können und Wollen – mitbringt. Umso größer wird dann der Erfolg für beide, sowohl wirtschaftlich als auch persönlich betrachtet.

Es geht also nicht um gut oder schlecht, sondern um passend oder nicht passend. Nach Alfred Herrhausen sind alle Konflikte und Probleme im Wirtschaftsleben (und wohl auch im Sportlerleben) Personalprobleme. Meist scheitert es bereits im Vorfeld an der Erhebung der relevanten Anforderungen für eine Position. Wenn diese nicht systematisch zusammengetragen werden, dann gleicht die Besetzungsentscheidung von vorneherein einem Vabanque-Spiel. Entscheidend ist das genaue Anforderungsprofil.

GRENZEN DER INTUITION ERKENNEN

Fragt man nach, wie Bewerber ausgewählt werden, hört man gerade bei kleinen und mittleren Unternehmen: „Im ersten Schritt werten wir natürlich die fachlichen Fähigkeiten anhand von Zeugnissen aus.

Profilingvalues ist eine wissenschaftliche Methode, die die Trefferquote in der Personalauswahl/Recruiting, Personalentwicklung und Organisationsentwicklung deutlich steigert. Dafür nutzt profilingvalues die bahnbrechenden Ergebnisse der modernen Wertewissenschaft, maßgeblich vorangetrieben durch **Robert S. Hartman**, um das Wertesystem einer Person genauer auszuleuchten.

Wir alle werten vom frühkindlichen Alter an hundert- bis tausendfach am Tag. All unsere Wertungen bauen unser eigenes, einzigartiges Wertesystem auf. Letztlich sind wir unsere Werte.

Die moderne Wertewissenschaft kann somit einen Spiegel vorhalten, der uns mehr Erkenntnis über uns selbst gibt und damit Möglichkeiten schafft, uns zu entfalten.

Verlag Ueberreuter November 2001

Es folgen persönliche Gespräche und irgendwie finden wir dann schon den Richtigen."

Das „irgendwie" kommt Unternehmen oft teuer zu stehen. Viele Unternehmer und Entscheider verlassen sich tatsächlich immer noch auf ihr Bauchgefühl, schwören auf ihre Intuition. Diese hat ohne Zweifel Vorteile, von denen unsere eher technisch orientierte Wirtschaft sicher in vielen Bereichen profitieren kann – die Personalauswahl jedoch gehört nicht dazu.

Doch wer ist denn nun der geeignetste Kandidat? Welche Führungskraft passt am besten zum Stellenprofil? Und wenn es vielleicht ein Kandidat aus den eigenen Reihen sein soll – erfüllt er wirklich die Anforderungen oder hat er zumindest das Potenzial, in die Aufgabe hineinzuwachsen? Fragen, mit denen sich Unternehmer und Personalverantwortliche täglich auseinandersetzen.

Umgekehrt fragen sich natürlich auch manchmal Mitarbeiter, wie es weitergehen soll. Ist der mit 20 oder 25 Jahren einmal eingeschlagene Weg mit 40 oder 45 Jahren immer noch der richtige? Ist aus der vielleicht damals ergriffenen Notlösung ein dauerhafter Zustand der Unzufriedenheit geworden? Immer öfter entscheiden Menschen gerade in dieser Phase des Lebens, noch einmal von vorne anzufangen, sich einen Lebenstraum zu erfüllen – und nicht selten haben sie damit wesentlich größeren Erfolg als vorher und sind noch dazu glücklicher.

SICH KREATIV IN ENTWICKLUNGS-PROZESSE EINBRINGEN

Waren die Grenzen früher klar abgesteckt – hier Arbeitgeber, dort Arbeitnehmer – sind diese heute immer öfter fließend. Gerade junge, vielversprechende Nachwuchskräfte wollen sich nicht länger in strenge Hierarchien zwängen lassen, sondern sich mit einem hohen Maß an

persönlicher Freiheit und möglichst großer Flexibilität kreativ in Entwicklungsprozesse einbringen. In einer solchen Unternehmensvision der Transparenz und ortsunabhängigen Spielfreude wird das gegenseitige Verständnis für die Vorstellungen des Einzelnen, seinen persönlichen Werten und Zielen immer wichtiger. Kein Wunder also, dass immer mehr Unternehmen ein Analysetool suchen, das es möglich macht, den richtigen Mitarbeiter an Bord zu holen und diesem spannende Entwicklungsmöglichkeiten aufzeigen zu können.

Werden dann aber einfach drei bis fünf Kandidaten eingeladen und mit allen nur so geplaudert wird, hat dies nicht nur die geringste diagnostische Qualität, sondern ist in vielen Fällen höchst unsozial. Es wird nämlich nicht dafür gesorgt, dass die geeignetste Person mit passender Entwicklungsperspektive gefördert wird und so zum Wohle des Ganzen aktiv werden kann. Dabei müsste es doch im Interesse

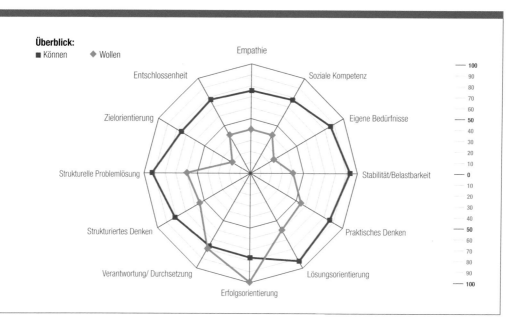

des Unternehmers sein, gute unternehmerische Entscheidungen zu treffen – und dies geht in vielen Fällen eben mit wissenschaftlichen Methoden besser.

DURCH PROFILING ZUM PROFIL

Den Begriff Profiling kennen wir vielleicht aus dem Fernsehen, wenn in der Kriminalistik ein sogenannter Profiler ein Täterprofil erstellt und bald darauf die Falle zuschnappt. Im Marketing wird mit Kundenprofilen die Verkaufsförderung erleichtert. Doch auch im beruflichen Umfeld wird bereits seit vielen Jahren Profiling angewandt, um die Anforderungen einer Stelle mit den Merkmalen der Kandidaten abzugleichen. Eine Analyse verhindert Fehlbesetzungen und steigert den Qualitätsstandard. Die Chance ist dadurch wesentlich höher, dass sich ausgewählte Bewerber zu erfolgreichen Mitarbeitern

entwickeln. Neben den in der Vergangenheit verwendeten Tests, die sich schwerpunktmäßig mit den fachlichen Kompetenzen sowie den kognitiven Fähigkeiten beschäftigten, legen neuere Methoden mehr Wert auf die Werte des Einzelnen.

Beschäftigt sich eine Firma mit den Werten ihrer (zukünftigen) Mitarbeiter, kann es gelingen, auch gemeinsam im Unternehmen eine Wertekultur zu etablieren. Hinzu kommt, dass erst jene inneren Werte beim Menschen Handlungen auslösen – im Positiven wie im Negativen. Schlimmstenfalls also hat ein Mitarbeiter eine Führungsrolle inne, die er zwar vordergründig will (weil sie vielleicht mit entsprechenden Statussymbolen verbunden ist), deren erfolgreiche Ausführung er allerdings ständig selbst boykottiert, weil einer seiner führenden Werte (Familie, Freizeit) dagegenspricht.

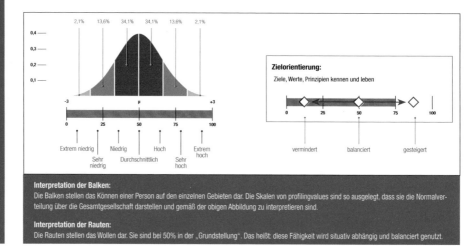

Interpretation der Balken:
Die Balken stellen das Können einer Person auf den einzelnen Gebieten dar. Die Skalen von profilingvalues sind so ausgelegt, dass sie die Normalverteilung über die Gesamtgesellschaft darstellen und gemäß der obigen Abbildung zu interpretieren sind.

Interpretation der Rauten:
Die Rauten stellen das Wollen dar. Sie sind bei 50% in der „Grundstellung". Das heißt: diese Fähigkeit wird situativ abhängig und balanciert genutzt.

Die Erfolgsaussicht für ihn persönlich ist verständlicherweise ebenso gering wie für das Unternehmen: Unzufriedene Mitarbeiter und ein vom Burnout bedrohter Chef sind sicher keine gute Grundlage, um mit innerer Freude Höchstleistungen zu vollbringen.

INTERVIEW

Theo Bergauer, zertifizierter Lizenztrainer, im Gespräch mit Dr. Ulrich Vogel, Entwickler der profilingvalues-Methode zum sinnvollen Einsatz von Analyse-Methoden bei einer Bewerberauswahl sowie in der gezielten Personalentwicklung. Derartige Methoden sind im Sport ebenfalls hilfreich und können dort wirkungsvoll eingesetzt werden.

Theo Bergauer: In Deutschland sind Persönlichkeitstests nach wie vor eher unbeliebt – obwohl diese Tools im internationalen Umfeld immer mehr verwendet werden. Wie erklären Sie sich das?

Dr. Ulrich Vogel: In der Vergangenheit haben unzählige Bewerber sogenannte Assessmentcenter durchlaufen und immer öfter wurde dabei die Frage laut, was denn wohl Intelligenztests damit zu tun haben, ob ich den späteren Aufgaben im beruflichen Umfeld gewachsen bin oder nicht. Ich denke, wir müssen hier ganz deutlich unterscheiden, welche Art von Tests bzw. welche Methoden zu welchem Zweck zum Einsatz kommen. Trotz Interviews und Referenzen haben Unternehmen und Personalverantwortliche oft noch kein „rundes Bild" als Grundlage einer Entscheidung. Oder sie stehen am Anfang eines Auswahlprozesses und haben mehr qualifizierte Bewerber „auf dem Papier" als Zeit für erste Gespräche. Zu uns kommen sehr oft Unternehmer, die bereits eine Vorauswahl getroffen haben, dann aber mit Blick auf Führungsfähigkeit oder soziale Kompetenz bei zwei oder drei Kandidaten nicht genau wissen, für wen sie sich entscheiden sollen.

Theo Bergauer: Wie geht das konkret vonstatten?

Dr. Ulrich Vogel: Unser größter Vorteil ist, dass das Ganze sehr schnell und komplett online ablaufen kann. Das Unternehmen übermittelt uns die Stellenanforderungen, dann führen die Kandidaten das profilingvalues-Verfahren online durch. Das dauert nur ca. 20 Minuten. Anschließend senden wir den Ergebnisbericht, ggf. projiziert auf das Stellenprofil, und beraten auf Anfrage detailliert, z. B. mit einer mündlichen Interpretation. Unternehmen können so schnell und unkompliziert externe Bewerber genauer kennenlernen oder sich ein objektives Bild von internen Kandidaten machen.

Theo Bergauer: Sowohl unsere Kunden auf Unternehmerseite als auch die Kandidaten sind immer wieder erstaunt, mit welch hoher Treffsicherheit Kompetenzen, Interessen und Potenziale aufgezeigt werden können. Aber es sind nicht immer nur Projekte in der Personalauswahl, wir steuern über die profilingvalues-Methode mit Unternehmen auch ganz konkrete Personalentwicklungsprozesse. Die ineffiziente Förderung „per Gießkanne" ist längst überholt. Weshalb kann trotz einer solch kurzen Befragung ein individuelles und vor allem treffendes Profil erstellt werden?

Dr. Ulrich Vogel: Unser Ziel ist die effektive, individualisierte Personalentwicklung. Unser Tool ist besonders hilfreich, wenn Unternehmen z. B. eine Potenzialanalyse für die Kandidaten zum Förderprogramm für Top-Talente durchführen wollen, eine innovative Persönlichkeitsanalyse für ein Führungskräfteprogramm gesucht wird oder ein Teambuilding-Prozess initiiert oder unterstützt werden soll.

Theo Bergauer: Ihre Methode beruht auf einer mathematischen Grundlage, trotzdem sagen Sie, dass die inneren Werte den Unterschied machen. Unsere Teilnehmer und Kandidaten sind immer wieder beeindruckt, wie aussagefähig die Ergebnisse sind. Wie definieren Sie in diesem Zusammenhang innere Werte und lassen sich diese tatsächlich mathematisch messen?

Dr. Ulrich Vogel: Die Wertepsychologie gilt als das Beständigste im Menschen. Auch wenn die inneren Werte nicht für alle Zeit festgeschrieben sind, so sind sie doch zu jeder Zeit Basis für unsere Handlungen. Gerade deshalb ist es sinnvoll, die inneren Werte von Mitarbeitern und Bewerbern zu kennen, um Fehlinvestitionen zu vermeiden und Potenziale auszuschöpfen.

Profilingvalues misst genau diese Werte und Einstellungen und liefert schnell und ohne die Möglichkeit der Manipulation eine Aufstellung der individuellen Fähigkeiten, also das Können, und die Aufmerksamkeit auf diese individuellen Fähigkeiten, also das Wollen. Auf Ihre Frage nach

225

der mathematischen Messbarkeit verweise ich auf Robert S. Hartman, auf dessen wertepsychologischen Ansätzen meine Methode beruht. Er ist der Begründer der formalen Axiologie, einer mathematisch exakten Wertewissenschaft, und es ist tatsächlich so, dass es im Test mit einer einzigen Rangordnung von 18 Begriffen insgesamt 6,4 Billiarden Möglichkeiten gibt.

Theo Bergauer: Dann gibt es also auch nicht, wie in den aus früheren Jahren bekannten Methoden, eine bestimmte Anzahl an Typen, sondern tatsächlich jeweils ein ganz individuelles Profil?

Dr. Ulrich Vogel: Ja! Die profilingvalues-Methode bewegt sich hier in einer ganz anderen Dimension. Eine Typisierung mag im Verkauf hilfreich sein, um Kunden schnell einzuschätzen, für eine höhere Personalauswahl oder -entwicklung im Führungsbereich kommt man damit zu keinem Ergebnis. Statt einer Typisierung ist deshalb auch unsere Maxime: Die geeignete Person zur richtigen Zeit, am richtigen Ort und mit passender Entwicklungsperspektive fördert den Erfolg des Unternehmens maßgeblich. Und macht den einzelnen Menschen, der weiß, dass er sein Potenzial optimal einsetzen kann und dass dieses individuell gefördert wird, glücklich – eine optimale Voraussetzung also für alle Beteiligten, um den wirtschaftlichen Herausforderungen der Zukunft gewachsen zu sein.

Theo Bergauer: Genau dafür wird heute mehr Talentmanagement in Unternehmen gefordert. Hat also jemand deutliche Vorteile, der seine Talente nutzt, oder lässt sich mit entsprechend mehr Leidenschaft und Disziplin einiges ausgleichen?

Dr. Ulrich Vogel: Viele unserer Talente kennen wir, einige erkennen wir aber nicht. Erst die Spiegelung unseres gesamten „Talent-Sets" ist hilfreich, weil wir selten über uns gesamthaft und objektiv nachdenken. Profilingvalues erstellt die „Talentlandkarte" einer Person und gibt dazu an, welche Neigungen mit welchen Talenten momentan verbunden sind. Wir alle kennen das, ein Talent eine Zeitlang quasi „links liegen zu lassen" oder ein anderes sehr proaktiv zu nutzen und voranzutreiben. Profilingvalues misst in diesem Zusammenhang die Aufmerksamkeiten, die wir auf unseren Talenten haben, und zeigt uns, wie wir allein durch Veränderung unserer Aufmerksamkeit unsere Potenziale besser nutzen können. Somit wird dem „Können" gleichsam das „Wollen" gegenübergestellt. Genau hier kommen Fleiß und Disziplin ins Spiel. Denn man muss nicht überall das Spitzentalent haben, um erfolgreich zu sein. Gerade in der Wirtschaft reichen etwas überdurchschnittliche Befähigungen im Grunde aus, wenn man konsequent an ihnen arbeitet. Fähigkeiten sind stark ausbaubar, wenn man nur will. Profilingvalues misst die aktuelle

⁴ vgl. Ron Katzenbach und Douglas Smith
Teams – der Schlüssel zur Hochleistungsorganisation
Redline Wirtschaft bei moderne industrie 2003

Lebensphase und macht damit auch Entwicklungen einer Person sichtbar. Im Übrigen natürlich auch eine Degeneration.

Theo Bergauer: Welche Parallelen gibt es in der Personal- und Sportlerentwicklung sowie der persönlichen Karriereplanung?

Dr. Ulrich Vogel: Die Personalentwicklung ist breit gefächert, sodass profilingvalues dort viele Einsatzfelder hat, wie z. B. Coaching, Statusanalysen, um individuelle Entwicklungspläne festzulegen, Teamentwicklung, Training, Karriereberatung usw. Dabei wird insbesondere die innere Haltung einer Person in den Fokus genommen, die vor allem bei Führungskräften von Bedeutung ist, um authentisch und souverän zu sein, als Rollenvorbild dienen zu können und auch Führungsausstrahlung zu entwickeln. Diese „mentalen" Fähigkeiten, die letztlich durch die innere Haltung entwickelt werden, sind auch im Sport ein Schlüsselfaktor. Hier setzen Spitzensportler und Top-Führungskräfte auf die gleichen Kraftquellen, die den Erfolg bringen. Wenn meine innere Haltung ein stimmiges Selbstverständnis abgibt, ich also weiß, wer ich bin, was für eine Rolle ich habe und wofür ich auf der Welt bin, dann bin ich authentisch, mit Leidenschaft bei der Sache und diszipliniert in der Umsetzung. Ich bin quasi in meiner Mitte und dann macht das Arbeiten richtig Freude, auch wenn es mit manchen Härten verbunden ist. Der erfolgreiche Sportler ist nicht der, der mit verbissener Miene die letzte Kraft aus seinem Körper quetschen will, sondern derjenige, der in sich stimmig und mit der richtigen mentalen Stärke die Herausforderung mit Freude annimmt, auch wenn er weiß, dass er nicht immer gewinnen kann. Profilingvalues kann diese innere Haltung sehr genau messen und damit Führungskräften wie auch Sportlern helfen, mental fit zu sein oder aus einem psychischen Tief herauszukommen. Wir haben einige zertifizierte Partner wie Sie, die Unternehmenstrainer und Sport-Coachs sind und das Verfahren erfolgreich einsetzen.

Theo Bergauer: Ob als Sportler oder Unternehmer – keiner kann außergewöhnlich erfolgreich sein ohne ein entsprechendes Team. Was kann profilingvalues dazu beitragen, um ein gutes Team zusammenzustellen?

Dr. Ulrich Vogel: Die Kunst des Teams liegt darin, dass das Ergebnis mehr ist als die Summe seiner Einzelteile, sonst hieße das Team nämlich Arbeitsgruppe. Teams werden erfolgreich durch Diversität, also unterschiedliche Eigenschaften und Blickwinkel der Teammitglieder, und durch das Grundprinzip der Kooperation. Am Beispiel von Wissen formuliert heißt das: Was du hast, habe ich auch. Was du nicht hast, habe ich auch nicht. Jedes „Wissenspuzzle-Stück" trägt zum Gesamtpotenzial des Teams bei und bereichert, weil es durch das Puzzle-Stück eines weiteren Teammitglieds bereits ein neues Bild schaffen kann. Dem entgegengesetzt ist das abschottende Prinzip der Kompetition, oder auf den Punkt gebracht: „Wissen ist Macht." Was du hast, habe ich nicht, und was ich habe, hast du nicht. Profilingvalues misst nicht nur die Kooperationsbereitschaft der Teammitglieder, sondern bietet auch eine Talentlandkarte für das Team. So werden blinde Flecken, Stärken und Schwächen sichtbar. Auch sind die Verteilungen darstellbar, sodass wir wissen, wo das Team gleichsam „an einem Strang zieht" oder wo es „reibt". Die Gefahr in der Teambildung besteht im sogenannten Pseudo-Team[4]. Das heißt, die Teammitglieder arbeiten zum Teil gegeneinander, sodass die Resultate sogar deutlich geringer ausfallen als bei einer reinen Arbeitsgruppe. Es werden enorme Ressourcen verschleudert. In der Regel liegt dies an der mangelnden Kooperationsbereitschaft, die profilingvalues erkennen kann.

Theo Bergauer: *Wir brauchen also mehr Alphatiere mit menschlichen Antennen, falls es die überhaupt gibt?*

Dr. Ulrich Vogel: Ja, die gibt es. Denn letztlich gibt es jeden denkbaren Mix von persönlichen Wertvorstellungen. Das Wertesystem jedes Menschen ist einzigartig und lässt somit jegliche Kombination zu. In der Tendenz neigen die sogenannten Alphatiere jedoch dazu, dominant zu agieren. Und damit ist das Ergebnis der vom Alphatier geführten Mannschaft automatisch suboptimal, weil Dominanz verhindert, dass das Potenzial jedes Beteiligten voll ausgeschöpft wird. Dominanz lässt menschliche Antennen ins Hintertreffen geraten. Die ideale Führungskraft muss stets auf dem schmalen Grat wandern zwischen Entscheiden und Vorantreiben einerseits, sowie andererseits ein Klima schaffen, das Ideen und kreative Lösungen begünstigt. Da gibt es keinen pauschalen Königsweg, sondern es muss situativ richtig und personalisiert gehandelt werden. Das ist ein Grundführungsprinzip, das auch

im Sport nicht viel anders ist. Ich muss aus der gegebenen Situation die richtigen Schlüsse ziehen für mein Verhalten und mit dem Gegner (oder mir selbst) möglichst geeignet umgehen können.

Theo Bergauer: *Können wir denn das Potential zum „Durchhalten" und Kämpfen für einen großen Traum messbar machen?*

Dr. Ulrich Vogel: Hier sind wir wieder bei der inneren Haltung. Voraussetzung dafür sind bestimmte Talente, die wir im Umfeld anwenden können. Eine reine buddhistische „Ommm-Haltung" nützt uns im Wirtschafts- oder Sportlerleben gar nichts. Es muss mich interessieren, was ich da tue – für den Spitzensportler ist das in der Regel sonnenklar. Und ich muss Fähigkeiten besitzen, die mich grundsätzlich die dort anstehenden Probleme lösen lassen. Aber dann kommt es zentral auf die innere Haltung an. Wenn diese sauber ausgerichtet ist, dann sind „Durchhalten" und Disziplin möglich. Profilingvalues kann sehr fein auf Unstimmigkeiten in der inneren Haltung hinweisen, die einer Person allein gar nicht bewusst werden können. Wir haben viele Profilings von erfolgreichen Menschen aus unterschiedlichsten Bereichen. Es gibt klare Parameter, die dafür stehen: Einfühlungsvermögen, Selbstwertschätzung, Rollenbewusstsein, Fähigkeit zur Selbstausrichtung und pragmatisches Denken und Handeln, um nur einige zu nennen.

Theo Bergauer: Woraus nehmen wir die Kraft, um Niederlagen einstecken zu können?

Dr. Ulrich Vogel: Wir alle tragen unendliche Potenziale in uns. Wenn wir uns selbst in unserer Einzigartigkeit erkennen, annehmen, aufbauen und hingeben, dann ist die Kraft dafür relativ einfach zu schöpfen. Das Selbstbewusstsein und das Selbstverständnis in einer stimmigen Weise dafür zu entwickeln, das ist die Kunst. Profilingvalues hilft dabei in sehr eindrücklicher Weise. Und gerade hier kann sich die Führungskraft vom Sportler Anleihen holen. Es ist doch klar, dass ich nicht immer gewinnen kann. In keiner Disziplin ist das möglich. Also bringt mich automatisch jede Niederlage, egal ob im Sport oder im Beruf, immer dem nächsten Erfolg näher. Denn mit der richtigen Einstellung und den richtigen Aktivitäten werden die Erfolge stets die Niederlagen überwiegen.

Theo Bergauer: Und wie lässt sich der Motivationslevel dauerhaft hoch halten?

Dr. Ulrich Vogel: Dass wir nicht in jeder Lebenssekunde Top-Leistung liefern können, ist klar. Wir sind ja keine Roboter. Aber wenn ich mich und mein Leben annehme, es mit entsprechenden Wünschen und Zielen versehe, die ich mit Leidenschaft und Disziplin verfolge, dann hat mein Leben einen Sinn und ist sozusagen „gut", weil es seinen Zweck erfüllt. Die Welt ist ebenfalls gut, wenn auch nicht perfekt. So ist es mit mir als Person auch. Wir brauchen eine Haftpflichtversicherung, weil mal etwas schiefgehen kann. Aber es geht viel öfter nicht schief, denn ansonsten hätten die Versicherungen keine Geschäftsgrundlage. Es ist also völlig normal, dass mein Motivationslevel Schwankungen unterliegt. Wenn ich das weiß, kann ich Methoden und Systeme entwickeln, die mir helfen, wieder auf den Top-Level zu kommen. Hier müssen wir erkennen, dass es keine Perfektion geben kann. Jeder steht einmal mit dem linken Fuß auf. Aber das muss die Ausnahme sein, überwiegend ist der Mensch, der in seiner Mitte steht und eine positive innere Haltung hat, eben auch gut drauf und hat eine hohe Motivation.

Theo Bergauer: Bietet profilingvalues bzw. die Kenntnis über die eigenen Werte auch eine Möglichkeit, Burnout-Signale zu erkennen und diesen gegenzusteuern?

Dr. Ulrich Vogel: Die moderne Geschäftswelt kommuniziert rund um die Uhr global und beginnt die Menschen zu überfordern. Wer am Ende jeden Tages noch so viel zu erledigen hat, dass er drei weitere Tage bräuchte, ist schon gefährdet. Gleichzeitig wird von Führungskräften wie Sportlern immer mehr verlangt. Die Erwartungen gehen ins Extreme. Vor dem Burnout tritt in der Regel Überforderung ein und danach häufig Depression, die unter Umständen nie mehr ganz ausheilt. Die Person kommt also nicht mehr in ihre vorherige Kraft. Es ist eine Gesellschaftskrankheit mit enorm zerstörerischem Potenzial. Und doch wird kaum Vorbeugung betrieben. Profilingvalues erfasst die beginnende Überforderung einer Person sehr genau und eröffnet so Möglichkeiten der Gegensteuerung, bevor es zu spät ist.

www.profilingvalues.com

Alles Marke oder WIE?

Warum ...
... ich das Thema Marke ins Buch aufgenommen habe?

Ganz einfach: Neben dem Inneren zählt ebenso die Außenwirkung, die Schale. Was nützt dem Sportler oder Unternehmer die beste Leistung, wenn sie keiner haben will? Einfach aus dem Grund, weil keiner merkt und weiß, welch tolle Leistung erbracht wird und von wem überhaupt?

Strahlkraft erhöhen ist das Motto! Erst eine Steigerung der Wirkung und Attraktivität nach außen macht Sieger zu Gewinnern. Eine Medaille hat für den Sportler zu Recht eine symbolische Wirkung, richtig wirksam und vor allem wertvoll wird sie aber erst dann, wenn der Athlet dadurch als Persönlichkeit und Marke wahrgenommen wird. Dann steigt beispielsweise auch die Chance, Sponsoren zu gewinnen.

Wie werden Sportarten medienwirksam und damit interessant? Oder Unternehmen und Branchen „magnetisiert", um für Kunden und Mitarbeiter interessant zu sein?

Die MARKE muss von innen heraus gelebt und gewollt werden. Manche MARKE braucht Jahre, um sich in den Köpfen der Menschen zu etablieren, eine andere MARKE entsteht förmlich über Nacht und ist plötzlich in aller Munde.

Thomas Stranig ist gebürtiger Salzburger, folgte nach seiner Ausbildung zum Hotelier und einer 5-jährig
Walz durch die internationale Spitzengastronomie seiner wahren Leidenschaft – der Werbegrafik. Nach vie
nationalen und internationalen Auszeichnungen rückte das Thema „Was ist Marke" immer mehr in den Fod
seines Tuns. Er fand die Antwort allerdings in der Frage „Was ist Marke nicht" und konnte so die Methode
Prozessorientierten Markenentwicklung zur Vollendung bringen. Er ist Stratege, Querdenker, Vortragender u
leidenschaftlicher Begleiter zu markenrelevanten Themen.

EIN SCHEINBARES PARADOXON UND DIE SACHE MIT DEM SCHAL

Markenentwicklung beginnt üblicherweise mit der Frage: „Was ist die Marke?" Wofür steht sie, was macht sie aus, welche speziellen Zeichen und Botschaften stehen im Zentrum? So wäre die standardmäßige Herangehensweise, wie sie gelehrt und in der Markenarbeit gewöhnlich angewendet wird. Weit mehr Aufschluss über das Wesen der Marke und ganz neue Entwicklungsmöglichkeiten lassen sich jedoch auf andere Weise finden – nämlich in der Gegenfrage: „Was ist NICHT die Marke?" Ein scheinbares Paradoxon, das sich jedoch rasch auflösen lässt. Lassen Sie mich diese Situation an Hand eines Beispiels erklären:

Stellen Sie sich ein Fußballstadion vor. Nehmen wir wahllos den SSV Jahn Regensburg, der an einem wunderbaren Samstagnachmittag ein Spiel gegen den SC Kirchroth zu bestreiten hat. Viele Fans sind gekommen. Und beinahe alle, die sich dem SSV Jahn zugehörig fühlen, tun dies mit einem mehr oder weniger stark ausgeprägten Fanartikel kund. Gehen wir von dem beliebtesten aus, dem Fanschal.

Und hier beginnt bereits das sozialwissenschaftliche Paradoxon: Alle glauben, mit diesem Zeichen eine Zugehörigkeit zum SSV Jahn auszudrücken – dem ist aber gar nicht so. Mit dem Fanschal wird bekundet, NICHT zum SC Kirchroth, zum JFG Herzogstadt, zu Greuther Fürth oder zum FC Winterthur zu gehören.

Diese divergente Sichtweise ist der erste Schritt in einem spannenden Prozess: Indem ich keine Zugehörigkeit zeige, sondern eine einfache Differenzierung, wozu ich nicht gehöre, entsteht nun der Freiraum, sich in viele Richtungen weiterentwickeln zu können. Für unser

Sportbeispiel würde dies bedeuten: Indem ich den SSV-Jahn-Schal trage und damit aussage, nicht zu den anderen zu gehören, ist es mir aber durchaus möglich, zudem auch begeisterter Fan des FC Bayern zu sein.

So funktioniert es – banal gesagt – auch in der Markenentwicklung: Indem wir uns in den einzelnen Entwicklungsstufen immer wieder die Frage stellen, was die Marke NICHT ist, kommen wir fast zwangsläufig auf Wertefaktoren und Spitzenleistung.

> **Um die Marke definieren zu können, müssen wir zunächst herausfinden, was sie NICHT ist.** ◄ **FAZIT**

VOM TRENDHETZER ZUM TRENDSETZER

Starke Marken wirken anziehend und funktionieren relativ unabhängig von jeglichem Trend. Vielmehr werden durch sie neue Trends geschaffen. Als (noch) nicht starke Marke versucht man sich dann instinktiv, mit seinem Angebot in die Nähe des Trendsetzers zu begeben, um vielleicht ein kleines bisschen von dessen Anziehungskraft abzubekommen. Trends zu folgen bedeutet allerdings immer, re-agieren zu müssen – und das schnell: Meist folgt schon umgehend der nächste Trend, und wieder ist ein Wandel gefordert. Die Entwicklung entzieht sich komplett der eigenen Kontrolle.

Markengeführte Unternehmen können sich ganz einfach aus diesem Kreislauf befreien und vom Reagieren ins Agieren kommen.

Erfolgreiche Pioniere machen es vor: Auf der Suche nach Neuem werden sie stets fündig. Warum? Die Anziehungskraft der anderen ist für sie vollkommen uninteressant. Ihnen ist bewusst, was sie nicht sind und wofür sie bzw. ihr

Unternehmen nicht stehen. Sie leben ihre eigene Leidenschaft bewusst, verstehen es, diese in ihrem Unternehmen in Form von Geschäftsmodellen zu implementieren und Mitarbeiter und Lieferanten ebenso wie Kunden daran teilhaben zu lassen. So entstehen authentische, starke Marken.

Speziell in der Ferienhotellerie gibt es ein Phänomen, das ich liebevoll als „die Geisterstunde" bezeichne: Hoteliers haben sich es zur Angewohnheit gemacht, zwischen 0 und 2 Uhr früh eine Ortsrunde zu drehen, um in Erfahrung zu bringen, wo auf den Hotelparkplätzen die meisten Fahrzeuge stehen, welche Marken deren Besitzer fahren und aus welcher Region diese stammen. Heimgekehrt prüft man noch Preis, Aktivitäten und Aktionen der Kollegen, wirft all dies in den Pott der Kreativität, rührt kräftig um, würzt dieses mit einer Prise Neid, lässt es kurz über den Flammen der Ideenlosigkeit aufköcheln – und fertig ist ein örtlicher Einheitsbrei, der es dem Gast schon schwer macht, alleine die externe Kommunikation, wie Homepages und Prospekte, auseinanderzuhalten. Übrig bleiben Beherbergungsbetriebe, die Betten vermieten – mit ein bisschen Bio, ein bisschen

Familienangebot, ein bisschen Wellness, ein bisschen Freundlichkeit, ein bisschen Abenteuer, ein bisschen hiervon und ein bisschen davon. Von allem etwas und nichts, was der Einzigartigkeit des Hauses entspricht. Solche „Blicke in Nachbars Garten" bzw. „Blicke auf Nachbars Parkplatz" sind gar nicht notwendig und kosten jeden Trendhetzer eine Menge Energie, Zeit und Geld. Marketingbudgets werden so sinnlos von nichtssagenden, austauschbaren Maßnahmen verschlungen.

Jeder ist Marke. Jeder ist einzigartig. In jedem schlummert ein enormes Potential, sich vom Trendhetzer zum Trendsetter zu entwickeln: Spitzenleistung, Innovationskraft, Wertefaktoren und Leidenschaft, die nur darauf warten, entdeckt, freigelegt, definiert und gelebt zu werden. Eigentlich ganz einfach, oder?

IN 4 SCHRITTEN ZUR STARKEN MARKE

Eine starke Marke passt in keine Schublade: Halten Sie sich fern von Werbeagenturen oder Beratern, die zu schnell Ergebnisse präsentieren, ohne sich mit Ihnen und dem Kern Ihres Unternehmertums beschäftigt zu haben.

Die Prozessorientierte Markenentwicklung ist die Essenz aus vielen Jahren intensiver Arbeit an und mit Marken. Im Laufe der Zeit hat sich eine klare Systematik herauskristallisiert, die auf jede Marke – unabhängig der Dauer des Bestehens, von der Branche, von der Größe oder der Konkurrenzsituation - anwendbar ist und zu handfesten Ergebnissen führt. Die Methode fordert eine aktive Mitarbeit aller Beteiligten, ehrliches Hinterfragen und oftmals Mut, um schlussendlich in völlig unerwarteten neuen Wegen zu münden.

ANLEITUNG ZUR DEMONTAGE EINER MARKE

So bekommen Sie Ihre Marke ganz sicher und auf schnellstem Wege kaputt:

- Beobachten Sie genau, was Ihr größter Konkurrent macht, und versuchen Sie, das gleiche zu tun.

- Machen Sie möglichst viel Werbung.

- Beauftragen Sie damit die Werbeagentur mit den höchsten Preisen – das muss ja die beste sein.

- Bieten Sie Schnäppchen an.

- Versuchen Sie, hip, modern und trendy zu sein.

Die Prozessorientierte Markenentwicklung macht es möglich, analytische Ergebnisse greifbar zu machen, daraus tragfähige Geschäftsmodelle zu entwickeln und Schritt für Schritt in das Unternehmen zu implementieren. Visionen, Talente und divergente Ideen spielen dabei eine wesentliche Rolle, allerdings darf Marke nicht ein theoretisches Gebilde bleiben, das sich ausschließlich in der Emotion ausdrückt – am Ende der Entwicklung muss immer auch der wirtschaftliche Erfolg stehen.

Step 01 – MarkenPreflight

Der erste Schritt besteht darin, sich einen Überblick über die Lage zu verschaffen – ein Orientierungsflug sozusagen. Die Kraft einer Marke in seiner Gesamtheit kann weder der Kunde oder der Gast beurteilen, noch die Inhaber,

Mitarbeiter oder Mitbewerber. Um ein klares Bild zu bekommen, müssen all diese – oft sehr unterschiedlichen – Sichtweisen mit eingebunden werden.

Der MarkenPreflight, eine Innovation der BRANDWORK-STUDIOS, ist eine einfache und kostengünstige Methode, um festzustellen, wie es um die eigene Marke steht. In wenigen Tagen wird klar, in welche Richtungen Entwicklungspotential besteht, in welchen Bereichen Risikofaktoren vorhanden sind und wo es Handlungsbedarf gibt. Man bekommt zudem konkrete, fundierte Informationen, die ein gezieltes weiteres Vorgehen ermöglichen – keine Experimente, keine Standard-Werbung und keine verpufften Budgets mehr. Im Ergebnisreport werden die fünf Faktoren, die die Marke ausmachen, im Detail beschrieben und das definitive Potential

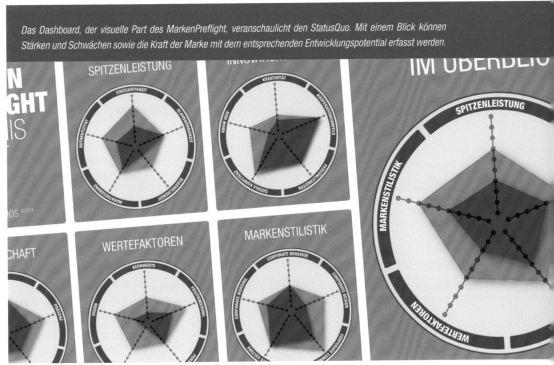

Das Dashboard, der visuelle Part des MarkenPreflight, veranschaulicht den StatusQuo. Mit einem Blick können Stärken und Schwächen sowie die Kraft der Marke mit dem entsprechenden Entwicklungspotential erfasst werden.

Quelle: www.brandwork-studios.com

DAS FINDET MAN MIT DEM MARKENPREFLIGHT ÜBER DIE EIGENE MARKE HERAUS

- **SPITZENLEISTUNG:** Wird die Marke bereits gelebt oder liegt sie noch im Verborgenen? Wie kann sie freigelegt werden? Der MarkenPreflight befasst sich zudem im Detail mit Fragen nach der Glaubwürdigkeit, der Werteangebote, der Begehrlichkeit und verschafft ein Bild über die Authentizität der Marke.

- **INNOVATIONSKRAFT:** Lassen sich divergente Ideen und tragfähige Geschäftsmodelle entwickeln? Gibt es im Unternehmen Persönlichkeiten, die diese Kraft leben können und wollen? Worin liegen die sozialen Kompetenzen und gibt es internes Know How, um Innovation be- und vorantreiben zu können?

- **LEIDENSCHAFT:** Wofür brennen alle, die die Markenwelt mitformen? Finden sich Gemeinsamkeiten bei der Geschäftsführung und den Mitarbeitern? Wie steht es um die Loyalität und um die Präsenz der Beteiligten im Unternehmen?

- **WERTEFAKTOREN:** Hier wird untersucht, ob es bereits gelebte Markenkernwerte gibt und ob eine spezifische emotionale Positionierung wie eine Markenpersönlichkeit vorhanden ist.

- **MARKENSTILISTIK:** Wie steht es um die interne und externe Kommunikation (Werbemittel, Kontaktpunkte, ...)? Es geht dabei nicht um mehr oder weniger „schöne Bilder", sondern vielmehr darum, die Markenstilistik in Wort, Farbe, Ton und Bild so abzustimmen, dass die Marke authentisch und lebendig wird.

in der Markenentwicklung dargestellt. Es zeigt sich, ob und welcher Handlungsbedarf besteht und welche nächsten Schritte dazu führen, dass die eigene Marke noch differenzierbar und noch erlebbarer wird.

Step 02 – MarkenAnalyse

Nachdem der MarkenPreflight abgeschlossen ist und feststeht, welche Handlungsfaktoren von oberster Priorität sind, geht es in die detaillierte Analyse.

Jeder Einzelne ist Teil des Ganzen: Daraus entsteht eine einzigartige, unverwechselbare Identität. Zunächst wird also nach den eigentlichen Marken-Experten gesucht: Personen im Unternehmen, die viel über die eigene Marke zu sagen haben. Diese werden nach klar definierten Parametern ausgesucht und können aus den unterschiedlichsten Bereichen kommen: Geschäftsführung und deren Umfeld, Mitarbeiter, Lehrlinge, enge Vertraute, Lieferanten, Kunden oder Doch-nicht-Kunden. Alle Vertreter der jeweiligen Gruppen können gemeinsam ein sehr genaues Bild des Unternehmens aus rationaler, emotionaler sowie interner oder externer Sicht zeichnen.

In einem persönlichen Gespräch mit diesen Personen kann so mittels einer speziellen Fragetechnik Wesentliches zur Marke ermittelt werden: Eruiert werden persönliche Sichtweisen, verborgene Talente, Wünsche und Visionen, Über- oder Unterforderung, und es darf auch geschimpft und kritisiert werden. Die Gespräche sollten hinter fest verschlossenen Türen stattfinden, wodurch es möglich wird, auf echte Werte und deren Spannungsfelder zu stoßen, die die Marke in ihrer Gesamtheit formen. Der Auftraggeber selbst hat keinen Einblick in die einzelnen Rückmeldungen – sämtliche

Antworten werden lediglich dem Gesamtergebnis zugeführt.

Nach Abschluss der Einzelgespräche folgt die analytische Arbeit: Die Ergebnisse der einzelnen Interviews werden professionell ausgewertet und zu den essentiellen Faktoren einer fundierten Identität verdichtet (siehe Infobox). Zudem können im Analyseverfahren Stärken, Schwächen, Risiken und Chancen im Sinne der Marke geprüft und in die Ergebnisse implementiert werden. Maßnahmen, die bereits funktioniert oder auch nicht funktioniert haben, werden unter die Lupe genommen, sowie die interne und die externe Kommunikation geprüft. Die SPITZEN-LEISTUNG des Unternehmens, die sich in der Markenpositionierung widerspiegelt, sollte in Folge als zentrales Element in die Markenentwicklung eingegliedert werden.

Ziel der Analyse ist eine solide Markenbasis, die eine kontrollierte, zielgerichtete, erfreuliche und nicht zuletzt profitable Entwicklung ermöglicht.

Step 03 – MarkenEntwicklung

Die Königsdisziplin in der Prozessorientierten Markenentwicklung und essentieller Teil, um die Marke zum Leben zu erwecken: In diesem Schritt stellt man sich der Herausforderung, die Spitzenleistung, die in Schritt 02 entdeckt und mit all den markenrelevanten Wertefaktoren freigelegt wurde, mit Inhalt und Leben zu füllen.

Divergente Ideen, neue Vertriebswege und überraschende Geschäftsmodelle lassen die Marke wie Phoenix aus der Asche aufsteigen: Jeder noch so gewagte Gedanke ist hier gefragt – was anfänglich vielleicht verrückt erscheint, kann sich möglicherweise in der anschließenden Prüfung als überaus tragfähiges Modell herausstellen. Oder auch umgekehrt.

Beispiel Rolls Royce: Das Unternehmen ist nicht nur für die luxuriösesten Karossen dieser Welt bekannt, sondern vor allem für ihre leistungsstarken und verlässlichen Triebwerke und Komponenten für die Luftfahrt. Als Flugzeugbauer und Fluglinien schwer mit Preisen zu kämpfen hatten, stand Rolls Royce vor einem großen Problem im Absatz ihrer Triebwerke. Man zog sich zurück – aber nicht um aufzugeben, sondern um Anlauf zu nehmen und eine der divergentesten Ideen der Branche zu entwickeln: „Wenn wir unsere Triebwerke nicht verkaufen können, verleihen wir sie eben." Eine geniale Geschäftsidee, die in einem tragfähigen Geschäftsmodell mündete.

Ob und wie eine Idee zu verwirklichen ist, wird im Geschäftsmodell-Entwicklungsprozess auf Herz und Nieren geprüft: Werteangebote, Kundensegmente, Kundenbeziehungen, Vertriebskanäle und Einnahmequellen ebenso wie die Faktoren Schlüsselpartner, -aktivitäten, -ressourcen und Kostenstellen werden unter die Lupe genommen. Besonders wichtig sind die im Unternehmen vorhandenen Talente, Ressourcen und Kapazitäten – denn jede Strategie ist nur so gut wie ihre tatsächliche Durchführbarkeit.

Step 04 – MarkenBegleitung

Oftmals scheitert eine hervorragende Idee in der Umsetzung – wenn die Verantwortlichkeiten nicht klar geregelt sind, wenn alte Muster schwer zu durchbrechen sind, wenn das Alltagsgeschäft keinen Raum für Weiterentwicklung lässt ... In dieser Phase der Implementierung darf das Team noch nicht alleine gelassen werden: Ein gut strukturierter Ablauf- und Umsetzungsplan, ein regelmäßiges Hinterfragen der geplanten Aktivitäten sowie die Koordination möglicher externer Kooperationspartner

gewährleisten gelungene erste Schritte und Erfolgserlebnisse.

Als besonders effektiv hat sich ein unternehmensinterner ThinkTank herausgestellt – eine regelmäßige Zusammenkunft der hellsten im Unternehmen befindlichen Köpfchen, bei der aktuelle Herausforderungen sofort gelöst, eventuelle kleine Kurskorrekturen vorgenommen und das Projekt Schritt für Schritt vorangetrieben werden kann.

> **Die Prozessorientierte Markenentwicklung gewährleistet auf strategische Weise, strukturiert Schritt für Schritt die Seele des Unternehmens freizulegen, Kräfte zu bündeln und zielgerichtet zum Einsatz zu bringen – und sich mit tragfähigen Geschäftsmodellen sicher und gewinnbringend am Markt zu positionieren.**

DER NAPS-FAKTOR

Etwa Anfang des 20. Jahrhunderts machte ein außergewöhnlicher Mann in den USA Furore. Bekannt wurde er nicht nur durch die damals revolutionäre Fertigungstechnik seiner Produkte, sondern auch durch seine messerscharfen, auf den Punkt gebrachten Aussagen. Seine Zitate sind heute, mehr als hundert Jahre später, noch immer voller Wahrheit und von höchster Aktualität: „Hätte ich die Menschen damals gefragt, was Sie brauchen, hätten sie mir geantwortet: Schnellere Pferde" (Vom Trendhetzer zum Trendsetter) oder „Sie können mein Produkt in jeder von Ihnen gewünschten Farbe haben – solange es schwarz ist" (divergente Geschäftsidee mit tragfähigem Geschäftsmodell).

Eine häufig zitierte Aussage möchte ich in diesem Kapitel ein wenig näher beleuchten, da eine Parallele zur Verantwortung in der Prozessorientierten Markenentwicklung naheliegt: „Die Hälfte meines Marketingbudgets ist zum Fenster hinausgeworfen. Ich weiß nur nicht, welche Hälfte." Sie haben es sicher schon erraten, es geht um Henry Ford, den amerikanischen Genius, der die industrielle Fertigung revolutionierte. Um diese Aussage – die im Übrigen keineswegs untertrieben ist, wie die bittere Erfahrung zeigt – zu untermauern, möchte ich Ihnen anhand eines statistischen Beispiels veranschaulichen, was dies in absoluten Zahlen bedeutet.

Ich habe mir darüber Gedanken gemacht, wie es möglich wäre, die Effektivität von Marketingmaßnahmen zu berechnen und mit konkreten Zahlen zu hinterlegen. Herausgekommen ist dabei eine Bewertung, für deren Berechnung betriebswirtschaftliche Daten sowie Informationen aus dem MarkenPreflight herangezogen werden und deren Ergebnis sich auf einer Skala von 0 bis 100 widerspiegelt. Das Ergebnis der Berechnung – das niemals bei 100 oder 0 liegen kann – dient der Orientierung und Veranschaulichung eines Status quo der Effektivität: Ausgehend von einer Richtmarke, die bei 65 liegt, zeigt sich in der Höhe der Abweichung nach oben oder unten, wie effektiv oder auch destruktiv das Marketingbudget investiert wurde. Das ist der NAPS-Faktor.

Warum nun aber „NAPS-Faktor"? Zum einen bin ich bekennender Schokoholiker, und zum anderen empfinde ich den direkten Vergleich mit den kleinen Genusstäfelchen als die zarteste Bewusstseinsbildung, seit es Marketingbudgets gibt.

Dazu muss man die Anatomie eines Milka-NAPS kennen. Die Schokolade hat ein Ausmaß von 40 x 22 x 5 mm, wiegt exakt 5,17 g und verfügt über ein Raumvolumen von 4.400 mm^3. Für einen Kubikmeter gestapelte NAPS benötigt man ca. 227.272 Stück. Das NAPS wird 2014 mit einem Stückpreis von 0,0577 EUR gehandelt.

Nachdem wir nun die Anatomie der NAPS offengelegt haben, können wir unser Beispiel fortsetzen. Dazu haben wir uns erlaubt, einen „kleinen" Wirtschaftsverein als Referenz zu verwenden: Der Wirtschaftsclub Nordoberpfalz verfügt aktuell über 165 Mitglieder aus den unterschiedlichsten Branchen von Handel, Dienstleistung, Handwerk und Industrie. Deren jährlicher Umsatz beträgt gut 4,5 Mrd. EUR.[5] Wenn wir nun davon ausgehen, dass auf Grund der unterschiedlichen Branchen ein Durchschnittsaufwand im Marketing von 5 % freigegeben sind, sprechen wir von effektiv sage und schreibe 225.000.000 EUR. Nach der Einschätzung von Henry Ford, dass 50 % davon verplempert sind, ergibt sich eine Summe von 112.500.000 EUR. Ist nur eine Zahl – möchte man meinen. Genau so eine Zahl wie 1,5 Mrd., die eine Bank wieder einmal so mir nichts, dir nichts in den Sand gesetzt hat. Eben nur eine Zahl.

Damit könnte man – nur einmal angenommen – eine Mauer aus Milka-NAPS rund um das Stadtgebiet von München bauen mit einer Höhe von ca. 2,8 Meter und einer Breite von 20 cm. Stadttore, Schießscharten und Ausgabefenster diverser Fastfood-Anbieter noch gar nicht mitberechnet. Man könnte aber auch einen gigantischen Turm aus NAPS errichten, der, sollte er einstürzen – natürlich unter Berücksichtigung des Krümmungsfaktors während des Falls –, jemandem in Kuala Lumpur, der Hauptstadt von Malaysia, Kopfschmerzen verursachen würde. Und das Jahr für Jahr für Jahr ...

[5] vgl. www.wnopf.de

Ebenso wenig wie die Wirtschaft Türme und Mauern gigantischen Ausmaßes aus Milka-NAPS Täfelchen benötigt, benötigt sie verplemperte Marketingbudgets. Kein Mensch interessiert sich z. B. mehr für Fernsehwerbung, obwohl es noch das effektivste Medium ist. Und falls doch einmal nicht reflexartig weg-ge-zappt wird, ist der erste Spot spätestens nach dem dritten bereits vergessen. Probieren Sie es einfach einmal aus und fragen Sie Ihren Couch-Nachbarn nach der Handlung und dem Unternehmen, das hinter dem drittletzten Werbespot gestanden hat.

Diese Zahlen bedeuten nicht, dass Sie morgen keine Werbung mehr machen sollten. Nein, ganz im Gegenteil, sie sollen Sie nur in der Entscheidung unterstützen, nicht nach dem Gießkannenprinzip vorzugehen, sondern augenscheinlich sinnlos vergeudete Marketingbudgets zu ENTWICKLUNGSbudgets zu machen, die gezielt eingesetzt werden können. Vilim Vasata, einer der Marken-Pioniere schlechthin, meinte in seinem Werk „Radical Branding", es sei beinahe das gesamte Marketingbudget, das versenkt werden würde. Wenn man dem Glauben schenken möchte, ist es umso wichtiger, diese Schwachstellen zu identifizieren. Die Prozessorientierte Markenentwicklung ist die Antwort auf die Aussagen von Henry Ford und Vilim Vasata: Sie entlarvt verplemperte Marketingbudgets und macht daraus effektive ENTWICKLUNGSbudgets.

INTERVIEW

Theo Bergauer im Gespräch mit Thomas Stranig über die Bedeutung der Markenbildung für Unternehmen, Führungskräfte und Sportler.

Theo Bergauer: *Führungskraft und Sportler als Persönlichkeit zur MARKE machen, kann das funktionieren?*

Thomas Stranig: Man muss niemanden zur Marke machen – jede Führungskraft und jeder Profisportler ist bereits eine Marke. Jedes Agieren, Reagieren, Kommunizieren, jede Entwicklung zahlt auf ein „Markenkonto" ein – eine Art Schmelztiegel, wo alle Wahrnehmungs- und Identitätsbilder landen und dem Betrachter ein – mehr oder weniger klares – Bild der Marke zeichnen. Eine Führungskraft ist wesentlicher Teil der Marke und vertritt diese in den meisten Fällen, ein Sportler ist hingegen eine Personenmarke. Nirgends geht es schneller als im Sport, vom Held zum Loser zu werden – Beispiel Tiger Woods: Hätte Tiger Woods von Anfang an mit dem Bild des Womanizers gespielt, wie es „The Tiger" Tom Jones gemacht hat, hätte ihm die Prüderie selbsternannter Moralapostel nichts anhaben können. Handlungen, die der Marke widersprechen, haben eine enorme Tragweite und ziehen die Marke und alles, was damit verknüpft ist, im Handumdrehen in den Abgrund. Sponsoren, Veranstalter und nicht zuletzt natürlich die eigentlichen „Besitzer" der Marke, die Fans bzw. die Kunden, die sich mit der Marke identifizieren. Für jeden, der als Sportler oder als Führungsperson die Rolle eines mentalen Leaders übernimmt, wäre es also wichtig, sich dessen bewusst zu werden, sich als Marke wahrzunehmen und aktiv damit zu arbeiten.

Theo Bergauer: *Unternehmer beklagen den schwierigen Weg der Mitarbeitergewinnung – Vereine und Sportarten wollen auch attraktiv sein. Welchen Stellenwert hat dabei eine attraktive MARKE?*

Thomas Stranig: Eine attraktive Marke zieht an – je klarer und „spitzer" die Marke wahrgenommen wird, desto stärker. Nicht nur im Sport sind die begehrlichsten Marken immer solche, die mit einer „markanten" Persönlichkeit verbunden sind, die das Identitätsgefühl lebt und nährt – ob Lionel Messi oder Didi Mateschitz, der „Hackl-Schorsch" oder Klaus Hipp, Michael Jordan oder Steve Jobs. Je erfolgreicher, authentischer und verlässlicher sie sind in dem was sie tun, umso mehr wird das Begehren geschürt, auch dabei sein zu dürfen. Der Nachteil der personengebundenen Marke ist wie schon erwähnt die Menschlichkeit – und damit der nicht planbare Faktor der Akteure: Apple sucht verzweifelt nach einem Anknüpfungspunkt an den „Typen" und die Innovationskraft von Steve Jobs. Zinedine Zidane, der mit seinem letzten Kopfball (der leider ohne Ball erfolgte) in die Geschichte eingeht und nicht als dreifacher „Weltfußballer des Jahres". Für die Wirtschaft gilt also ebenso wie im Sport das Grundprinzip der attraktiven Marke. Ein klarer, authentischer – nicht zwangsläufig perfekter – Charakter zieht gezielt diejenigen an, die angezogen werden sollen.

Theo Bergauer: Image auf Papier und in Hochglanzprospekten oder wie kann es gelebt werden?

Thomas Stranig: Marke wird immer noch häufig mit schönen Bildern, bunten Farben, atemberaubenden Designs, tollen Logos – mit bedrucktem Papier – gleichgesetzt. Professionelle Markenentwicklung erfolgt jedoch immer von innen nach außen: Der umgekehrte Weg führt zu einer seelenlosen Hülle, von der sich keiner dauerhaft täuschen lässt und die zwangsläufig in einer Sackgasse endet. Hochglanzprospekt & Co sollten nur die visuelle Ausprägung dessen sein, was die Marke ist. Marke ist Kult und Kultur zugleich. Sie ist Ausdruck dessen, wer du bist, woher du kommst und wohin du gehst. Eine Richtlinie, Marke zu leben, gibt es nicht. Es gibt nur das Bewusstsein darüber, wofür ich stehe, was mich einzigartig macht und wofür ich brenne. Wenn dies authentisch ist, wird es automatisch gelebt.

Das Wissen darüber dient allerdings als hervorragendes Fundament, um den Pfad nicht zu verlassen. Marke hat nichts mit Image zu tun, sondern ist die Essenz gelebter Charakterzüge.

Theo Bergauer: MARKE ist Kult(ur)? Wie können damit Veränderungen und neue Trends initiiert und langfristig gelebt werden?

Thomas Stranig: Ist die Marke authentisch, wird sie auch ganz von selbst mit all ihren Facetten gelebt. Meist richten sich starke Marken nicht nach allgemeinen Trends. Sie erschaffen Neues. Neue Märkte, divergente Geschäftsideen, bahnbrechende Geschäftsmodelle, innovative Produkte. Und je stärker die Kraft der Marke ist, umso mehr und schneller schafft sie Begehren und Identifikation bei künftigen Fans und Kunden. Marke hat aber nicht nur die Aufgabe, emotional und kommunikativ authentisch zu sein, sondern – und das vor allem – auch wirtschaftlich erfolgreich sein. Wenn dieser Faktor in der Markenentwicklung eindeutig definiert ist, führt das Ergebnis zwangsläufig zu Veränderungen und neuen Trends, meist sogar zu Paradigmenwechseln in den jeweiligen Branchen. So schafft Marke es auch, vom Reagieren ins Agieren zu gelangen und neue Wege vorzugeben, während sich die Mitbewerber immer noch Gedanken darüber machen, das bereits Erschaffene zu imitieren.

Theo Bergauer: Wie steigere ich meinen eigenen Stellenwert und Bekanntheitsgrad als Führungskraft, Unternehmer und Sportler?

Thomas Stranig: Nehmen wir als Beispiel 4711, Kölnisch Wasser: Jeder kennt es, „keiner" will es. In der Markenentwicklung geht es nicht primär um die Steigerung der Bekanntheit, sondern darum, was mich in meinem Umfeld begehrlich macht. Der Stellenwert selbst ist

News·Today

NEW TREND?

Das Thema Marke ist zwar Sache der Geschäftsfüh-rung, kann aber niemals TopDown entwickelt und schon gar nicht delegiert werden. Marke entsteht von innen, ist die Summe aus allem und führt Bot-tomUp zu fundierten und folgerichtigen Ergebnissen. Marke zu entdecken, freizulegen und zu entwickeln kann man auch als einen Change Management Prozess verstehen, der unendlich viel mehr ist als nur „Werbung" — womit Marke gerne gleichgesetzt wird.

Marke ist auch das Wissen um die eigene Unterneh-mens-DNA — nicht um diese verändern oder schön-reden zu wollen, sondern weil dieses Wissen („so wie sie ist, ist es gut") bereichert. Nur so kann man nach allen Aspekten der Prozessorientierten Markenent-wicklung agieren, welche — nebenbei bemerkt — auch großen Einfluss auf wirtschaftliche Ergebnisse hat.

BRANDWORK-STUDIOS verstehen sich nicht als Berater, Coaches oder Wirtschaftstrainer im herkömmlichen Sinn. Vielmehr sind sie höchst unbequeme Sparringpartner, empathische Projektbegleiter und gewissenhafte Markenwächter, die auf Grund ihres interdisziplinären Wissens mögliche Gefahren und Risiken rasch erkennen und daraus unmittelbar Lösungen zur Umsetzung eines erfolgreichen Projektes herbeiführen können.

auch mit der akribischsten Markenführung nur schwer zu lenken. Der Stellenwert wird einem gegeben. Auch Sportler haben meist nicht die Chance, selbst ihren Stellenwert zu definieren. Er wird ihnen sprichwörtlich aufs Auge gedrückt. Dem kann man nur soweit begegnen, indem man völlig klar und authentisch kommuniziert und agiert und sich auch hin und wieder distanziert. Denn wie wir bereits wissen, ist Marke meist die Frage nach dem, was sie nicht ist. Steigern kann ich beides, indem mein Fundament als Marke stimmig und greifbar ist, ich herausfinde, wofür ich stehe, was mich einzigartig macht – und dabei spreche ich nicht vom Produkt selbst oder von der Sportart, sondern von der emotionalen Aura, die von einem ausgeht. Die Prozessorientierte Markenentwicklung ist dazu eine besonders effektive Methode, die alle Parameter berücksichtigt und die Marke zu einem erfolgreichen – auch wirtschaftlich erfolgreichen – Projekt macht.

Theo Bergauer: *MARK(ant) sein, dürfen wir Ecken und Kanten haben, oder müssen wir uns der Masse anpassen?*

Thomas Stranig: Ecken und Kanten sind nicht nur erlaubt, sondern absolut notwendig als Nährboden der Marke: Wenn es zwischen „positiven" und „negativen" Aspekten kein Spannungsfeld gibt, wird es auch relativ schwer sein, eine einzigartige Marke zu definieren. Eine authentische, klar positionierte Marke ist so fest verwurzelt, dass ein „mit dem Strom schwimmen" gar nicht passieren kann: Sie verfügt über alle Parameter, um eine eindeutige Alleinstellung zu besitzen. So wird Marke zum attraktiven Zentrum, welches sich auf die Schwarm-Intelligenz zwangsläufig auswirken wird.

www.brandwork-studios.com

TIPPS

Es gibt zahlreiche Parameter, an denen es zu arbeiten gilt, wenn es um die Marke und damit um die DNA eines Unternehmens geht. Viele kleine und größere Veränderungen – immer aber mit enormer „Hebelwirkung" – sind das Ergebnis fundierter Prozessorientierter Markenentwicklung. Ich möchte Ihnen sechs Tipps mitgeben, wie es im Kleinen gelingt, die eigene Marke zu stärken:

1. Werden Sie unvergleichbar. Versuchen Sie nicht, perfekt zu sein, sondern Sie selbst zu sein – mit allen Ecken und Kanten.

2. Umgeben Sie sich mit Menschen, die zu Ihnen passen. Dazu zählen Mitarbeiter und Lieferanten genauso wie Kunden.

3. Finden Sie heraus, was Sie besonders macht, und treiben Sie das bis zum Exzess. Entwickeln Sie nachvollziehbare Produkte und Dienstleistungen, die Ihrem Wesen und Ihrer wahren Leidenschaft entsprechen. Setzen Sie all Ihre Fantasie ein, um diese zur Perfektion zu führen.

4. Grenzen Sie sich ab. Finden Sie heraus, was Sie bremst, was Sie in Zukunft nicht mehr wollen. Trennen Sie sich davon! Je schneller, desto besser! Marke definiert sich vor allem darüber, was man NICHT ist.

5. Lassen Sie sich nicht beirren. Kontinuität ist einer der Hauptfaktoren für nachhaltigen Erfolg. Leben Sie Ihre Identität – Tag für Tag. FÜHREN Sie Ihre Marke.

6. Holen Sie sich Experten ins Haus, die Sie auf Ihrem Weg begleiten. Auch wenn dies eine Investition darstellt, so ist es schlussendlich doch teurer, sich nicht um seine Marke zu kümmern.

Welt-
meister-
liches

Wenn Sie diese 12 Hürden meistern, laufen Sie als Gewinner durchs ZIEL

Weltmeisterlich! Denken wir uns oft, wenn wir beobachten, mit welcher Eleganz und Schnelligkeit ein 100-Meter-Läufer seinen Sprint absolviert, mit welcher Kraft ein Weitspringer sich abstößt, mit welcher Grazie ein Reiter auf seinem Pferd den Parcours bewältigt oder mit welcher Präzision ein Turmspringer ins Wasser eintaucht. Manchmal gelingen uns selbst auch solche weltmeisterlichen Leistungen. Nur erkennen wir sie nicht immer gleich als solche, weil für uns etwas selbstverständlich ist, was einem anderen vielleicht enorm viel Mühe verursacht. Wie gut, wenn dann jemand da ist, der uns die Medaille umhängt, uns einfach auf die Schulter klopft, die Leistung anerkennt. Weltmeisterliches zu leisten, gelingt aber nicht immer. Manchmal bleibt uns nichts anderes übrig, als uns mit dem undankbaren vierten Platz zufriedenzugeben, oder wir landen gar unter ferner liefen weit auf den abgeschlagenen Rängen. Dann hat uns vielleicht einfach nur etwas gefehlt – ausreichend Training oder eine gute Strategie, um schneller ans Ziel zu gelangen. Wieder einmal sind sie da, Hürden, die es uns schwer machen, als Gewinner durchs Ziel zu laufen.

01. **Planung (störungsfreie Zeit)**

02. **Situation (Minuszustand)**

03. **Tatsachen, die dazu führen**

04. **Ursachen sind …**

05. **Folgende Probleme treten auf …**

06. **ZIEL definieren (Idealzustand)**

07. **Ideen, Lösungsansätze sammeln**

08. **Beste Lösung herausfiltern**

09. **Hindernisse frühzeitig erkennen**

10. **Hindernisse gekonnt überwinden**

11. **Erste erfolgversprechende Schritte**

12. **Aktions- und Umsetzungsplan**

Sorgen Sie im Vorfeld für eine störungsfreie Zeit und ein entspanntes Klima. Eine kreative Atmosphäre ist die beste Voraussetzung, um den Prozess „Herausforderungen meistern" zu starten, sowie mit den ersten konkreten Planungen zu beginnen. Laden Sie gerne Teampartner dazu ein – vor allem Querdenker bringen oft wertvolle Hinweise ein und helfen Ihnen so, manchmal auf ganz neuen und Ihnen fremden Wegen, Hürden zu überwinden.

Zum Beginn bilden Sie einen aussagefähigen Satz, welcher Ihre aktuelle Situation beschreibt. Unter 03. und 04. suchen Sie kreativ nach Tatsachen sowie Ursachen, die zur Ausgangssituation geführt haben.

Bei 05. zeigen Sie mögliche Probleme auf, die schon aufgetreten oder die noch zu erwarten sind. Diese Punkte unterstützen Sie dabei, sich mit der Thematik intensiver auseinanderzusetzen.

Bevor Sie sich zu schnell auf die Lösungen stürzen, formulieren Sie bitte unter 06. Ihr Ziel, also den angestrebten Idealzustand. Dies ist unbedingt notwendig, weil wir lieber an einem lohnenswerten Ziel arbeiten als rückblickend Probleme zu lösen. Es macht uns erfahrungsgemäß mehr Freude, uns aktiv nach vorne zu bewegen.

Nun haben Sie schon die Hälfte der „Denkstrecke" hinter sich!

WEITER SO!

Lassen Sie Ihrer Kreativität und Spontaneität im Schritt 07 vollen Lauf. Alles ist möglich! Seien Sie optimistisch. Oft sind schon aus den „verrücktesten Ideen" tolle Lösungen geworden. Limitieren Sie sich nicht durch bekannte

„KILLERPHRASEN" WIE:

Geht sowieso nicht!
Das haben wir noch nie/schon immer so gemacht!
Das schaffe ich/schaffst du nie!
Nicht machbar!
Realitätsfremd!

BESSER KLINGT:

Lass es uns einfach mal aufschreiben!
Jetzt probiere ich erst recht!
Das reizt mich!
Es ist an der Zeit, das Thema endlich anzupacken!
Warum nicht!

Hier sind Sie gefordert, eine Vielfalt von innovativen Vorschlägen, mutigen Gedanken, spontanen Inspirationen und sprühendem Optimismus zu Papier zu bringen. Ich selbst nutze für meine Ideensammlungen sowie Mindmaps oft große Pinwände oder Flipcharts. Mehr Platz auf dem Papier gibt mir auch mehr geistigen Freiraum. Im Team können sogar mehrere zusammen daran arbeiten und einer auf den Ideen des anderen aufbauen. Somit sind alle im Bild und haben die Ergebnisse permanent vor Augen.

Im 08. Schritt sind Sie nun gefordert, rational und realistisch auszufiltern, welches wohl die besten sowie erfolgversprechenden Lösungen sind. Nun heißt es für Sie, zu entscheiden und abzuwägen sowie Priorität auf die gewinnbringendste Lösung zu setzen.

Meistens werden wir später bei der Umsetzung von plötzlichen, unerwartet auftretenden Hindernissen völlig überrascht. Unser Plan scheitert, die Ideal-situation zu erreichen. Deshalb treffen wir bei 09. und 10. bereits jetzt Vorsichtsmaßnahmen, um nicht in diese Falle zu geraten. In unserer Planung betrachten wir im Vorfeld schon, welche Hindernisse zu erwarten sind, und entwerfen eine Strategie, um diese Hindernisse erfolgreich zu überwinden.

Auf zum „Endspurt"!

In Schritt 11 planen Sie grob die nächsten Maßnahmen, legen also die chronologische Reihenfolge des eigenen Handelns fest. Präzise werden wir dann im 12. Schritt durch einen exakten Aktionsplan. Sind andere Personen beteiligt, ist es wichtig, festzulegen sowie fix zu formulieren: „Wer macht was bis wann?"

www.b-wirkt.de

Sie haben Ihr ZIEL erreicht,

sind handlungsfähig und packen aktiv an – so wie auch unsere Sportler und Unternehmer, die wir auf den vorangegangenen Seiten kennengelernt und dabei begleitet haben, wie sie Themen angehen, Hürden überwinden und Herausforderungen lösen – und das in jeder Hinsicht ...

... weltmeisterlich.

DANKE ans TEAM

Heiner Huß | Leiter Business-Publikationen · Haufe Verlag

Bettina Noé | Produktmanagerin Business-Publikationen · Haufe Verlag

Gabriele Vogt | Lektorin

Carina Quast | Öffentlichkeitsarbeit · MM-PR

Thomas Stranig | Design, Visual Concept · www.brandwork-studios.com

Vero Neubacher | Satz, Grafik · www.wordz.at

Bernd Schönfelder | Fotos und Video · www.berndschoenfelder.de

Allen beteiligten Sportlern/innen und Unternehmer/innen